CH00794349

LES NOUVELLES MALADIES DE L'ÂME
DE L'ÂME

DU MÊME AUTEUR

Aux Éditions Fayard

Étrangers à nous-mêmes, 1988.
Les Samouraïs, roman, 1990.
Le Vieil Homme et les loups, roman, 1991.

Aux Éditions Gallimard, NRF

Soleil noir. Dépression et mélancolie, 1987 (Folio « Essais », 1989).

Aux Éditions Denoël, collection « L'Infini »

Histoires d'amour, 1983 (Folio « Essais »/Gallimard, 1985).

Aux Éditions du Seuil, collection « Tel Quel »

Σημειωτικη, *Recherches pour une sémanalyse*, 1969 (coll. « Points », 1978).
La Révolution du langage poétique. L'avant-garde à la fin du xixᵉ siècle, Lautréamont et Mallarmé, 1974 (coll. « Points », 1985).
La Traversée des signes (ouvrage collectif), 1975.
Polylogue, 1977.
Folle Vérité (ouvrage collectif), 1979.
Pouvoirs de l'horreur. Essai sur l'abjection, 1980 (coll. « Points », 1983).
Le Langage, cet inconnu (coll. « Points », 1981) (SGPP, 1969).

Chez d'autres éditeurs

Le Texte du roman. Approche sémiologique d'une structure discursive transformationnelle, La Haye, Mouton, 1970.
Des Chinoises, Éditions Des femmes, 1974.
Au commencement était l'amour. Psychanalyse et foi, Hachette, coll. « Textes du xxᵉ siècle », 1985.

Julia Kristeva

Les nouvelles maladies de l'âme

Fayard

Première partie

LA CLINIQUE

L'âme et l'image

Avez-vous une âme ? Philosophique, théologique ou simplement incongrue, la question détient une nouvelle valeur aujourd'hui. Confrontée aux neuroleptiques, à l'aérobic et au zappage médiatique, l'âme existe-t-elle encore ?

Médecine ou philosophie ?

La « psyché » grecque connut d'exquises variations, profitant de la confrontation des médecins et des philosophes, avant d'aboutir à l'« anima » des stoïciens latins. En reprenant la distinction métaphysique entre le corps et l'âme, les médecins de l'Antiquité ont construit une véritable analogie qui préfigure la psychiatrie moderne : il y aurait des « maladies de l'âme » comparables aux maladies somatiques. Les passions, de la tristesse à la joie, sans oublier le délire, en feraient partie. Ce parallé-lisme conduisit certains à une conception « moniste » de l'être humain. Pour la plupart cependant, l'idée d'une coprésence, voire d'une isomorphie entre les deux domaines séparés, le psychique et le somatique, a confirmé leur différence radicale. Les dualismes triomphent depuis l'Antiquité, les uns pensés comme dynamiques de flux complémentaires, les autres comme antinomies problématiques. Par-delà les avancées scientifiques qui essaient de la résorber dans le soma, la psyché dont on cherche en vain la localisation (dans le cœur ? les humeurs ? le cer-veau ?) demeure une énigme irréductible. Structure de sens, elle représente les liens de l'être parlant à l'autre. De ce fait, elle obtient une valeur thérapeu-tique en même temps que morale. Garantissant la responsabilité de l'individu animé vis-à-vis de son corps, elle le soustrait ainsi à la fatalité biologique et le considère comme corps parlant[1].

L'incarnation christique, la passion corps et âme de l'homme-dieu, donna un nouvel élan à cette dynamique qui nourrit depuis deux millénaires la vie intérieure de l'humanité chrétienne. Voués au sujet absolu, à Dieu ou à Jésus, les excès des passions cessent d'être pathologiques et balisent l'itinéraire mystique de l'âme vers l'Ultime. Il fallait que la

---

1. L'excellent livre de Jackie Pigeaud, *La Maladie de l'âme. Étude sur la relation de l'âme et du corps dans la tradition médico-philosophique antique*, Les Belles Lettres, 1989, retrace cette histoire et en tire les conséquences épistémologiques et morales pour les sciences humaines aujourd'hui. Notre réflexion s'en inspire.

dialectique de la trinité se fissure, que l'anatomie s'approprie le corps et que les humeurs paroxystiques deviennent des objets d'observation et de surveillance, pour que la maladie mentale se reconstitue. Elle s'est alors retranchée de l'espace sacré sous la forme de la folie asilaire. Michel Foucault a écrit brillamment l'histoire de cette clinique qui reconnut l'âme à condition de l'homologuer au corps malade[1]. Rappelons cependant que le geste remonte bien au-delà de l'âge classique. Il se repère jusque dans les racines de la philosophie et de la médecine grecques qui ont constitué la distinction et l'analogie entre maladies du corps et maladies de l'âme. La psychiatrie moderne, notamment chez Ph. Pinel[2], accepte, à la manière antique, la théorie physique et la théorie morale de l'origine de la maladie mentale[3].

Freud se situe dans la même lignée, en revendiquant explicitement un dualisme philosophique[4]. Entendons dans ce postulat la mise en place d'un

1. Cf. *Naissance de la clinique*, Paris, PUF, 1963, et *Histoire de la folie à l'âge classique*, Gallimard, 1972.

2. Ph. Pinel, *Traité médico-philosophique sur l'aliénation mentale*, Paris, an IX, repr. phot., Tchou, 1965 ; et *Nosographie philosophique*, 5ᵉ éd., Paris, 1813.

3. Cf., J. Pigeaud, *op. cit.*, p. 534.

4. La position dualiste étaye toute l'œuvre de Freud et s'exprime de manière particulière avec l'introduction de la pulsion de mort opposée à la pulsion de vie : « Notre conception était dualiste dès le début et elle l'est encore davantage aujourd'hui, depuis que nous avons substitué à l'opposition entre les instincts du moi et les instincts primitifs celle entre les instincts de vie et les instincts de mort. » *Au-delà du principe de plaisir* (1920), trad. fr. Payot, 1963, p. 67.

« appareil psychique[1] » comme construction théorique irréductible au corps, soumise aux influences biologiques, mais essentiellement observable dans les structures du langage. Ancrée dans la biologie par la pulsion, mais tributaire de logiques autonomes, l'âme, devenue « appareil psychique », produit des symptômes (psychiques ou somatiques) et se modifie dans le transfert.

Cependant, l'invention de l'inconscient et du transfert ne fait pas que réactualiser le débat antique sur l'âme et le corps en attribuant une priorité à la psyché. Plus encore, et par-delà cette hypertrophie du psychique qu'on allègue à la psychanalyse, celle-ci met en cause le dualisme initialement admis. Le substrat énergétique des pulsions, la détermination du sens par le désir sexuel, et jusqu'à l'inscription de la cure dans le transfert compris comme réactualisation des traumas psycho-sensoriels antérieurs, nombreux sont les constituants de la psychanalyse qui franchissent les frontières corps/âme et travaillent sur des objets transversaux à cette dichotomie. Demeure, toutefois, le levier langagier de la cure : construction signifiante, la parole de l'analysant et celle de l'analyste opèrent avec des *séries de représentations*. On n'en ignore pas l'hétérogénéité. Mais

---

1. De l'*Esquisse d'une psychologie scientifique* (1895) à l'*Interprétation des rêves* (1900) et à la *Métapsychologie* (1915), cet « appareil psychique » prend la forme des deux topiques bien connues (Conscient, Préconscient, Inconscient ; Surmoi, Moi, Ça) et ne cesse d'affiner ses structures chez les divers successeurs du père de la psychanalyse (Lacan et Bion proposeront leurs variantes).

il faut bien les appeler, dans leur ensemble, « psychiques », au sens d'irréductibles aux substrats biologiques plus ou moins répertoriés dans l'état actuel de la science.

En proposant *des* modèles de l'âme, la psychanalyse diversifie l'idée de « psyché », reconnaît les singularités de nos moyens de signification et résorbe la pathologie dans des logiques spécifiques. La notion même de maladie psychique tend, sinon à disparaître, à s'identifier à une des potentialités logiques immanentes à tout « appareil psychique » (Freud), à tout « parlêtre » (Lacan). Si la « norme » et « l'anomalie » sont aussi mises en cause, la vigueur de la psychanalyse ne se limite pas à cette subversion dans laquelle se sont reconnus les esprits libertaires depuis presque un siècle déjà. L'insistance sur le *sens*, l'utilisation de la *parole érotisée* dans le transfert demeurent le signe de reconnaissance essentiel de cette aventure singulière qu'est la découverte freudienne.

Fidèle à l'éthique de la personne que l'Occident a élaborée dans les plis de sa philosophie, de sa religion et de sa science, la psychanalyse en appelle à la *vie* de l'être parlant, en consolidant et en explorant sa *vie psychique*. Vous êtes en vie si et seulement si vous avez une vie psychique. Intolérable, douloureuse, mortifère ou jubilatoire, cette vie psychique — qui combine des systèmes de représentations transversales au langage — vous donne accès au corps et aux autres. Par l'âme vous êtes capables d'actions. Votre vie psychique est un discours en acte, nuisible ou salvateur, dont vous êtes le sujet.

Nous sommes ensemble pour l'analyser : pour le dissoudre et repartir à neuf. Jamais dans l'histoire les effets substantiels des représentations signifiantes n'ont été reconnus et utilisés avec autant de précision et de force. Avec Freud, la *psyché* vit une vie nouvelle : enrichie par la pluralité judaïque des interprétations, l'âme sort multipliée, polyphonique, pour mieux servir la « transsubstantation » du corps vivant. On mesure ici la puissante synthèse que Freud a opérée des traditions qui le précèdent. De la valorisation de l'âme, il a fait un moyen d'action indistinctement thérapeutique et morale.

Les avancées des sciences, notamment de la biologie et de la neurobiologie, pouvaient laisser espérer la mort de l'âme. En effet, a-t-on encore besoin de cette chimère millénaire quand les secrets des neurones, leurs humeurs et leur électricité sont de plus en plus décodés ? Les mêmes schémas cognitifs ne rendent-ils pas compte aussi bien des comportements cellulaires que de ceux des individus ? Pourtant, le sujet avec son âme qu'on croyait banni de la « vraie » science revient au galop dans les théories biologiques les plus sophistiquées sous la bannière du cognitivisme. « L'image est présente dans le cerveau avant l'objet », affirment les biologistes[1]. « C'est le réseau nerveux qui est pénétré par l'activité cognitive qui s'y déroule, et non pas l'architecture cognitive qui subit la contrainte du réseau ner-

---

1. Jacques Hochmann et Marc Jeannerot, *Esprit où es-tu ? Psychanalyse et neuroscience*, Odile Jacob, 1991, p. 71.

veux[1]. » « On ne peut faire ici l'économie d'une téléonomie[2]. » « Je ne vois pas (...) comment concevoir un fonctionnement mental sans représentation de but, c'est-à-dire sans sujet qui essaie de se représenter lui-même et le but attendu[3]. »

Image avant l'objet, sujet, téléonomie, représentation... Ame, es-tu là ? Si le cognitivisme ne doit pas conduire la biologie à un remake spiritualiste, il est temps de se demander de quoi est faite une âme. Quels types de représentations, quelles diversités de logiques la constituent ? La psychanalyse n'a pas nécessairement les réponses, mais elle est la seule à les chercher.

Les nouveaux patients existent-ils ?

A l'inverse, l'expérience quotidienne semble démontrer une réduction spectaculaire de la vie intérieure. Qui a encore une âme aujourd'hui ? On ne connaît que trop le chantage sentimental digne de feuilletons télévisés, mais il n'exhibe que l'échec hystérique de la vie psychique, bien connu par l'insatisfaction romantique et le vaudeville bourgeois. Quant au regain d'intérêt pour les religions, on est en droit de se demander s'il résulte d'une

---

1. Z. Pylyszyn, « Computation and cognition. Issues in the foundation of cognitive science », *Behavioural Brain Sciences*, 1980, 3, pp. 111-169, cité par Jeannerot, *op. cit.*, p. 81.
2. J. Hochmann et M. Jeannerot, *op. cit.*, p. 129.
3. *Ibid.*, p. 53.

recherche ou, au contraire, d'une pauvreté psychique qui demande à la foi une prothèse d'âme pour une subjectivité amputée.

Car le constat s'impose : pressés par le stress, impatients de gagner et de dépenser, de jouir et de mourir, les hommes et les femmes d'aujourd'hui font l'économie de cette représentation de leur expérience qu'on appelle une vie psychique. L'acte et sa doublure, l'abandon, se substituent à l'interprétation du sens.

On n'a ni le temps ni l'espace nécessaires pour se faire une âme. Le simple soupçon d'une pareille préoccupation paraît dérisoire, déplacé. Ombiliqué sur son quant-à-soi, l'homme moderne est un narcissique, peut-être douloureux, mais sans remords. La souffrance le prend au corps — il somatise. Quand il se plaint, c'est pour mieux se complaire dans la plainte qu'il désire sans issue. S'il n'est pas déprimé, il s'exalte d'objets mineurs et dévalorisés dans un plaisir pervers qui ne connaît pas de satisfaction. Habitant d'un espace et d'un temps morcelés et accélérés, il a souvent du mal à se reconnaître une physionomie. Sans identité sexuelle, subjective ou morale, cet amphibien est un être de frontière, un « borderline » ou un « faux-self ». Un corps qui agit, le plus souvent même sans la joie de cette ivresse performative. L'homme moderne est en train de perdre son âme. Mais il ne le sait pas, car c'est précisément l'appareil psychique qui enregistre les représentations et leurs valeurs signifiantes pour le sujet. Or, la chambre noire est en panne.

Bien entendu, la société dans laquelle l'individu

moderne s'est formé ne le laisse pas sans recours. Il en trouve un, parfois efficace, dans la neurochimie : les insomnies, les angoisses, certains accès psychotiques, certaines dépressions s'en trouvent soulagés. Et qui aura à y redire ? Le corps conquiert le territoire invisible de l'âme. Dont acte. Vous n'y êtes pour rien. Vous êtes saturés d'images, elles vous portent, elles vous remplacent, vous rêvez. Ravissement de l'hallucination : plus de frontières entre le plaisir et la réalité, entre le vrai et le faux. Le spectacle est une vie de rêve, nous en voulons tous. Ce « vous », ce « nous » existe-t-il ? Votre expression se standardise, votre discours se normalise. D'ailleurs avez-vous un discours ?

Quand vous n'êtes pas pris en charge par la drogue, vous êtes « pansés » par les images. Vous noyez vos états d'âme dans le flux médiatique, avant qu'ils ne se formulent en mots. L'image a l'extraordinaire puissance de capter vos angoisses et vos désirs, de se charger de leur intensité et d'en suspendre le sens. Ça marche tout seul. La vie psychique de l'homme moderne se situe désormais entre les symptômes somatiques (la maladie avec l'hôpital) et la mise en image de ses désirs (la rêverie devant la télé). Dans cette situation, elle se bloque, s'inhibe, se meurt. Pourtant, on ne voit que trop bien les bénéfices d'un tel réglage. Plus encore qu'une commodité ou une nouvelle variante de l'« opium du peuple », cette modification de la vie psychique préfigure peut-être une nouvelle humanité, qui aura dépassé, avec la complaisance psychologique, l'inquiétude métaphysique et le souci du sens pour l'être. N'est-ce pas fabuleux, quelqu'un qui se satisfait d'une pilule et d'un écran ?

L'ennui, c'est que le trajet d'un tel surhomme est parsemé d'embûches. Difficultés relationnelles et sexuelles, symptômes somatiques, impossibilité de s'exprimer et malaise engendré par l'emploi d'un langage qu'on finit par ressentir « artificiel », « vide » ou « robotisé », conduisent de nouveaux patients sur le divan de l'analyste. Ils ont souvent l'apparence des analysants « classiques ». Mais sous les allures hystériques et obsessionnelles percent vite des « maladies de l'âme » qui évoquent, sans s'y confondre, les impossibilités des psychotiques à symboliser des traumas insoutenables. Les analystes sont conduits dès lors à inventer de nouvelles nosographies qui tiennent compte des « narcissismes » blessés, des « fausses personnalités », des « états limites », des « psychosomatiques[1] ». Par-delà les différences de ces nouvelles symptomatologies, un dénominateur commun les réunit : la difficulté à

---

1. Rappelons, parmi les plus célèbres de ces inventions nosographiques :

— H. Deutsch, « Some forms of emotional disturbances and their relationship to schizophrenia » (1934) in *La Psychanalyse des névroses*, Payot, 1970.

— D. W. Winnicott, « Distorsion du moi en fonction du vrai et faux-self » (1960) in *Processus de maturation chez l'enfant*, Payot, 1970.

— P. Marty, *L'Ordre psychosomatique*, Payot, 1980.

— O. Kernberg, *Les Troubles limites de la personnalité*, Privat, 1979.

— A. Green, *Narcissisme de vie, narcissisme de mort*, Éd. de Minuit, 1983.

représenter. Qu'elle prenne la forme du mutisme psychique ou qu'elle essaie divers signaux ressentis comme « vides » ou « artificiels », cette carence de la représentation psychique entrave la vie sensorielle, sexuelle, intellectuelle et peut porter atteinte au fonctionnement biologique lui-même. L'appel est fait alors au psychanalyste, sous des formes déguisées, à restaurer la vie psychique pour permettre une vie optimale au corps parlant.

Ces nouveaux patients sont-ils produits par la vie moderne qui aggrave les conditions familiales et les difficultés infantiles de chacun et les transforme en symptômes d'une époque ? Ou bien la dépendance médicale et la ruée vers l'image seraient-elles les variantes contemporaines de carences narcissiques propres à tous les temps ? Enfin, s'agit-il d'un changement historique des patients, ou plutôt d'un changement dans l'écoute des analystes, qui affinent leur interprétation de symptomatologies auparavant négligées ? Ces questions, parmi d'autres, ne manqueront pas de se poser aux lecteurs des pages qui suivent, comme elles se posent à leur auteur. Il n'en reste pas moins qu'un analyste qui ne découvre pas, dans chacun de ses patients, une *nouvelle maladie de l'âme*, ne l'entend pas dans sa véritable singularité. De même, en considérant que, par-delà les nosographies classiques et leur nécessaire refonte, les nouvelles maladies de l'âme sont des difficultés ou des incapacités de représentation psychique qui vont jusqu'à mettre à mort l'espace psychique, nous nous plaçons au cœur même du projet analytique. Renouveler la grammaire et la rhétorique, complexifier le style de celui ou de celle qui a demandé de nous parler, parce qu'ils n'en peuvent plus de ne pas dire et de ne pas être entendus, n'est-ce pas cette renaissance, cette nouvelle psyché que la psychanalyse se propose de découvrir ?

La composition fantasmatique opératoire

Le fragment d'analyse qui suit nous donnera l'exemple concret d'une de ces nouvelles maladies de l'âme : *l'inhibition fantasmatique*. Paradoxalement, ce patient, qui vit d'images dans sa peinture, est incapable de raconter, de mettre en récit imagé ses passions. Privé de ce récit, son désir s'annule. Didier peut être considéré, de ce fait, comme une figure emblématique de l'homme contemporain : acteur ou consommateur de la société du spectacle, il est en panne d'imaginaire. Le paradoxe du comédien de Diderot mettait en évidence un professionnel du théâtre qui imitait les sensations à s'y méprendre, tout en étant personnellement incapable de sentir. Cette supériorité aux yeux du philosophe du XVIIIᵉ siècle s'inverse aujourd'hui en malaise : le fabricant et le consommateur d'images souffrent de ne pouvoir imaginer. La conséquence de leur impuissance est l'impotence. Que demandent-ils à l'analyste ? Un nouvel appareil psychique. L'élaboration de celui-ci passera par une revalorisation de l'image au cœur du transfert, avant de s'ouvrir au langage du récit fantasmatique.

Didier m'a écrit qu'il appréciait mes livres sur la

littérature et l'art. Peintre à ses heures, des « difficultés d'ordre relationnel » l'avaient décidé à entreprendre une analyse. Il pensait que j'étais la seule personne capable de le guider dans « cette aventure ». La lettre trahissait le lecteur d'ouvrages psychanalytiques et littéraires ainsi que l'amateur d'art informé. Pendant des années, je fus mise en présence d'un soliloque, construit avec des mots savants et polis, que Didier proférait d'une voix monocorde. Par moments, le paradoxe de la situation me paraissait dérisoire ou absurde : j'avais du mal à me convaincre que cet homme était « mon patient », tellement il semblait parler pour m'ignorer. Même lorsque j'arrivais à percer ce « scaphandrier hermétique », ce « Walkman invisible » (métaphores à travers lesquelles je désignais pour moi-même son automatisme mental et libidinal), Didier l'assimilait immédiatement : « Oui, j'allais le dire, tout à fait, j'y ai pensé... » Et de continuer sa « plongée sous-marine » sans se laisser toucher par mes interventions.

Cette clôture de la parole de Didier, apparente dès les premiers entretiens, aurait pu être considérée comme un indice d'impossibilité de cure. J'ai estimé néanmoins qu'une telle économie de discours était en parfaite adéquation avec le mal-être dont ce patient venait se plaindre : avec ses « comptes rendus » confiés à la manière « opératoire » et « technique » des malades psychosomatiques, plutôt déposés comme des objets inertes, des déchets aseptisés. Didier se décrivait seul, incapable d'aimer, neutre, détaché de ses collègues et de sa femme, indifférent même à la mort de sa mère. Il était uniquement intéressé par la masturbation et par la peinture.

Venu après une fille, il était adoré de sa mère qui l'habilla et le coiffa comme une fille jusqu'à l'âge scolaire. Elle occupait le centre de la vie du petit garçon tout en faisant de lui le foyer de son désir inverti : s'aimer en petite fille par l'intermédiaire de son fils métamorphosé en fillette. Didier ne disait pas « ma » mère ni « notre » mère, mais « la » mère. J'allais m'apercevoir que cet article défini était partie prenante d'un système défensif, celui de la *combinatoire perverse* de Didier, destiné à le préserver d'une intimité contenue, excitante et ravageante avec « sa » mère. Je dis bien « combinatoire perverse », car à l'activité masturbatoire, exclusive de toute autre sexualité, s'ajoutaient des somatisations et des sublimations (sa peinture), maintenant son discours dans l'abstraction (La Mère), et sa personne dans l'isolement splendide. Si « La Mère » n'est pas une personne, il n'y a personne.

J'ai eu à maintes reprises l'occasion de m'apercevoir combien Didier, comme beaucoup de patients, défiait la nosographie classique. Malgré son isolation obsessionnelle, mélangée à une psycho-somatose, et l'immaturité qui l'avait fixé à la masturbation, cette organisation psychique ne me semblait correspondre de manière exacte à aucune classification. Si j'ai choisi d'entendre la *dominante perverse*, c'est par souci de faire advenir les pulsions dans le discours et de les analyser à l'intérieur d'un transfert vivant et complexe. Précisément ce à quoi le patient se dérobait. Toutefois, la composante obsessionnelle ou la personnalité narcissique devait retenir en priorité mon attention. Coincé entre son discours poli, désaffecté, et ses activités intellectuelles et artistiques solitaires, Didier voulait se persuader (et me persuader) qu'il n'avait pas d'âme : rien qu'un automate, parfois malade.

Le père de Didier, avant d'épouser « La Mère », avait été marié à une étrangère. Une aura romantique donnait ainsi de l'existence à un père absent, et faisait protection à la présence envahissante de « La Mère ». Ce trait m'a semblé constitutif d'une identité sexuelle chez Didier, malgré le désir trouble de sa mère qui aurait pu le conduire à l'homosexualité, sinon à la psychose. Cependant, de l'époque paradisiaque de fusion avec sa mère, il ne semblait pas avoir gardé de souvenir précis. Il trouve normale la mort de sa mère. Un seul regret : Didier ne montrait ses œuvres qu'à sa mère. Montrer, provoquer le plaisir de la voyeuse, jouir, se montrer encore. Telle était leur communication, leur communion sans paroles : de la main aux yeux, et vice versa, en malaxant les matières pour un nouveau tableau à lui faire voir. Mais ce manège s'est arrêté et depuis il trouve moins de plaisir à se masturber. Sa fidélité à la morte avait pris une autre forme : vacuum infréquentable, caverne condamnée. Didier avait fermé l'appartement maternel dans l'état où la morte l'avait laissé. L'appartement resta donc un espace nécessaire parce qu'*interdit* : la mère intouchable à la suite de quelle condamnation paternelle encore inapparente dans le discours de Didier ? Par-delà cette interdiction d'une relation justement *trop pleine*, l'appartement était désormais *vide* de la présence excitante de la mère. Ainsi m'apparut cet espace maternel auquel Didier se référait souvent, déterminé à garder, avec le foyer fermé, totale et secrète cette passion qu'il disait inexistante (« vide » ?) et qu'il était pourtant venu me demander de faire apparaître. Me voilà invoquée et rejetée, appelée et enfermée du même mouvement, comme le sera le processus analytique.

Je note d'abord la manipulation à laquelle le patient tend à soumettre l'analyste, sous une apparente docilité : c'est Didier qui m'intime les règles du jeu[1]. Parallèlement, il se propose comme programme de s'en tenir à la *connaissance* : « Pas de sentiments, je veux savoir, c'est tout. »

Pour Freud, la pulsion et l'objet sont soudés chez le pervers (ce mécanisme pourrait être à la base du couple intimité/intimer). Mais surtout la pulsion est idéalisée, car il y aurait « une part d'activité psychique » dès l'origine de la formation de la perversion[2]. En effet, l'activité psychique d'idéalisation est

---

1. Masud Khan a relevé, avec d'autres, la double face du pervers : forte et secrète « intimité » émotive d'une part, tendance à « intimer » (au sens dictatorial de ce verbe) des lois au partenaire, d'autre part. (In *Figures de la perversion* (1979), Gallimard, 1981, p. 31.)

2. « L'expérience des cas considérés comme anormaux nous apprend qu'il existe dans ces cas une soudure entre pulsion sexuelle et objet sexuel, que nous risquons de ne pas voir en raison de l'uniformité de la conformation normale, dans laquelle la pulsion semble porter en elle l'objet. » Et plus loin : « C'est peut-être précisément dans le cas des perversions les plus abominables qu'il faut admettre que la participation psychique

essentielle chez le pervers (le cas de Didier va le démontrer), mais elle revêt un double caractère. D'une part, le jeune enfant repère tôt le désir de la mère à son égard et essaie de lui répondre en construisant un fantasme défensif en *symbiose* avec celui de la mère. D'autre part, étant de nature défensive, cette activité psychique d'idéalisation s'oppose au chaos pulsionnel que le jeune moi est encore incapable d'élaborer. Elle se superpose à lui en le *déniant*. Produites par le déni, l'activité psychique, l'idéalisation, ainsi que la connaissance, prennent un aspect d'artifice ou d'artefact qu'on peut comparer au « faux-self » de Winnicott ou à la « pensée opératoire » de Marty[1]. Le discours de Didier, comme d'ailleurs son œuvre picturale, m'a paru avoir ce caractère d'artifice : à la fois élaboré, informé, techniquement soigné, mais destiné à empêcher la reconnaissance des pulsions, notamment des pulsions agressives.

à la transformation de la pulsion est la plus large. Une part du travail psychique est accompli en cette occasion et, malgré son affreux résultat, il est impossible de lui dénier la valeur d'une idéalisation de la pulsion », Freud, *Trois Essais sur la théorie de la sexualité* (1905), trad. fr. Gallimard, 1987, pp. 57 et 74.

1. P. Marty et M. de m'Uzan, « La pensée opératoire », in *Revue française de psychanalyse*, 1963, 27, pp. 345-346 ; P. Marty, *L'Ordre psychosomatique*, Payot, 1980.

Déni et impuissance du langage

Didier me faisait découvrir une organisation perverse particulière, constamment menacée — ou stabilisée — par la somatisation, l'obsessionnalité et le « faux-self ». Fondée sur le déni de la castration maternelle, cette économie maintenait l'omnipotence de la mère et de l'enfant identifié à elle. Pareille omnipotence narcissique consolidait le fantasme de bisexualité chez le patient et le rendait imperméable à toute relation à l'autre, laquelle n'aurait pu se construire qu'à partir de l'expérience d'un manque. Or, précisément, dans la symbiose fusionnelle entre mère phallique et fils-fille, rien ne manquait au couple quadruple : ils (elles) étaient tout.

Cependant, cette omnipotence auto-érotique frappait de déni tous les constituants de ce système fermé. Et l'omnipotence fantasmatique était inversée en impuissance. Impuissance de la mère, car, non constituée en objet de désir, elle n'était qu'un support inerte, le décor fétichiste, du plaisir auto-érotique du fils. Impuissance du fils, qui, non différencié de la mère, s'était dérobé à l'épreuve œdipienne qui l'aurait posé comme sujet à la castration et à l'identité phallique. Enfin, cette impuissance érotique (pas d'objet, pas de sujet) avait trouvé son anologon dans la pensée de Didier : convenablement construit selon les normes de la grammaire, de la logique et de l'insertion sociale, son apparente compétence symbolique était un « faux-self », un discours artificiel n'ayant aucune prise sur les affects et les pulsions. Sans aller jusqu'au clivage, le déni avait placé une discordance entre le fonctionnement symbolique du patient et la zone secrète de ses pulsions innommables.

En fait, Didier avait échoué à créer une véritable *structure* perverse. Mais, par le déni et la sexualisation sans objet, il contenait dans une économie perverse des conflits préœdipiens. On pouvait les présumer d'autant plus violents qu'ils se présentaient glacés. De telle sorte que la symbolisation chez ce patient ne pouvait assumer un rôle protecteur contre les accès pulsionnels. Des somatisations intervenaient alors. La pellicule auto-érotique se fissurait pour laisser apparaître, en guise de métaphore, le symptôme d'une dermatose. Culpabilité masturbatoire ou indice d'une fragilité de l'identité narcissique dont la peau constitue l'enveloppe archaïque ? Les maladies de la peau se sont accrues après la mort de sa mère.

Je considérais donc la perversion comme une non-liaison entre les pulsions et leurs représentants psychiques d'une part, le langage ainsi que le fonctionnement symbolique d'autre part. Cette non-liaison laissait le corps à découvert, exposé aux somatisations. L'auto-érotisme et le discours artificiel étaient une tentative de pallier ces effractions par la constitution non pas d'une identité, mais d'une totalité ovoïde, autogérée et autodigérante, sadique-anale, sans manque et sans autre. Il fallait désarticuler cette fonction défensive pour trouver, à travers le langage, un accès aux *pulsions* et à *l'autre*, pareillement déniés, phagocytés. Seulement alors il deviendrait possible d'entreprendre une anamnèse de l'œdipe : d'abord pour le reconstituer à partir des latences pré-œdipiennes restées séparées, enkystées, avant d'en élaborer l'analyse telle qu'elle.

Le rêve « opératoire » d'une identité catastrophique

Même les récits de rêve de Didier prenaient un aspect défensif, neutralisant, « opératoire[1] ». Comme tant d'autres, ce rêve se présente sous la forme d'un récit sténographique et d'associations rebelles à l'analyse. Didier est penché à la fenêtre de la maison familiale. Il se sent mal ou quelqu'un le pousse, il bascule dans le vide. Moment d'angoisse intense qui lui arrache un cri, lui semble-t-il du moins. En tout cas, le rêve est muet. Soudain, il s'aperçoit qu'il est devant une glace qui reflète le visage de sa sœur. Le trouble n'est pas moindre, il le réveille. Didier parle de « cri » et de « trouble » avec cette neutralité qui le caractérise. Il n'y a aucun détail dans cette maison, cette fenêtre, cette glace. Le rêve glace le vide. Rêve

---

1. Je retiens ce terme dans un sens qui ne recouvre pas exactement sa valeur psychosomatique, mais qui me paraît utile pour ma démonstration de l'organisation psychique complexe de Didier axée sur le désinvestissement affectif de la parole. En effet, ce patient retient ses affects et me propose un discours technique savant et froid qui ne se limite pas à une isolation obsessionnelle, mais côtoie la somatisation. Dans mon acception, le terme « opératoire » comprend les sémiologies de la perversion, de la somatisation, du « faux-self » et de l'obsessionnalité de Didier.

glacé. Je pense à l'angoisse devant un gouffre : angoisse devant la castration de la femme, de la sœur. Peut-être aussi le fantasme angoissant d'une naissance ou d'une naissance manquée : un accouchement dans l'entourage aurait-il ranimé la peur de ne pas être ? Didier aurait pu ne pas naître, si son père n'avait pas abandonné l'étrangère, ou encore si sa mère avait jeté (et pas seulement rejeté) le garçon, tellement décevant qu'elle l'avait déguisé en fille. Inconsolable angoisse du non-être que cette fenêtre béante : trou noir du narcissisme, mise à mort de soi, qui me révélait des régions non constituées dans le psychisme de Didier. N'ayant trouvé ni dérivation ni élaboration, des pulsions chaotiques intenses et agressives inscrivaient le *vide* dans la libido et l'esprit du patient.

Si mon hypothèse d'un « trou noir narcissique » était vraie, alors se voir comme une sœur, une femelle, un double de la mère, aurait pu être un colmatage de ce « trou noir ». Mais Didier ne s'était pas confondu avec sa sœur — il avait « glacé » ce travestissement possible, comme il avait gelé l'angoisse de son anéantissement. Il les avait « réfléchis ». Sa sœur n'intéresse ni son père ni sa mère. Être une femme n'est pas vraiment une perspective excitante. Il n'y a pas de perspective, rien à faire : rester dans l'impuissance. La peur de n'être qu'une femme traduit le fait que cet homme court le danger de l'aphanisis. Entre le gouffre sous la fenêtre et la glace avec le visage de la sœur, Didier choisit... la glace. C'est dire qu'il reporte sur son *moi* les conflits pulsionnels soudés à leur objet, inaccessibles, congelés.

Froidement, il reste l'objet fétiche de sa mère, le garçon-fille de la masturbation maternelle. J'imagine que cette femme compensait, dans une clôture auto-érotique, quasi autistique, la jalousie que devait susciter en elle le souvenir de l'étrangère, nostalgie à peine dissimulée du père.

Si j'ai pu proposer une interprétation relative à son angoisse de perdre son identité sexuelle, j'ai également suggéré que celle-ci pouvait dissimuler une angoisse catastrophique d'*annulation totale du moi*. « Je ne vois pas », dénia-t-il apathique. Puis silence. Rideau. Refus. Le petit chemin s'arrête là. En effet, Didier m'avait avoué qu'il ne se lancerait jamais « dans cette fenêtre » et ne « ferait naître personne ». Peut-être voulait-il aussi que rien ne naisse de notre travail. J'ai tenté de lier cette opacité avec l'appartement cadenassé de la mère : Didier ne veut rien me livrer de sa vie intérieure, car « la mère » a tout emporté avec elle. Didier a peur que sa mère ne découvre ses passions, ses peurs, ses haines, il se rassure en pensant qu'« elle n'était pas spécialiste ». Avait-il peur que je le laisse tomber de la fenêtre s'il se dévoilait davantage ? Ou bien que je lui présente un miroir dont sa figure d'homme est absente ?

La théorie dans le contre-transfert

Le recours à la théorisation « flottante » est, en définitive, cette troisième oreille — distante mais implicite et indispensable — qui module une donnée de contre-transfert en interprétation analytique pertinente. Mon écoute de Didier et les « constructions » que j'en avais faites me rappelaient les observations de Gillepsie sur l'omnipotence du pervers, qui relient l'économie de la perversion à celle de la psychose (le pervers se situant entre la défense refoulée et le caractère schizoïde ou clivé[1]). Dans une perspective analogue, E. Glover avait considéré la perversion comme une neutralisation de l'agressivité infantile et un compromis préservant le sentiment de réalité[2]. La plupart des auteurs modernes, influencés par les travaux de Winnicott sur la relation mère-nourrisson et l'objet transitionnel[3], insistent sur la latence psychotique de la perversion. Joyce McDougall établit des relations entre la personnalité perverse et des désorganisations archaïques pré-œdipiennes du moi[4]. Ces troubles, dont la per-

---

1. W. H. Gillepsie, « Notes on the analysis of sexual perversions », *International Journal of Psychoanalysis*, 33, 1952.

2. E. Glover, « The relation of perversion-formation to the development of reality sense », in *On the Early Development Mind*, London, Imago, 1956.

3. D. W. Winnicott, *The Maturational Process and the Facilitating Environment*, London, Hogarth Press, 1965 ; trad. fr., *Processus de la maturation chez l'enfant*, Payot, 1970.

4. En s'interrogeant sur la « causalité psychique dans sa relation aux pulsions libidinales précoces », Joyce McDougall a découvert des conflits préœdipiens d'abord dans la perversion (*Plaidoyer pour une certaine anormalité*, Gallimard, 1978), avant de postuler une sexualité primitive sadique fusionnelle qui pourrait être à l'origine des régressions psychosomatiques, ces dernières apparaissant comme des défenses contre des vécus mortifères par ailleurs susceptibles de mises en actes perverses (*cf. Théâtres du Je*, Gallimard, 1982, p. 37). Tout en dévelop-

version apparaît comme l'écran défensif et le « faux-self » comme la cristallisation, renvoient à la symptomatologie narcissique analysée par A. Green[1]. Par ailleurs, mon travail avec Didier est attentif à certaines propositions de J. Lacan[2] concernant la per-

---

pant les idées de Melanie Klein et de M. Mahler sur la perversion comme évitement de la position dépressive, Joyce McDougall soutient que les techniques du pervers peuvent maintenir son identité *sexuelle* derrière laquelle se dissimule cependant une menace contre l'identité *subjective* (*cf.* J. McDougall, « Identifications, Neoneeds and Neosexualities », in *International Journal of Psychoanalysis*, 1986, 67, 19, pp. 19-31, et M. Mahler, in *On Human Symbiosis and the Vicissitudes of Identification*, vol. I, New York International University Press, 1968).

1. A. Green postule un « narcissisme de mort » qu'il appelle le « narcissisme négatif », pour proposer la clinique d'une « série *blanche* » : « hallucination négative, psychose blanche et deuil blanc, résultant d'un désinvestissement massif, radical et temporaire, qui laisse des traces dans l'inconscient sous la forme de "trous psychiques", qui seront comblés par des réinvestissements, expression de la destructivité ainsi libérée par cet affaiblissement de l'investissement libidinal érotique. Les manifestations de la haine, et les processus de réparation qui lui font suite, sont des manifestations secondaires à ce désinvestissement central de l'objet primaire maternel » (*cf. Narcissisme de vie, narcissisme de mort, op. cit.*, 1983, pp. 226-227). A. Green définit le « narcissisme négatif » comme « aspirant à la mort psychique », p. 278. Didier n'est pas l'enfant d'une « mère morte » au sens de Green. Cependant, son analyse révèle qu'au moment de l'identification sexuelle, il a vécu un désinvestissement de *son sexe* et de sa *subjectivité entière*.

2. La dissociation que j'ai observée entre le langage, la représentation fantasmatique et les pulsions me paraît être visée par la remarque de Lacan selon laquelle le *symbolique, l'imaginaire* et le *réel* ne sont pas « rompus » dans la perversion, mais qu'ils sont « distincts ». Une certaine persistance de la fonction paternelle assure ce lien distinct, qui, en évitant la

version : le fétichisme pervers n'efface pas la fonction paternelle. En préservant sa valeur déniée, il la provoque (« père-version[1] »). Les avancées de Lacan sur le langage et le fonctionnement psychique m'ont amenée à m'interroger sur le statut particulier du discours aussi bien que des formations imaginaires (rêves, fantasmes) chez le pervers.

Dans ce contexte clinique et théorique, j'ai relevé que les seuls moments qui semblaient extraire Didier de sa « neutralité », pas vraiment « bienveillante », étaient ceux où il me parlait de sa peinture. Le *contenu* de son discours, très « spécialisé » et « technique », m'empêchait d'imaginer ses tableaux. Cependant, sa *voix* s'animait alors, je le voyais rougir, l'émotion affleurait. La peinture était apparemment la partie cachée de l'iceberg qu'il construisait avec son discours. Dire « voir » ne lui « disait »

----

psychose, associe le pervers au « sinthome » aussi bien qu'au « symptôme ». Aspiration idéalisée vers un père idéal, « la perversion ne veut dire que version vers le père » : elle provoque et bafoue la loi pour mieux en jouir. (In *Ornicar ?* 6, « Le Sinthome », 11 nov. 1975). Dans la cure de Didier, la modification du rapport langage-fantasme-pulsion conduira à la reconnaissance de la castration en tant qu'elle est fonction du père. Après l'analyse du symptôme somatique, le père dénié en « sinthome » (idéalisé et/ou dévalorisé) obtiendra, chez ce patient, la consistance d'un père œdipien. *Cf.* « Subversion du sujet et dialectique du désir », in *Écrits*, Seuil, 1966, pp. 823-825.

1. « Le plus-de-jouir provient de la père-version, de la version a-péritive du jouir. » (*Ornicar ?* 5, « RSI », le 18 mars 1975). « C'est une façon d'articuler que toute sexualité humaine est perverse, si nous suivons bien ce que dit Freud. » (*Ornicar ?* 11, le 11 mars 1976).

rien. Ses passions n'étaient pas admises dans la parole. Didier « signifiait » *autrement*. Des *substituts* des représentations de choses (ses tableaux) prenaient la place de la relation entre représentations de choses et représentations de mots, afin d'assurer l'identité psychique que son moi narcissique n'arrivait pas à créer. En imbriquant signification et acte, il appauvrissait ses fantasmes. Et il augmentait son plaisir dans l'acte autoréférentiel, jusqu'à la masturbation. En contrepartie, les signes du langage étaient délestés de sens, disjoints des actes et dépourvus d'affects. Signes ritualisés, vidés, abstraits.

Peinture et exhibition : nommer n'est pas agir

Ainsi se forma en moi la « conviction contre-transférentielle » que le langage *direct* de l'affect et du désir de Didier était davantage la *peinture* que la parole. Et que nous faisions peut-être fausse route en misant exclusivement sur sa parole défensive, plutôt que d'inclure dans la cure *aussi*, et *pour un temps*, les moyens d'expression dans lesquels il avait encrypté, du moins je le supposais, ses traumatismes et ses désirs. Il m'apporta des photos de ses œuvres qu'il commenta une à une. Les œuvres de Didier étaient des mélanges de collages et de peintures. J'étais frappée par la violence de ce « discours » pictural qui tranchait d'autant plus avec la neutralité, l'extrême courtoisie et l'abstraction du discours qu'il m'avait adressé jusqu'à présent. Fracturés, cassés, brisés, comme issus de quelque carnage, des êtres divers, objets dociles de la manipulation de l'artiste, constituaient une nouvelle identité. Et cela sans qu'une figure unique embrasse les débris des personnes déchiquetées, essentiellement féminines, révélant leur aspect dérisoire, leur laideur insoupçonnée. Ainsi donc, c'est dans la peinture que le « trou noir » du traumatisme identitaire avait trouvé un langage. Sans le recours isolant de la parole obsessionnelle, la pulsion sadique de Didier se donnait ici libre cours. Une jouissance s'y faisait jour, qui avait besoin des morceaux des autres pour nourrir une fantasmatique perverse, inaccessible même au moment de l'acte masturbatoire.

J'avais pris la place de la mère morte qui accueillait les œuvres de son fils avec complaisance et sans commentaire. Avec cette différence, essentielle, qu'*en nommant* les fantasmes sadiques, je me dissociais de la position maternelle et j'avais l'impression d'accomplir une véritable « greffe fantasmatique » sur ce patient. En effet, lorsque le contenu érotique d'une représentation picturale des plus osées n'est pas nommé, dénié par des abstractions esthétiques, sommes-nous en présence d'un fantasme ? La question m'est apparue légitime à propos de Didier, tant les « images » (qui, *pour moi*, représentaient ses fantasmes) semblaient *isolées* de son discours conscient, imperméables à tout travail associatif susceptible d'atteindre le fantasme inconscient. J'ai donc entrepris d'en *nommer* les fantasmes ensevelis (isolés ou réellement clivés) et le sens sexuel. Étrange interprétation s'il en fut, dont on saisit sans peine la part contre-transférentielle. Je donnais à Didier *mes* fantasmes que m'évoquaient, *à moi*, ses tableaux. Pourtant, dans cette voie, un contact imaginaire et symbolique s'établit entre nous. Tout en trouvant mon discours « réducteur » et « simpliste », Didier s'est mis à accepter ou à rectifier, à préciser, à rejeter mes interprétations de ses collages. Il parvenait dès lors à *nommer lui-même* sa fantasmatique, sous-jacente à sa technique glacée. Trois événements psychiques sont venus à la suite, et me semblent avoir constitué un tournant dans l'analyse de Didier.

« *Casser la figure* »

Il me rapporte une dispute avec sa femme, qui était née et avait vécu dans un pays étranger. Je souligne qu'il veut « casser la figure à une étrangère ». Didier refuse cette interprétation en m'assurant que pour lui l'étrangère c'est moi. Il paraît difficile de considérer sa femme comme un objet pervers, tellement les activités sexuelles de mon patient sont solitaires. Elle « participe » cependant au plaisir masturbatoire de Didier en tant que surmoi sinon complaisant du moins permissif. Elle ne suscite pas une vraie agressivité mais une franche dévalorisation de la part de son mari, qui peut ainsi désinvestir l'acte sexuel avec l'autre (elle ne vaut pas la peine, donc « cela » ne vaut pas la peine) et cliver l'action érotique dénigrée du plaisir masturbatoire. L'« étrangeté » de sa femme agit comme une assurance contre la crainte d'être avalé et dévoré par la satisfaction donnée par et à la mère : *elle* vient d'ailleurs, *elle* ne peut pas être comme « la » mère, excitante et destructrice. Didier peut donc la victimiser dans une toute-puissance enfin mise en acte, sans doute souhaitée, jamais réalisée, à l'encontre de sa mère.

La séance est suivie de relations extrêmement violentes entre Didier et sa femme, dans la foulée desquelles il me parle davantage et en détails de sa sexualité, de sa masturbation pénienne et anale. L'intense jubilation mêlée de honte tranchait avec sa pudeur habituelle. Mémoire d'une expérience totale, d'une excitation polymorphe, la masturbation mettait en acte un corps sadomasochiste illimité, corps tout entier devenu sexe, pressé de se décharger de quelque tension puissante, faute de la partager en mots ou en contact avec quelqu'un d'autre[1]. Même

---

1. Janine Chasseguet-Smirgel montre comment la « régression sadique-anale accomplit l'abrasion de toutes les différences » ; en remplaçant le fantasme, la régression chez le pervers « aboutit à ramener le désir, sa source, son but, les représentations qui lui sont liées, au domaine sadique-anal, procédé qui permet non seulement d'éviter l'ajournement de la satisfaction, mais d'abolir la notion même d'ajournement, dans la même foulée où disparaît la dimension génitale de la psycho-sexualité » (in *Éthique et esthétique de la perversion*, Champ Vallon, 1984, p. 186). L'analyse que je propose arrive, par d'autres voies, à des constatations similaires comme, par ailleurs, mon interrogation du discours désinvesti de Didier peut être lue en dialogue avec la problématique du « faux » (analité substitutive de la phallicité chez le paranoïaque) que J. Chasseguet-Smirgel a relevée notamment dans « Le rossignol et l'empereur de Chine, Essai psychanalytique sur le "faux", in *Revue française de psychanalyse*, 1969, pp. 115-141). Sans contre-investissement paranoïaque toutefois (ni Sade ni

la bouche était restée enfermée avec « La Mère »,
intouchable dans la mémoire de Didier, que l'appartement « condamné » symbolisait si bien. Sevré très
tard, Didier gardait le secret de cette oralité innommable, la tension sexuelle s'étant fixée sur les zones
anale et pénienne ultérieurement développées. Cette
« condamnation » de la bouche est à rapprocher de
l'utilisation précoce et habile du langage qui est
resté, comme l'oralité, longuement neutralisé, mécanique.

Le rêve de symbiose bifocale

Pendant que se faisait ainsi ce que j'appellerais le
travail de « déglaciation » des pulsions et des paroles
de Didier, il me raconta un deuxième rêve.

Didier est dans le lit de ses parents. Ils font
l'amour. Mais il n'est pas simplement entre eux, il
est les deux à la fois, simultanément vagin et pénis.
Il est l'homme et la femme en même temps, le père
et la mère indiscernables dans le coït, jusqu'à éprouver la sensation de la jouissance vaginale.

Ph. Greenacre[1] a signalé que le pervers réunit le
besoin de l'enfant avec la sensibilité du parent. Chez
Didier, l'union semble se produire avec la sensibilité

_____

« Marienbad »), Didier invalide, intimise et frappe d'impuissance jusqu'à ses défenses anales et ses œuvres.

1. Ph. Greenacre, « On focal symbiosis », in _Dynamic Psy-
chopathology on Childhood_, L. Jessner and E. Ravensteld, New
York, Grune and Stratton, 1959.

des *deux* parents, ce qui me conduit à parler dans ce cas d'une *symbiose bifocale*. Pendant l'acte masturbatoire, le moi traite son corps non pas comme un « objet perdu » mais comme une scène primitive, dans laquelle s'opère une symbiose avec les deux parents à la fois, étayée par le fantasme d'une sexualité totale (vécue comme différente de la bisexualité alternative). N'était-ce pas cette sexualité totale qui faisait barrage à la représentation détaillée et communicable ? Le fantasme de bisexualité peut être interprété comme une entrave à la communication verbale pour un autre, lequel suppose la sexuation, et donc la division. Il serait plus exact, dans le cas de Didier, de parler d'une excitabilité plutôt que d'une sexualité, dans la mesure où il exclut le lien à l'autre, qui est l'essence même d'Éros. Dans cette économie, autosatisfaction et désillusion remplacent érotisme et dépression, et exposent le corps ou bien à l'*acting* corporel ou bien à la somatisation. En retrouvant ses fantasmes et ses sensations, Didier *me* parle. Une certaine coprésence, une attente de réponse remplacent de plus en plus les soliloques. De retour de vacances, Didier m'annonce que sa dermatose a disparu.

« Collages » et « décollages » des compositions fantasmatiques opératoires

Nous pouvons comprendre mieux maintenant le statut du fantasme chez ce patient. Après ses œuvres, j'ai analysé le « collage[1] » qu'il opère en rêve avec les sexes des *deux parents*. La présence du père, qui est loin d'être un personnage négligeable, se borne à mettre en valeur, à faire souffrir, à jouir ou à conduire à l'exaltation une figure féminine. On peut supposer que, par sa participation au coït des parents, Didier reproduit le fantasme de la mère et son double désir : homosexuel (pour la rivale) et hétérosexuel (pour le mari). L'intégration de ces éléments étant difficile, le pervers les maintient dans leur disparité — source d'excitation. Il tend à les neutraliser en les juxtaposant. Du fait de cc compromis, son fantasme est perçu par l'analyste comme une théâtralisation, une mise en scène, un artefact. Chez Didier, une *composition fantasmatique opératoire* (les collages sur papier, les collages en rêve) s'interpose donc entre les *pulsions* et le *discours*, et les maintient extérieurs les unes par rapport à l'autre.

Le travail interprétatif que je lui ai proposé sur ses divers types de collages a contribué à changer le régime de la représentation érotique. Le nouveau

---

1. M. Khan parle d'un « objet-collage interne » dans la formation des perversions, in *Figures de la perversion*, Gallimard (1979), 1981. Didier fabrique des vrais collages, comme pour confirmer l'hypothèse d'un « objet-collage » intrapsychique. J'ai eu l'impression de rencontrer chez Didier une *mise en acte* de l'« objet-collage interne », ce qui n'est pas la même chose, mais un degré de plus... dans la perversion ou dans l'art ? Dans l'idéalisation, probablement, elle-même partie intégrante de la sublimation. « Une part du travail psychique est accomplie en cette occasion et, malgré son affreux résultat, il est impossible de lui dénier la valeur d'une idéalisation de la pulsion » (Freud, *op. cit., čf.* p. 14 note 2).

type de *rêve*, suivi d'une importante activité associative, constituait un progrès dans l'élaboration de l'unité subjective[1]. Le rêveur répond au besoin de l'enfant d'éprouver l'unité de son corps composite, en passant par la fusion illusoire avec ses incorporats disparates (père, mère, première épouse idéalisée). Cette unification onirique emprunte la voie du signifiant verbal, modulé par les processus primaires, par l'expérience pulsionnelle et sensorielle, et se répercute sur l'activité fantasmatique. Désormais, l'énonciation des actes en première personne (Je + verbes) remplace la mise en forme de l'agi (les collages) dont le mouvement sublimatoire abaissait le seuil de l'angoisse et facilitait la construction fantasmatique.

De l'analité au père. Punition et symbolisation

Le transfert, « globalement positif », s'est déplacé vers le pôle paternel de l'œdipe. Ainsi, le patient rapporta une série de rêves d'une rare violence contre son père. Le fait d'analyser ces rêves par rapport à leur pulsionnalité anale a permis de mener une élaboration importante du caractère pervers du patient. Le désir d'attaquer analement le père a été interprété comme un désir de se venger contre ce

---

1. Cette plasticité *des* logiques du fantasme, comme de celles du rêve, rejoint les réflexions de Michel Neyraut sur la pluralité des logiques de l'inconscient, *cf. Les Logiques de l'inconscient*, Paris, Hachette, 1978.

père qui avait laissé Didier être l'objet passif de sa mère. A cette étape de l'analyse, j'étais ce père non protecteur, et les attaques m'étaient adressées (Didier se sentait en proie à des pulsions anales jusqu'alors inconscientes). Pourtant, il continuait à se venger par les mêmes images oniriques contre la peur que lui inspiraient mes interprétations : peur d'être réduit une fois de plus à la passivité. Avec la cure, les conflits anaux refoulés ont été admis, mais peut-être ne les a-t-elle pas liquidés. Si tant est qu'un tel objectif soit possible, il me paraît discutable, voire dangereux, pour un patient comme Didier. Sa perversion fait à peine écran à une carence narcissique verrouillée à l'aide de l'analité (excitabilité anale faisant barrage à la génitalité, productions idéalisant l'analité comme la peinture). Dans une telle économie, l'analité, susceptible d'évoluer, reste indispensable (sous une forme « entamée ») au maintien de l'identité psychique. En dehors d'une telle précaution, deux perspectives sont envisageables. Ou bien la liquidation du bouclier anal conduit à un effondrement psychotique. Ou bien elle conduit à devenir indéfiniment... l'analyste des incidents anaux. Ce dernier dénouement est de toute évidence le secret de maintes vocations psychanalytiques. Didier n'était pas prêt à assumer une telle position. L'analyse des conflits œdipiens avec le père est devenue cependant dès lors possible.

La tentative de se définir comme homme avait confronté Didier à sa rivalité œdipienne avec son père. Antérieurement à cette rage œdipienne, le déni avait donné lieu au fantasme d'une expérience sexuelle totale. Actuellement, la sexuation impliquait une menace de castration de la part du père contre laquelle Didier réagissait en le mettant à mort. Cependant, je suis persuadée que la culpabilité œdipienne (vis-à-vis de l'analyste supposé désapprouver la « jouissance totale » que le patient désire, imagine et lui offre) participe des multiples causes d'une maladie sans gravité, mais très inquiétante pour Didier, qui a subi une intervention chirurgicale. Cette somatisation montre que la représentation psychique avance sans prendre complètement en charge le conflit pulsionnel. Dans quelle mesure l'économie perverse de ce patient était responsable d'un tel dénouement somatique de l'œdipe ? En s'exposant à cette « punition », Didier n'a-t-il pas voulu me punir moi, femme et analyste, incapable de résoudre sa sexualité sans l'intervention d'un tiers masculin ? Quoi qu'il en soit, je persiste à penser que l'intervention capitale du chirurgien a été choisie dans le registre physiologique de l'*acting*, voire du « collage » ou du « décollage ». En ce sens, elle témoigne de l'irréductible et inaccessible intimité érotique du pervers. En revanche, en rapportant ces événements dans le transfert, le patient a préservé à la cure une place privilégiée : celle de l'imaginaire et du symbolique, où se joue le drame de son individuation.

Le don du portrait : une métamorphose psychique

A la fin de la cure, il me remit mon portrait. Aucun collage, juste la reproduction en peinture d'une photographie sur laquelle je tiens à la main une cigarette. A ceci près que dans le portrait réalisé par Didier mes doigts se ferment sur le vide.

J'y vois les signifiants du premier rêve. Ils sont là, autrement articulés. Sourire ironique, une main de statue indienne, la roue des mandala. L'étrangère recomposée dans un miroir sans faille ni bris, le regard supporté sans dommage et la présence de rien. « Rien entre les mains, pas de pénis, pas de fétiche. Bien vu, hein ? » sourit Didier, toujours « savant » mais de plus en plus enjoué, libre.

Nous avions commencé par une idéalisation défensive de l'analyste. Nous sommes passés par la prise en compte de productions sémiotiques[1], les collages que l'on peut considérer comme des fac-similés des processus primaires et des représentations de chose, où l'idéalisation s'infléchit en sublimation. Son interprétation favorise la mise en œuvre du fantasme par sa mise en parole. Simultanément, l'attention portée à la sensorialité (tactile, scopique) comme

---

1. Je distingue le sémiotique (présigne et prélangage) du symbolique (signes et grammaire) comme deux modalités du processus de la signifiance. Je définis le sémiotique comme antérieur au miroir et à la position phallique, in *La révolution du langage poétique*, Le Seuil, 1975. En agissant le sémiotique, la technique des collages peut être considérée comme un fac-similé des processus primaires (me suggère Michel Neyraut).

indicielle des pulsions (orale, anale, urétrale) a favorisé l'élaboration pulsionnelle, auparavant refoulée ou sublimée. L'interprétation des fantasmes polymorphes prégénitaux, impliquant une large part sado-masochiste, conduisit le patient à l'étape ultérieure du développement psychique : redécouverte et reconstruction de l'œdipe. Ainsi, une partie du travail analytique fut-elle moins un travail d'anamnèse que de reconstruction des composantes blessées ou non advenues du sujet, avant d'en être une dissolution (« analysis »). Le recours à un langage reconstitutif et sublimatoire peut s'avérer indispensable au traitement des « personnalités narcissiques » en général.

Le caractère interminable d'une telle cure frappe l'analyste. Pourquoi et où s'arrêter ? La réponse est plus difficile ici qu'avec d'autres patients, en raison de cet inachèvement de l'appareil psychique qui devient, cependant, lors de la cure, source de mobilité érotique et existentielle. La question demeure : que signifie l'expression et l'ambition d'« analyser une perversion » ? En fin de notre parcours, j'ai l'impression que l'« organisation perverse » a été seulement retournée, comme un gant[1]. Si, au commencement, les plaisirs partiels, les actings et les collages (compositions fantasmatiques opératoires) semblent être un absolu qui ne tolère aucun manque, ils sont dotés, en fin de cure, d'un « négatif » : la névrose indéfiniment analysable. Sans dis-

---

1. « La névrose est pour ainsi dire le négatif de la perversion », Freud, *Trois essais, op. cit.,* pp. 80 et 179.

paraître, cette carapace perverse s'est insérée dans une structure pour laquelle l'autre compte (transfert et contre-transfert obligent). Y compris par la mise à l'épreuve dans des plaisirs partiels et des fantasmes désormais formulés. N'est-ce pas inévitable, si l'on convient avec Freud que toute sexualité est perverse ?

Cependant, la « perversion » qui frôle l'évitement autistique de la sexualité par une inflation de plaisirs auto-érotiques ne se confond pas avec la sexualité qui comprend sa détermination perverse. Cette dernière se distingue par le travail de la représentation qui ouvre le sujet à son espace psychique : l'avènement d'un négatif et de son cortège de castration, de différence, d'autre. Mince pellicule que ce négatif, greffe imaginaire et symbolique — greffe psychique — que nous avons opérée. La marée de la perversion l'irrigue, le narcissisme vulnérable la menace. Mais le plus difficile pour le pervers n'est-ce pas d'admettre, plus que sa propre castration, celle de la femme et de son analyste ?

Je reste une image mais avec laquelle Didier joue, sans l'emmurer dans la tombe de l'excitation indicible, sans la massacrer non plus. En me tirant mon portrait à sa nouvelle manière et en l'accompagnant de ses propres mots, il me donne ce que je lui ai donné. C'est plus complexe qu'au départ. Un travail analytique a été possible, qui a donné à Didier accès à son psychisme. En nommant dans le transfert ses représentations stratifiées, isolées et résistantes, l'analyse a restitué pulsion et langage aux constructions fantasmatiques opératoires que furent ses collages. Le « cinéma » inerte, neutralisé de Didier et son corps souffrant se sont mobilisés en un nouvel espace dynamique : la vie psychique avec et pour quelqu'un d'autre. A lui de continuer.

En faisant le « logos de l'âme », j'ai vu Didier se refaire un autre corps. Ce fut le programme de... Démocrite. De Freud aussi. Nous ne sommes qu'au début. Rien qu'un début. Longueur, petitesse et modestie de l'analyse. Mais qui d'autre ranime, aujourd'hui, l'intimité ?

À quoi bon des psychanalystes en temps de détresse qui s'ignore* ?

J'imagine une ville immense, des maisons en verre et en acier qui touchent le ciel, le reflètent, se reflètent et vous reflètent ; des gens imbus de leur image, pressés, maquillés à outrance, couverts d'or, de perles, de cuir raffiné ; dans les rues à côté, la saleté s'amoncelle et la drogue accompagne le sommeil ou la rage des parias...

Cette ville pourrait être New York, elle ressemble à toute grande ville de demain, à la nôtre...

Que faire dedans ? Une seule chose : vendre et acheter des marchandises ou des images, ce qui revient au même, car se sont des symboles plats, sans profondeur... Ceux qui peuvent, ou qui essaient de préserver une vie qui neutralise aussi bien le luxe que l'horreur doivent se ménager un « intérieur » : jardin secret, foyer intime, ou plus simplement et plus ambitieusement, une vie psychique.

---

* Colloque de la Société psychanalytique de Paris, *Unesco*, 14-15 janvier 1989, publié in « La psychanalyse : question pour demain », monographie de la *Revue française de psychanalyse*, PUF, 1990, pp. 21-33.

LES NOUVELLES MALADIES DE L'ÂME

Cependant, c'est là que le drame éclate. Cette vie intérieure, bâtie en Occident depuis Plotin, lequel, au début de l'ère chrétienne, avait transformé la double face de Narcisse dans la jonction des mains en prière, consolidée par l'itinéraire spirituel aussi bien que par le carnaval du Moyen Age, explicitée dans le moi fragile de Montaigne, les passions de Diderot, les méditations de Hegel ou Kant, s'achève dans le drame psychique, dans le psychodrame.

Plotin a dégénéré en... Dallas. En effet, ceux qui habitent la ville d'acier ne manquent pas de drame intérieur, aussi sérieux, dépressifs, névrotiques ou psychotiques que le veut l'inconscient freudien. En échappant à la surface de la performance, on tombe dans la trappe de la psychologie. La psychanalyse a donc du travail devant elle. Car c'est précisément de cet espace comprimé du mal-être psychologique que la psychanalyse freudienne essaie de nous tirer.

La cité que j'ai prise pour image des temps modernes suggère qu'il faudrait compter l'*histoire sociale* parmi les facteurs d'organisation et de permanence de la vie psychique. Pour parler le langage de la société industrielle, disons que la psychanalyse transforme l'argent en temps, et qu'elle permet à l'affect de malheur de rejoindre la parole — parfois inerte, parfois balbutiée, mais parole toujours pour autrui. Cette métamorphose, inouïe, allant à contre-courant de l'économie marchande et de la névrose que celle-ci côtoie, peut déchiffrer aussi le sens de la psychose. Car de cette prison de l'âme que 2 000 ans au moins d'expérience intérieure ont échafaudée, la psychanalyse saisit la naïve vulnérabilité pour y

— 50 —

pratiquer une brèche, faire résonner la polyphonie de nos raisons.

Mieux que quiconque, Proust résume ce qui devient, ou deviendra demain, la psyché selon Freud : « Les malades se sentent plus près de leur âme[1]. » Ou encore : « Car si on a la sensation d'être toujours entouré de son âme, ce n'est pas comme d'une prison immobile ; plutôt, on est comme emporté avec elle dans un perpétuel élan pour la dépasser, entendant toujours autour de soi cette sonorité identique, qui n'est pas écho du dehors mais retentissement d'une vibration interne[2]. »

Permanence du psychisme donc, et échappée sonore de son enclos : Freud nous donne une technique initiale pour réaliser cette écoute qu'il nous revient de développer. De notre empathie avec la maladie de l'âme, de notre proximité avec la maladie, nous apprenons à traverser la psyché — sans fin.

Le psychique peut être le lieu où s'élaborent, et donc se liquident, le symptôme somatique aussi bien que la projection délirante : le psychique est notre protection, à condition qu'on n'y reste pas enfermé, mais qu'on le *transfère* par *l'acte du langage* en une sublimation, en un acte de pensée, d'interprétation, de transformation relationnelle... Cependant, il est indispensable de poser la question du « psychique » comme *acte de langage*, ce qui veut dire qu'il n'est ni un passage à l'acte ni une rumination psycholo-

---

1. *Les Plaisirs et les jours*, in *Jean Santeuil*, Pléiade, 1971, p. 6.
2. *Du côté de chez Swann*, Pléiade, 1987, I, II, pp. 85-86.

gique dans la crypte imaginaire, mais un trait d'union entre cette rumination inévitable, *nécessaire*, et sa possible élaboration verbale.

Ainsi donc, cette aggravation de la maladie psychologique qui caractérise le monde moderne, cet « opéra de savon » qui apparaît comme l'envers solidaire de la société de la performance et du stress, peut être un appel vers la psychanalyse. « Donnez-nous le sens de notre désastre intérieur, débarrassez-nous-en », semble dire le désarroi psychologique, cet *alter ego* de la société du spectacle.

L'enjeu de la psychanalyse est donc de transformer cette prison de l'âme que l'Occident a bâtie comme moyen de survie et de protection et qui désormais exhibe son désastre : enjeu thérapeutique en même temps qu'éthique et, incidemment, politique. Cependant, si un appel implicite existe pour que l'opération psychanalytique s'affirme et s'amplifie, cet appel se heurte à d'importants écueils.

Je ne parle pas du danger toujours présent de transformer la psychanalyse en normalisation, qui conduira les blessés du psychisme à la réussite sociale : cette dégradation de la cure, notamment américaine, est connue et dénoncée et, même si elle reste une menace, la combattre est plutôt une affaire d'hier à laquelle le présent se doit d'être attentif.

Deux grandes confrontations attendent, à mon sens, la psychanalyse de demain quant au problème d'organisation et de permanence du psychisme. La première est sa compétition avec les neurosciences : « le comprimé ou la parole », telle est désormais la question de l'être ou du ne pas être. La seconde est l'épreuve à laquelle la psychanalyse est soumise par le désir de *ne pas savoir* qui converge avec l'apparente facilité offerte par la pharmacologie et qui caractérise le narcissisme négatif[1] de l'homme moderne.

Biologie et langage. Pulsion et imaginaire

On pourrait résumer schématiquement la position analytique ainsi : il existe une vie psychique inconsciente qui obéit à des déterminations et à des contraintes connaissables et modifiables par l'interprétation à l'intérieur de la relation transférentielle.

Certaines de ces déterminations et contraintes sont d'ordre *biologique* : les avancées modernes de la neurobiologie et de la pharmacologie permettent d'agir sur le *comportement* et de modifier des *fragments* de la vie psychique. Le lien de la cure analytique avec ces interventions est plus actuel que jamais. Il sollicite l'attention de l'analyste aussi singulièrement qu'il existe de situations concrètes.

L'assaut des neurosciences ne détruit pas la psychanalyse, mais nous invite à réactualiser la notion freudienne de *pulsion* : charnière entre le « soma » et la « psyché », entre la biologie et la représentation. La pulsion est le niveau ultime d'organisation et de permanence auquel parviennent l'écoute et la théorie freudienne, c'est-à-dire la construction (ou l'imagination) analytique. Car ce

---

1. A. Green, *Narcissisme de vie, narcissisme de mort, op. cit.*

que nous entendons de la biologie est... pulsion : énergie, si l'on veut, mais toujours déjà « porteuse de sens » et « relation » à quelqu'un d'autre, fût-ce le moi-même. De par cette double nature (biologique et énergétique-sémiotique), la pulsion est déjà, aussi, structure. De la source (organe) au but (satisfaction), sa force ou sa faiblesse tracent des contraintes dans lesquelles s'inscrivent les rapports les plus tenaces, parce que les plus archaïques (onto- et philo-génétiquement parlant), et les plus discordants par rapport à l'expression linguistique. C'est dans cette trame pulsionnelle que vont progressivement se modeler un moi et son rapport à un objet.

La structure du sujet se bâtit précisément des différentes positions du moi vis-à-vis des différentes modalités de l'objet, et il est important d'insister d'abord sur ce *pluriel* aussi bien des moi que des types d'objets qui se forment dans l'intervalle de la pulsion au langage. Toutefois, l'analyste freudien n'oublie pas que ces structures subjectives seront lourdes du destin des pulsions et de leur double nature (biologie *et* représentation *non* linguistique). Par exemple, le fantasme qu'on peut entendre comme le résultat de l'irruption de la pulsion dans la logique sereine du jugement, laquelle s'en trouve ainsi modifiée jusqu'à l'hallucination ou le délire, vient nous rappeler que la pulsion, et, par dérivation, l'affect, n'est pas seulement un mythe mais un facteur d'organisation et de permanence qui module l'activité de penser (de jugement et de parole). On analysera aussi l'intrication pulsion/langage dans l'émoussement affectif, le déni de l'objet, la parole dévitalisée du déprimé. En observant que la dépression *désavoue* le sens du discours qui est de porter l'Éros vers l'objet, nous déduisons que la pulsion destructrice (ou de mort) rend impossible la séparation du moi et de l'objet et, à la place, érige le sujet mélancolique : Narcisse négatif, maître absolu non pas d'un objet, mais d'une *Chose* mortifère à ne jamais perdre[1].

En somme, la prise au sérieux du « mythe » de la pulsion conduit, à partir d'un *déploiement imaginaire* qui reconstitue la logique de la pulsion, à ouvrir cette fois-ci la contrainte du langage qui détermine en dernière instance notre qualité d'êtres parlants. Pour entendre, dans ce facteur d'organisation et de permanence qu'est le discours, non pas seulement les multiples significations, ni même les sous-entendus ou les présupposés logiques, mais également la dislocation de la capacité de paroles : dislocation (schizophrénique ou mélancolique — les figures varient) qui apparaît dès lors comme le témoin privilégié du *sens* de la pulsion s'ajoutant ainsi à la *signification* de la parole.

Après sa période linguistique, la psychanalyse d'aujourd'hui, et sans doute de demain, redevient attentive à la pulsion du fait de l'héritage freudien et sous la pression des neurosciences. En conséquence, elle déchiffre la dramaturgie des pulsions par-delà la *signification du langage* où se travestit le *sens pulsionnel*. Les indices de ce sens pulsionnel

---

1. *Cf.* Julia Kristeva, *Soleil noir. Dépression et mélancolie*, Gallimard, 1987.

peuvent être trans-linguistiques. Prenons par exemple la voix : ses intensités, ses rythmes portent souvent l'érotisme secret du déprimé qui a coupé les liens du langage vers l'autre, mais qui a néanmoins enterré l'affect dans le code obscur de ses vocalises où l'analyste ira chercher un désir pas si mort que ça...

J'en arrive ainsi aux facteurs d'organisation et de permanence qui sont l'objet immédiat de l'interprétation analytique pour autant qu'ils relèvent de la relation à autrui et s'effectuent dans le langage. A la lumière de ce que je viens de rappeler concernant le primat du destin pulsionnel, ces contraintes signifiantes m'apparaissent constituer une organisation complexe, *hétérogène*, dont la formation commence dès le plus jeune âge du sujet, se développe durant son histoire, et détermine son destin symbolique.

Consécutive au développement de la linguistique et des sciences humaines dans les années soixante, la notion de *structure* en psychanalyse, redevable essentiellement à Jacques Lacan, a permis de penser avec plus de précision qu'auparavant l'organisation de ce *destin symbolique* — de cet « être de langage » — qui préside à la vie psychique. Qu'un discours ou un symptôme qui nous sont confiés puissent être envisagés en tant qu'un ensemble dont les éléments n'ont de sens qu'à l'intérieur de la relation que le sujet parlant entretient avec son destinataire — en particulier avec l'analyste —, voilà qui ne devrait pas surprendre les freudiens. De surcroît, la pratique freudienne avait dévoilé que ce réseau de relations signifiantes qui caractérisent un symptôme, un discours, un transfert, un sujet, pour être une *construc-*

tion théorique, n'en sont pas moins la seule et unique *réalité* dans laquelle la vie psychique se réalise et se fait connaître. *A fortiori*, elles sont la seule réalité à partir de laquelle l'analyste, auquel quelqu'un a fait demande en s'adressant à lui, peut avoir la possibilité d'agir pour les modifier. Trois questions inquiètent à partir de cette position analytique :

1/ Le destin de l'être parlant est-il réductible à la *langue* et à la *parole*, ou bien d'autres *systèmes de représentation* sont-ils à prendre en considération pour penser ses particularités logiques et pour atteindre le véritable niveau psychique où se noue le sens pour le sujet ?

2/ Quelles caractéristiques de la *parole interprétative* peuvent entrer en résonance avec le destin symbolique du sujet pour toucher jusqu'à son substrat biologique et le modifier ?

3/ Si ce pouvoir de la cure analytique existe, comment penser ses limites et son *éthique* ?

• Le développement de la sémiologie, qui a conduit à penser divers systèmes signifiants (code iconique, code musical, etc.) irréductibles au langage (fût-il envisagé comme une langue ou un discours, une structure ou une grammaire, un énoncé ou une énonciation), a ébranlé l'« impérialisme linguistique ». Parallèlement, un retour à Freud, et particulièrement à la conception freudienne de la *représentation*, tient compte d'une pluralité de représentants psychiques : représentation de chose, représentation de mot, représentant pulsionnel, représentation de l'affect. Il en résulte un modèle « feuilleté » de la signifiance psychique, opérant avec des *traces* et des *signes* hétérogènes. L'analyste est tenu de prendre en considération cette polyphonie pour écouter le discours qui lui est adressé à ces divers niveaux, linguistiques et trans-linguistiques (voix, geste, etc.), et repérer dans lequel parmi eux il fait sens pour le transfert, ici et maintenant.

• Dans l'hypothèse idéale, le silence interprétatif devrait faire résonner jusqu'à la conscience du sujet ces différentes structures du sens où se loge son symptôme. Plus directement et plus fréquemment, c'est l'*interprétation* analytique qui repère les diverses expressions (linguistiques ou trans-linguistiques) du mal-être, et les restitue au sujet. Comment ? En nommant les déterminants familiaux qui, dans l'histoire du développement sexuel, ont abouti à ce symptôme-ci ou à cette structure-ci. Mais souvent et surtout, en trouvant une *formulation adéquate* qui, mobilisant les affects de l'analyste et ses propres séries de représentations psychiques (de mots, de choses, de pulsions), s'exprime en termes elliptiques ou métaphoriques, condensés. Une véritable *poiesis* de l'interprétation entre ici en jeu, qui comprend aussi bien la musicalité de la voix que les tropes, et jusqu'à la description argumentative du fonctionnement mental. Réalité ultime du transfert et du contre-transfert, cette *poiesis* traverse l'écoute consciente et s'adresse aux représentants psychiques inconscients, notamment pulsionnels, du patient, dont on peut supposer qu'ils voisinent avec les flux neuronaux propres aux systèmes subcorticaux, « électriques » ou « humoraux ». La passerelle qui lie ou l'hiatus qui sépare les représentants psychiques inconscients du registre neurobiologique sont peut-être infinis, peut-être inexistants. Mais, pendant que les théories et l'expérimentation en discutent l'exacte relation, la parole interprétative opère ses effets psychosomatiques.

• Ainsi entendue, la violence de l'interprétation analytique ne peut que nous saisir. La seule demande que nous adresse le patient pour nous autoriser à l'effectuer semble mince pour la justifier : cette demande n'est-elle pas partie intégrante du symptôme en même temps qu'amorce de son dépassement ? L'éthique de la psychanalyse pourrait se soutenir alors de deux exigences propres à la rationalité occidentale à laquelle elle appartient :

— d'une part, le maintien *d'un* sens, *d'une* vérité valable et démontrable dans une situation donnée : c'est le côté « normatif » de la psychanalyse. En effet, la « norme » est dictée par l'état de la théorie analytique et par la place qu'y tient cet analyste-ci ;

— d'autre part, le maintien d'un respect (en guise de liberté) pour le désir et la jouissance du patient, qui le rendent apte ou non à accueillir notre interprétation (la structure du patient se manifestant précisément dans sa résistance spécifique à notre interprétation). Parallèlement, la validité de cette interprétation elle-même est mise en cause, car la jouissance de l'analyste se dévoile sous le couvert de la « vérité » de sa construction interprétative. Nul autre discours, dans l'histoire de la rationalité occidentale, ne parvient à cette aspiration à équilibrer vérité et jouissance, autorité et transgression de celle-ci : un équilibre qui garantit sa vitalité, c'est-à-dire l'immanence de la mort (discours du savoir) et de la résurrection (discours du désir) en elle. Aussi la psychanalyse dérange-t-elle le contrat social, fondé pour Freud sur une mise à mort. Parce qu'il ne se contente pas d'être le père mort du savoir, mais que, sans se dérober à cette épreuve, il se révèle aussi sujet d'un affect, désir ou jouissance, l'analyste démérite des collèges et des académies, pour produire des effets restructurants dans le psychisme de l'autre.

Chaque cure est unique

Les différents types de représentation psychique orientés vers le langage mais irréductibles à sa structure grammaticale et logique, de même que la bipolarité du transfert-contre-transfert dans laquelle est pris le discours interprétatif, conduisent à considérer chaque situation analytique concrète comme un microcosme spécifique. De telle sorte que, si les notions psychiatriques de « structures » (hystérique, obsessionnelle, schizophrénique, paranoïaque, etc.) peuvent servir d'indices initiaux et rudimentaires au travail analytique, elles ne résistent pas à une micro-analyse attentive à l'hétérogénéité et à la polyvalence des représentants psychiques. De plus en plus, nous sommes conduits à penser des interférences de structures, ainsi que des «états limites», qui, tout en étant des faits cliniques nouveaux indiquant l'évolution de la subjectivité et des états psychiques, possèdent surtout l'avantage de mettre fondamentalement en cause la validité des nosographies classiques.

Ainsi, l'apparente abstraction de la psychanalyse, attentive à l'expression linguistique et trans-linguistique des déterminants psychiques, en réalité conduit à individualiser au maximum la cure. Chaque cure devient un idiolecte, une œuvre d'art, et la mise en place provisoire d'une nouvelle création théorique à l'intérieur du continent freudien. On peut par conséquent se demander quelles sont les marques d'appartenance de ces discours à la pensée de Freud et où passe la limite entre fidélité, innovation, dissidence... L'histoire du mouvement analytique, et surtout l'actualité œcuménique des doctrines (freudienne, kleinienne, winnicottienne, lacanienne, etc.), indique que, par-delà les malentendus et les impasses, Freud a ouvert une voie à laquelle les novateurs sont contraints de se référer s'ils se réclament de la psychanalyse. Voie étroite certes, pour laquelle l'expérience sexuelle est rebelle au langage — le refoulement en résulte, ainsi que la nécessité consécutive d'interpréter à travers la langue les indices de l'inconscient qui s'y dérobe. Mais voie par laquelle l'érotisation du langage dans le transfert permet de signifier l'expérience sexuelle et conduit à une levée du symptôme, parallèle à une plus grande puissance des capacités signifiantes du sujet. Faut-il insister

LES NOUVELLES MALADIES DE L'ÂME

sur le fait qu'une telle fin de l'analyse ne préjuge en rien de la normalisation du patient ?

Deux obstacles à la parole analytique

On pourra esquisser deux exemples de cure analytique qui mettent en évidence nos propos et signalent deux obstacles typiques à la parole analytique.

1/ *La dépression.* — Une jeune femme de 30 ans, Florence, se plaignant de fortes poussées maniaco-dépressives, est venue me consulter. Elle avait auparavant fait une tentative d'analyse avec un collègue, interrompue parce qu'elle aggravait, selon la patiente, l'intensité et la fréquence des cycles. Ayant consulté, avant de me voir, un psychiatre, Florence était sous Imipramine. Son analyste précédent n'avait pas accepté de poursuivre la cure dans ces conditions. Nous avons d'abord entrepris une psychothérapie. Au cours de celle-ci, toujours sous Imipramine, Florence a souhaité s'allonger : au bout de quelques mois, elle a renoncé aux antidépresseurs et son analyse a continué sans médicaments... Florence affirmait que l'Imipramine diminuait ses excès d'angoisse et lui permettait d'aborder par la parole des situations dramatiques de son enfance et de sa vie actuelle, sans tomber dans les états de dépression grave qu'elle avait à plusieurs reprises connus. Le seuil d'angoisse étant apparemment assez bas chez cette patiente, sa stabilisation par le traitement pharmacologique favorisait la liaison des pulsions et de leurs représentants avec les représentations verbales. Toutefois, une certaine distance résultait, me semblait-il, de ces interventions chimiques qui me paraissaient devoir être nécessaires mais provisoires. J'y voyais cependant un bénéfice autre que la liaison qu'ils favorisaient des pulsions aux mots : l'introduction d'un tiers entre nous (le médicament, le psychiatre) modulait l'exaltation maniaque (Florence n'était pas toute-puissante, moi non plus, il y avait un tiers mais aussi une autre réalité), ce qui permettait d'aborder son narcissisme et la projection de celui-ci dans l'idéalisation outrée à laquelle Florence souhaitait me vouer. Ainsi, avec un seuil d'anxiété modifié, nous avons abordé plus facilement les mécanismes maniaco-dépressifs que Florence avait mis en place pour faire face à la perte et à la séparation. Une nouvelle relation d'objet s'établit entre elle et moi, moins catastrophique, moins menacée d'insupportable danger d'annihilation en cas de séparation réelle ou imaginaire. Lorsque cette nouvelle relation d'objet — qui est aussi une nouvelle structure de sujet — fut consolidée, Florence a abandonné l'Imipramine. Elle a essayé de compter désormais uniquement sur le réseau symbolique et imaginaire que nous avions construit avec le support « régional » de l'Imipramine, sans recourir à la chimie mais uniquement aux représentants psychiques que nous avions réélaborés et dont la désorganisation la menaçait beaucoup moins.

Pendant la période de l'analyse sous Imipramine, j'ai eu le sentiment que les intensités pulsionnelles

LES NOUVELLES MALADIES DE L'ÂME

étaient équilibrées mais que le discours était « anes-thésié ». Cette impression provient essentiellement du fait que, dans ces conditions, Florence a pu faire des rêves relatifs à des états d'angoisse jusqu'alors irreprésentables : l'angoisse d'être dévorée et englou-tie par sa mère et, inversement, de dévorer et d'engloutir sa mère. Mais ces rêves, tout en étant faits et rapportés (ce qui est déjà une élaboration psychique considérable par rapport au mutisme dépressif antérieur, à la « mort blanche » du signi-fiant déprimé antérieur), étaient accompagnés d'un sentiment de distance ct d'incompréhension défen-sive de la part de Florence. Maintenant, dans la seconde phase de l'analyse, nous avons pu reprendre et analyser ces mêmes rêves.

Premier rêve : Un rêve de repas de noces anthro-pophagique. La noce ressemble à la photo de mariage de ses parents. Dans le rêve, les invités se dévorent les membres et la tête. La scène se déroule dans l'escalier de mon immeuble.

Deuxième rêve : Florence vomit après l'acte sexuel : c'est la tête de sa mère qui tombe dans la bassine. Ce rêve a précédé de peu le moment où elle est devenue enceinte.

Comment avons-nous repris ces rêves ? Devenue mère au cours de l'analyse et continuant sa cure sans le secours chimique, Florence avait développé un autre symptôme : la peur de ses fantasmes d'assas-siner sa fille. Elle me répétait inlassablement comment ses fantasmes l'habitaient, lancinants et exténuants, comment elle ne se sentait pas vraiment capable de passer à l'acte, mais combien cette rumination fantasmatique était épuisante pour elle.

Je dis : « Assassine - bassine - assimiler. » Dans cette interprétation très condensée, d'une poétique tragique ou grotesque, Florence parvient à retrouver le sens pulsionnel et la signification symbolique de ses deux rêves d'autrefois, et à les lier à son angoisse actuelle. L'envie d'assassiner sa fille est le retour de l'envie d'assimiler (dévorer) l'Imipramine mais, pour commencer, d'absorber la tête et les membres (sein, bassin) de sa mère (le rêve cannibale) qu'elle a su cracher dans une bassine (rêve du vomissement) pour laisser place à un enfant à elle (être enceinte, faire habiter son propre bassin). Le sens pulsionnel de ces rêves agissait auparavant dans son psychisme en repoussant les symptômes dépressifs, ne serait-ce que par la formation des rêves rapportés qui se substituaient au mutisme mélancolique. Mais ce *sens* pulsionnel ne parvenait pas à la *signification* de la parole. Mes interprétations ne provoquaient pas d'associations. Maintenant, ce sens pulsionnel a pu accéder à une signification symbolique, à une élaboration.

« Assassine - bassine - assimiler ». La « vibration interne » (dirait Proust), car c'est ainsi que je considère mon interprétation, a résonné depuis les représentants pulsionnels indicibles, angoissants et déprimants, jusqu'à l'explicitation verbale que la patiente, soutenue par les indices de mon interprétation, a pu faire elle-même : une explicitation de sa dépression et de son envers maniaque. Ce n'est pas sa fille que Florence veut assassiner. Elle veut se débarrasser de l'image de la fille qu'elle est elle-même, fille assassine-cannibale qu'elle croit être, assimilant - dévorant - vomissant sa mère pour se venger de sa paralysie infantile (immobilité du bassin) qui l'avait sérieusement handicapée dans sa petite enfance et éloignée de sa mère (on surinvestit souvent l'oralité pour capturer un objet qui échappe à une motricité défaillante).

Mon jeu de mots inscrit dans la dynamique du transfert, aussi bien que le travail explicatif-argumentatif que nous avons fait à la suite, est le résultat d'une empathie avec l'économie pulsionnelle de la patiente : une identification avec la blessure narcissique, les difficultés motrices, la voracité orale ; et avec les tentatives maniaques de se venger, par dévoration-expulsion, de la *Chose* dépressive pour laquelle il n'y a pas encore de *signes* linguistiques mais simplement des écholalies porteuses d'intensités pulsionnelles. Mon interprétation réintroduit cette économie pulsionnelle dans le langage désinvesti de l'assassinat (Florence veut tuer, mais elle se sent détachée, comme à distance de ce désir néanmoins obsédant). Mon apparent « jeu de mots » revitalise le langage en même temps que le transfert, mais aussi l'analysante elle-même, en rappelant le temps infantile, l'histoire du fantasme archaïque, ainsi que sa fonction de compenser la blessure narcissique.

De ce fragment d'analyse, je voudrais mettre en évidence quelques points qui me paraissent essentiels pour la psychanalyse d'aujourd'hui et, pourquoi pas, de demain :

— L'interférence de cette cure avec la pharmacologie permet de penser que le rapport entre neurosciences et psychanalyse peut se développer dans
deux directions. D'une part, il y aura de plus en plus
de patients à traitement mixte (pharmacologique et
psychanalytique) qui nécessitera l'appréciation exacte
des effets des médicaments et de leur interaction
avec le transfert. D'autre part, une information du
public s'impose pour mettre en évidence l'énorme
champ de malaises psychiques non ciblé par la
pharmacologie, et qui réactualise la nécessité de la
cure psychanalytique *stricto sensu*. Une analyse de
plus en plus fine de l'appareil psychique dans le
transfert est requise, attentive à la traductibilité des
pulsions en mots.

— Le « signifiant de la mort » apparaît d'emblée
à l'écoute par l'analyste de la parole déprimée dans
le *déni du signifiant* par le patient (parole « dévitalisée », ralentie, désinvestie, monotone, ou accélérée
mais effacée, « nulle »), et dans la dévalorisation du
langage comme vecteur du transfert.

— Toutefois, le désir et les déterminants du
symptôme qui ne parviennent pas à être signifiés
dans la parole semblent avoir déposé ou codé leur
sens dans le registre préverbal (voix, intonation) ou
dans l'homophonie qui donne lieu au jeu de signifiants, à une écholalie.

— L'interprétation analytique pourrait devenir
pour un temps complice de la « régression » et du
« holding » en se faisant l'écho de ce sens-là, tout en
se donnant essentiellement comme un trait d'union
vers la mentalisation et les formulations conscientes

du trauma d'abord, des désirs ensuite, dans un langage pour l'autre.

— La dépression semble s'être organisée à partir d'une relation à l'autre qui n'est pas séparé du sujet déprimé, mais demeure sous son emprise comme sa *Chose* : innommable et mortifère (on retrouve cette réunion symbiotique avec le paradis non perdu dans les « noces du suicide »). Or, cette relation d'objet spécifique est codée certes dans le « contenu » mais aussi dans la « forme » du discours déprimé : la relation d'objet et la structure du discours sont au même titre des déterminants de la dépression. En conséquence, l'intervention analytique porte ou devrait porter (par sa signification et par sa forme) sur ces deux facteurs de permanence du psychisme du sujet (l'*objet* et le *discours*).

2/ *La perversion.* — Fréquente, actuelle et particulièrement résistante à l'analyse, la perversion m'intéressera pour les raisons suivantes :

— La satisfaction narcissique par un objet partiel comporte comme équivalent un discours fétiche : exhibitionniste, ce discours connaît tout et ne veut rien savoir.

— La survalorisation de la parole fonctionne comme une résistance à l'analyse : les *affects* sont clivés du *discours* qui relate le fantasme pervers. Cette isolation perdure même quand le fantasme est communiqué à l'analyste dans l'intention inconsciente d'inclure le thérapeute dans l'économie sadomasochique du patient.

— Il peut s'avérer dès lors nécessaire de faire

advenir *l'image* et *les représentations de l'acte pervers* comme *possibles* dans le transfert. Une telle actualisation du *scénario* pervers dans la cure mobilise les intensités des représentants préverbaux de l'affect ou de la pulsion, et constitue une précondition à leur « traduction » dans la parole interprétative.

Didier est venu en analyse en se plaignant de son incapacité d'avoir des relations sexuelles satisfaisantes[1]. Il est apparu très vite que sa sexualité était voyeuriste et exhibitionniste, masturbatoire, les scénarios sadomasochistes provoquant le maximum de plaisir. Didier faisait de la peinture pour lui-même : il n'avait jamais exposé, sauf... pour sa mère, quand elle était vivante. Depuis la mort de son « public », l'appartement maternel était fermé et Didier n'osait pas y toucher ni pour le voir ni pour le vendre. Son discours sur le divan était volubile, il savait tout, n'attendait rien de moi. Par sa parole masturbatoire d'un pouvoir infantile exorbitant, Didier me livrait ses rituels comme s'il lisait le script d'un metteur en scène exposant à froid les actes d'acteurs qu'il surveille de loin. J'ai eu le sentiment — ou la conviction contre-transférentielle — que le secret de Didier gisait dans l'appartement maternel, mais aussi dans un *discours secret* qui encryptait les pulsions et les affects et ne les laissait pas apparaître dans la parole. La parole de ce patient était coupée des affects — ses affects étaient invisibles dans la

---

1. On trouvera une interprétation plus complète de cette analyse plus haut, « L'âme et l'image », pp. 9-47.

parole. Aussi ai-je accepté de voir les œuvres de Didier : des collages de posters découpés, des couleurs les couvrant ou les barbouillant, des pages blanches... La voix de Didier s'agita, devint plus vive. Son discours sur les tableaux qu'il me déroulait couché sur le divan ou dont il me donnait un exemplaire photographié pour que je suive son exposé explicatif, était toujours un discours neutre, technique, esthétique. C'était à moi de donner la signification perverse de cette exhibition : de ces organes coupés, de ces matières fécales. J'avais permis à Didier une certaine mise en acte perverse dans la cure — montrer ses tableaux — et j'ai greffé sur cette démonstration le discours de l'a-perversion qui lui manquait. Il accepta ce fantasme pervers — le mien ou le sien ? — et sa capacité fantasmatique se trouva ainsi libérée. Elle se substitua peu à peu à ses passages à l'acte qu'elle n'élimina pas complètement, mais par rapport auxquels Didier ne ressent plus désormais une dépendance exténuante, car il a pu les intégrer, les élaborer, par son discours, dans une nouvelle structure psychique plus complexe.

Pour le pervers, l'autre est réduit à être l'agent du plaisir sadomasochiste du sujet qui assure ainsi son omnipotence. Le discours qui en résulte, tout en comportant les caractéristiques logiques et grammaticales de la parole normative, n'a pas de valeur heuristique ni commutative. En effet, le sens inconscient qu'il véhicule par-delà ses apparences réside dans la neutralisation de l'autre (de l'analyste) et dans sa réduction en objet-fétiche de la mégalomanie perverse. Pour entrer dans le jeu de cette détermination inconsciente, il est nécessaire de démonter la parole-fétiche. A travers les mots, l'analyste peut investir le scénario-*image*, mais aussi l'*acte* qui est le véritable « langage réel » du pervers. Par la suite seulement, il pourrait être possible de redonner à la parole (et à la relation à l'autre) sa dimension polyvalente, heuristique et commutative, où se déploierait la complexité du sujet (et non le retranchement du pervers).

Dans la mesure où la mise en place du transfert dépend du désir de savoir, de *se* savoir et de *se* transformer en vue d'un mieux-être, il est permis de se demander si une telle disposition subjective n'est pas historiquement déterminée. De l'exigence éthique du Dieu juif au mystère trinitaire de la subjectivité chrétienne et jusqu'au « que sais-je ? » de Montaigne dont le moi dédoublé préfigure déjà à maints égards celui de Freud, les formes varient de ce désir subjectif pour l'autre et la vérité. Elles sont autant de fondations de l'histoire occidentale et de la psychanalyse entendue comme appropriation infinie de la mémoire pour une nouvelle histoire du sujet malade de ses symptômes. En revanche, le comblement de la misère narcissique qui accompagne la crise moderne des valeurs semble plutôt aller à l'encontre d'une telle curiosité psychique, sans laquelle aucune mutation subjective n'est envisageable.

La psychanalyse se situe à contre-courant de ce confort moderne qui signe la fin, non pas de l'Histoire, mais de la possibilité de *parler une histoire*. Confort et fin dont cependant on aperçoit la saturation ainsi que la critique et le rejet.

Toutefois, la technique analytique ne saurait ignorer ce repli narcissique et ce déclin du désir de savoir : elle se doit de les reconnaître, de les accompagner et ensuite seulement d'essayer de les dépasser vers cette forme nouvelle de la connaissance de soi que Freud a inaugurée en intégrant la « maladie » au sein même du psychisme et en faisant de la vie psychique une construction-destruction interminable. L'approche analytique de la dépression et de la perversion, parmi d'autres symptômes « modernes », peut être considérée comme un exemple de l'élargissement du champ analytique jusqu'aux frontières où il rencontre les plus grandes résistances.

Aujourd'hui même, et encore plus demain, la psychanalyse me paraît être cet art — je concède : cet artifice — qui permet aux hommes et aux femmes de la cité moderne, lisse, hautaine, payable et payante, de préserver une vie. Tant il est vrai que la vie de l'être parlant s'éveille et s'éteint avec et à partir de la vie psychique pour laquelle la parole est l'axe d'une dynamique hétérogène. Freud nous ouvre, avec la psychanalyse, non seulement un refuge contre la société du spectacle et de la consommation. Mais, en reconnaissant et en intégrant la logique de l'échange monétaire, la psychanalyse freudienne subvertit la cité aliénante pour permettre une métamorphose. Sinon, qu'est-ce qui pourrait changer, entre le cristal des tours argentées, l'implacable banalité des banques et le destin programmé dans le code génétique lui-même ?

Pour les raisons que j'ai développées, je voudrais soutenir que demain la psychanalyse pourrait être un des rares lieux, préservés, de changement et de surprise, c'est-à-dire : de vie. Elle tiendra compte des facteurs de permanence psychique (de la biologie aux pulsions et au langage), mais elle accompagnera aussi ceux qui désirent les modifier. Car, fidèles au scepticisme de Freud et cependant attentifs aussi à la plasticité du discours psychique, nous maintenons que cette modification est possible.

L'obsessionnel et sa mère*

La névrose obsessionnelle n'évoque pas immédiatement la présence d'un trauma réel ou psychique
autour duquel elle se serait structurée. Cependant,
on constate chez l'obsessionnel un excès d'excitation
freinée ou explosive, impulsive et compulsive, mais
insistante et rebelle à son discours défensif. La parole
obsessionnelle, précisément, s'impose comme une
armure impénétrable à ce retour affectif ou pulsionnel. Pour cela même — tel un écran sur quelque
trauma censuré — elle handicape l'associativité idéalement souhaitée dans le transfert, quand elle ne la
fait pas s'emballer dans les circuits de l'intellectualisation factice, mettant ainsi à mal la possibilité de
la cure analytique.

On pourrait chercher la logique de cet *excès*
d'excitation et de sa *dissociation* par rapport au
discours obsessionnel dans une direction parallèle à
la conception « économique » qui domine l'évolution de la pensée freudienne sur le traumatisme :
dans la relation d'objet[1]. Un sujet reçoit certains

* *Revue française de psychanalyse*, 6/1988, pp. 1357-1369.
1. *Cf.* Julia Kristeva, « L'impossibilité de perdre », in *Cahiers
de l'IPPC,* Université Paris VII, n° 8, nov. 1988, pp. 29-40.

événements comme plus ou moins traumatiques, selon le type de relation à l'autre qui l'a constitué dès son plus jeune âge. *Traumatique peut donc être la structure.* Mais l'obsessionnel passe son temps mortifère et paradoxal à se dissocier de ce lien *à l'autre* qui le fonde, pour exhiber la froideur de sa défense ou l'explosion de sa passion sadomasochique comme allant *de soi.* A cet historien des accidents, à ce chroniqueur des traumatismes subis ou désirés, rappelons ici sa relation d'objet.

Des « actes (– 1) » à la dissociation

Je retiendrai deux idées qui me paraissent avoir précisé récemment la compréhension de la névrose obsessionnelle[1] :

1/ Une dominance du *faire* sur le *dire*, du « procédural » sur le « déclaratif » selon Anderson (du « Si A faire B » plutôt que « A signifie B »)[2] serait propre à l'obsessionnel. Cette formulation présente de manière succincte la tendance de la pensée obsessionnelle à être *magique.* En même temps, elle attire l'attention sur une certaine *déficience des signes* chez l'obsessionnel. Ce penseur obstiné dénie en somme la *valeur arbitraire* du signifiant et le trans-

---

1. Séminaire de psychopathologie et de sémiologie (Universités Paris VI et Paris VII) sur la névrose obsessionnelle, dirigé par D. Widlöcher, P. Fédida et J. Kristeva (1987-1988). Les travaux mentionnés furent exposés à ce séminaire.
2. John R. Anderson, *Language, Thought and Memory*, New York, 1976.

forme en *acte* : loin d'être un méditatif, serait-ce un artisan halluciné ? D. Widlöcher[1], A. Braconnier et B. Brusset ont insisté sur cette défaillance de l'*arbitraire* du signifiant chez l'obsessionnel, au profit de sa *réalisation* immédiate, de son actualisation *magique* et compulsionnelle, de son incarnation en *agir*.

Freud semble différencier cette *pensée-action* propre à l'obsessionel de l'*acte stricto sensu*. Il parle d'« une pensée en tant que stade préliminaire à l'acte » qui « se fait jour avec une force compulsionnelle à la place de l'acte substitutif », et qu'il détecte dans la « régression » décrite comme des « actes préparatoires [qui] remplacent les décisions définitives » (*HR*[2], 258). Il y aurait donc, par défaut de l'arbitraire des signes (ou par défaut de la valeur symbolique des pensées), des actes — « préparatoires », « préliminaires », des actes « moins 1 » (des « actes (– 1) »). Ils entravent l'enchaînement logique de la pensée aussi bien que des actes *stricto sensu* que cette logique commande. Sous l'influence de la régression propre à ces « actes (-1) », tous les actes de l'obsessionnel deviendraient compulsifs, dubitatifs et réversibles.

2/ L'impact du « regard » ainsi que du « toucher » (sollicités ou écartés, mais persistants et intenses) chez l'obsessionnel a été souligné par Freud. P.

---

1. *Cf.* aussi D. Widlöcher, *Métapsychologie du sens*, PUF, 1986.

2. Le sigle *HR* renvoie à l'édition suivante : S. Freud, « L'homme aux rats », in *Cinq Psychanalyses*, PUF, 1966.

Fédida[1] et F.-D. Villa l'ont mis en relief en y apportant un développement majeur : *l'onirisme* de la pensée et du comportement obsessionnel va jusqu'à une motricité hallucinatoire qui se déroule « comme un rêve » ; en revanche, le récit de rêve s'érige comme une défense bloquant aussi bien la régression et l'accès à l'inconscient que le travail analytique lui-même.

A partir de ces deux points, je reviendrai sur une constatation de Freud qui me paraît devoir être mise en question : « *Au lieu de faire oublier le traumatisme*, le refoulement *l'a dépouillé de sa charge affective*, de sorte qu'il ne reste, dans le souvenir conscient, qu'un contenu représentatif indifférent et apparemment sans importance » (*HR*, 226). Ce propos peut laisser entendre que le traumatisme chez l'obsessionnel est dépouillé de sa charge affective. Plus exactement, Freud pense que c'est le « *souvenir conscient* [qui est] dépouillé de la charge affective ». Il n'en reste pas moins que l'idée prédomine souvent d'une certaine « congélation » de la charge affective traumatique chez l'obsessionnel. Or, la prépondérance du *faire paradoxal* (un *faire moins 1*) et de l'*onirisme*, entre autres particularités obsessionnelles, laisse entendre qu'il n'en est rien. La charge affective est là, présente, active, intense : elle attire le contenu de pensée vers l'*acting et* l'*affect* en leur imprimant à la fois la logique compulsive de la répétition et

---

1. *Cf.* aussi Pierre Fédida, *Corps du vide et espace de séance*, Éd. universitaires, Paris, 1977.

celle, régressive, de l'inversion génératrice de doute et de décision impossible.

Le refoulement obsessionnel me semble dissocier *le représentant psychique de l'affect* de la *représentation verbale*. C'est une *dissociation* dans le système de signes qui se produit. Sont séparés, *d'un côté* : un langage ou une pensée « abstraits », « défensifs », clivés des représentants psychiques de l'affect ; et, *de l'autre* : ces représentants psychiques de l'affect qui se greffent sur d'autres vecteurs sémiotiques — regard, voix, gestes — et se développent en un acting magique. Ce dernier se dérobe à la défense consciente et réalise une satisfaction immédiate du désir (comme un fantasme qui se « réalise » et qui, dès lors, n'est plus vécu comme un fantasme mais comme une « magie »). L'observateur a l'impression d'une emprise de l'agir sur le psychisme de l'obsessionnel. En réalité, il s'agit des avatars d'*une demande immédiatement satisfaite* qui s'accomplit avant même la *médiation du langage* et de l'*autre*.

J'insiste sur cette *dissociation* obsessionnelle entre *représentant d'affect* et *représentation verbale*, laissant l'affect libre et mobile par rapport au refoulement qui conditionne le langage. En effet, si le refoulement portait sur l'*affect* lui-même, celui-ci ferait retour sous la forme hystérique du symptôme. Même si cette éventualité n'est pas absente chez l'obsessionnel, ce qui franchit le *refoulement* — ou plutôt la *dissociation* chez lui —, c'est le *représentant psychique* de l'affect. Ce dernier explose dans le registre du langage et de la pensée, et produit non pas un symptôme somatique, mais une « monstruosité symbolique », un symptôme de la pensée — pensée magique, « faire » confondu avec « signifier », « onirisme », etc. Le retour du *représentant* de l'affect dans la représentation linguistique ou dans la pensée affecte celle-ci d'attributs sémiologiques propres à l'image, au son, au toucher, que nous percevons plus actifs, directs ou performants.

L'affect, lui, est là, il n'est pas refoulé. Il est juste dépouillé de sa charge *pour* l'expression verbale. Mais pour le regard, la voix, les « actes (– 1) », l'affect est loin d'être désinvesti, *il est puissant, tuant, mortifère*. Il en résulte le double aspect de l'obsessionnel : il communique avec des ombres, des fantômes, des morts, sa parole et sa pensée sont pierrales ; mais, dans son agir libidinal, onirique et « procédural », il est un tyran massacreur, avide et sans frein.

Ainsi donc le symptôme obsessionnel est langagier : il porte sur le langage où le signifiant verbal est dissocié du représentant psychique de l'affect ; cette dissociation conduit ce représentant de l'affect à trouver d'autres manifestations sémiotiques (gestes, regards, motricité) et jusqu'à l'*agir paradoxal*, « moins 1 », le « procédural ».

J'essaierai de référer cette double sémiologie (langage désinvesti qui s'accompagne d'autres matériaux sémiotiques et d'un agir compulsionnel fortement investis) à la relation de l'obsessionnel avec l'*objet maternel*.

L'« homme aux rats » entre anal et oral

Il est peu question de la mère du patient, le Dr Lehrs, dans le texte de Freud « L'homme aux rats », ainsi que dans le *Journal*[1]. Les éditeurs du *Journal* notent cependant : « La mère, anonyme, sans âge, fille adoptive de la famille Spéransky » (*J*, p. 27).

Dans « L'homme aux rats », Freud atteste que le patient lui a rapporté « un rêve [qui] représentait le même conflit que celui vécu dans son transfert sur le médecin : "*Ma mère est morte* [celle de Freud]. Il veut venir me faire ses condoléances, mais craint d'avoir à cette occasion ce *rire impertinent* qu'il avait eu à maintes reprises dans des occasions de ce genre. Il préfère laisser sa carte en y écrivant *p.c.* mais ces lettres se transforment, pendant qu'il écrit, en *p.f.*" *(pour condoléances, pour féliciter)* » (*HR*, 225).

Freud déchiffre ce rêve de la « mère morte » comme une réactualisation de la mère morte du patient, implicitement remémorée grâce au transfert sur l'analyste (désir de faire mourir la mère de l'analyste et l'analyste lui-même, comme est morte la mère du patient). Non pas « mise à mort » ou « meurtre », mais : elle est morte, la mère est un cadavre, elle n'existe plus. D'où : le « rire impertinent », le fou rire qui saisit celui qui, face à l'écrou-

---

1. Le sigle *J* renvoie à : S. Freud, « L'homme aux rats », *Journal d'une analyse*, PUF, 1974.

lement d'un interdit absolu, perd ses moyens de défense et de symbolisation, et littéralement s'abolit dans une jouissance spasmique, folle, aphasique. On a tendance à interpréter cette submersion du sujet par un affect insignifiable, le « fou rire », comme une conversion hystérique. J'y verrai, dans ce cas précis, plutôt l'indice d'un défi lancé à une autorité archaïque, maternelle (« rire impertinent »), et la réalisatiou motrice d'une mise à mort de l'autre (la mère) confondu avec soi, les deux ne faisant qu'une série de secousses innommables. Le sujet jouit de se mettrc à mort avec la morte, tout en défiant la morte — en la dévorant, en la « baisant » — dans un acte obscène de satisfaction immédiate qu'est ce rire spasmodique masturbatoire.

Dans le *Journal* (J, 231), Freud précise qu'il « lui [à son patient] apportait un petit repas » en même temps que des « morceaux » de théories *(Stück, ein neues Stückchen)* : « Il a joué un rôle maternel », remarquent les éditeurs (J, note 505).

Toujours dans le *Journal* (J, 153), Freud évoque que le patient lui communique « une série de *représentations* ». (Le mot manque dans le manuscrit, les traducteurs l'introduisent en se justifiant du verbe *machen* qui finit la phrase.) Cette « représentation » (fantasme ? hallucination ? « agir (– 1) » ?) figure le « corps *nu* de ma mère. Deux épées, littéralement enfoncées dans sa poitrine » (« comme une décoration, dit-il plus tard, selon le motif de Lucrèce »). — Lucrèce, femme de Tarquin Collatin, violée par Sextus Tarquin, se donne la mort en se poignardant. On notera que les poignards avec lesquels Lucrèce s'est suicidée sont transformés par le rêve en décoration — « nature morte ». Chez Shakespeare, *The Rape of Lucrece*, Brutus, le fils, est le premier à enlever le poignard et à embrasser sa mère, fasciné par le sang qui s'écoule de cette plaie... dans la poitrine. Mais la « représentation » du patient se déplace de la poitrine au bas-ventre (notons le glissement oralité-génitalité) : « le bas-ventre et surtout le sexe sont entièrement dévorés par moi et les enfants ». Freud interprète : « Il s'est laissé égarer par une métaphore. Le contenu est l'idée ascétique d'après laquelle la beauté d'une femme serait *dévorée* par le rapport sexuel et l'enfantement. »

La métaphore fait cependant oublier à Freud deux choses. D'une part, la mère est dévorée par le fils : une oralité intense lie le couple archaïque mais aussi celui que forment le patient et l'analyste. D'autre part, une analogie est établie entre le sexe féminin dévoré par les enfants et la crainte du patient de voir son propre bas du corps dévoré à travers l'anus cette fois-ci par les rats. Les rats ont fait oublier à Freud l'oral et son déplacement chez le patient vers l'analité. Alors que Freud utilise beaucoup le symptôme des « rats » et de l'analité, en se décrivant lui-même dans le transfert comme intrusif ou très « forçant », il laisse planer le silence sur l'érotisme oral auquel cependant il participe, ne serait-ce que par le rite des repas servis à son patient. Le thème de la dévoration implique une indistinction entre le patient et sa mère et commande la logique de l'inversion (le sujet devenant objet et *vice versa*) qui se manifeste aux autres niveaux de son fonctionnement psychique, comme en témoigne la suite des associations de ce même épisode. Ainsi, un type dégoûtant, qui s'avère être en définitive le patient lui-même, fait minette... à la fille de l'analyste.

C'est à la séance du lendemain, selon le *Journal*, que l'homme aux rats rapporte le rêve déjà évoqué : « Ma mère vient de mourir. » S'agit-il du même rêve de « mère morte » mentionné dans *HR* ? Si oui, une étrange inversion s'est produite : alors que dans *HR* la morte est la mère de l'analyste, dans le *Journal* le patient évoque la mort de sa propre mère. Rêve de transfert, pense Freud à juste titre, mais, en laissant de côté le thème cannibalique et la relation biface et réversible d'identification à l'objet, il choisit d'interpréter seulement l'agressivité : « N'avez-vous jamais pensé que par la mort de votre mère vous échapperiez à tous les conflits, puisque vous pourriez vous marier ? — Vous êtes en train de vous venger de moi », dit le patient. « Vous m'y forcez parce que vous voulez vous venger de moi. » — « Crainte d'être rossé par moi », conclut Freud, en notant aussi que « le patient ne cesse de se frapper lui-même, en faisant ses aveux encore tellement difficiles pour lui » (*J*, 153).

La séance suivante continue sur le thème transférentiel et maternel qui n'est pas retenu dans le texte théorique de Freud (*HR*). — « La séance suivante est remplie par le transfert le plus épouvantable, qu'il éprouve une difficulté énorme à rapporter. *Ma mère est debout là, désespérée :* tous ses enfants ont été pendus » (*J*, 159). La mère n'est plus morte, elle est désespérée. Il s'agit de celle de Freud, et l'analyste interprète le désir agressif du patient de faire pendre son analyste.

Je note cette image de mère désespérée, et l'impossibilité d'en parler si ce n'est... en la déplaçant sur un autre vecteur, celui de l'agressivité. L'homme aux rats ne parle de sa mère qu'en érotisant sa relation mortifère et déprimée avec elle par l'entremise de l'agressivité qu'éveille en lui l'autre homme (Freud) et sa mère. Il y aurait un double évitement de la relation à la mère déprimée : d'une part, c'est celle de Freud ; d'autre part, on pense plus facilement aux enfants pendus qu'à son chagrin à elle...

L'évitement de la figure maternelle est constant dans le discours du patient. Ainsi, à peine a-t-il évoqué le corps nu qu'il l'enterre subitement (pourrait-on dire), pour parler de celui d'une grand-mère. De même, après avoir parlé de dévoration et de minette, il se souvient du fils de Freud qui se pourlèche les lèvres auréolées de quelque chose de brun (on pense aux excréments) comme si c'était bon, et glisse de nouveau : « c'est moi, et je le fais à ma mère » (c'est Freud qui parle). La mère de l'obsessionnel est morte, anonyme, déprimée, ou celle d'un autre.

Je ne poursuivrai pas plus loin ce rappel du lien entre le Dr Lehrs et sa mère selon les deux textes de Freud : loin d'être exhaustive, cette lecture m'a été imposée non pas par un souci d'interpréter Freud sous cet angle, mais par certaines observations relatives à mes propres patients obsessionnels. J'ai pu constater, d'une part, que ces patients parlaient rarement de leur relation infantile à la mère. Toujours prompts à évoquer les conflits avec leurs pères ou frères et sans lésiner sur l'obscénité en relatant leurs aventures actuelles ou passées avec les femmes, *une véritable « mère enterrée » gisait au cœur de leur psychisme.* D'autre part, cette « mère enterrée » me semblait être le pôle d'attraction d'une libido violente, à tout jamais satisfaite et pour cela même indisponible pour une symbolisation autre que visuelle, tactile ou sonore, farouchement retranchée de la parole. Comme si l'obsessionnel avait *deux langues* : l'une, « parole » secrète et non verbale, caveau ou écran de la satisfaction qu'avait reçue à sa demande précoce adressée à une mère d'autant plus complaisante que ses désirs de femme furent insatisfaits ; l'autre, langage et pensée neutralisés, « morts », libres des chaînes de cette demande vorace, mais pour cela même désinvestis, redondants, réversibles, dubitatifs, non créatifs.

Une telle « mère enterrée » n'est pas nécessairement ce que A. Green appelle « la mère morte », c'est-à-dire dissociée ou quasi psychotique, du border-line[1]. Il s'agit souvent d'une femme simplement dépressive, parfois déprimée mais recouvrant cette maladie par un activisme exacerbé. Elle ne laisse pas à la conscience de son fils l'impression d'un objet létal mais souvent même, à l'inverse, d'une mère sévère. Cependant, elle apparaît comme ayant coupé deux liens : celui, érotique, avec le père, et celui du langage. Elle n'est pas un objet du désir du

---

1. A. Green, « La mère morte », in *Narcissisme de vie, narcissisme de mort*, pp. 222-254.

père, qu'elle ne désire d'ailleurs pas davantage. Elle ne désire que son fils et un mirage — figure sublime d'un parent ou d'un personnage social auquel elle consacre ses rêves. Elle ne s'exprime pas — taciturne, « anonyme », aphone, le fils ne retient d'elle aucun propos, si ce n'est quelque refus de répondre ou de jouer. En revanche, l'obsessionnel garde l'intense impression de regards échangés, de touchers, de soins — une enveloppe « anonyme », non pas donnée par elle, mais toujours déjà là, partie intégrante de lui, inéluctablement destinée à lui, et immanquablement dévorée par lui. Comme si, *au déni du signifiant* spécifique de la dépression chez la mère (au-dessous duquel s'étalait l'affect douloureux et irreprésentable[1]), venait s'adjoindre un lien amoureux précoce. La demande du fils comble le désir frustré de la mère, et, sans attendre, elle se transforme en désir satisfait. Aucun délai de symbolisation, pas de signe. Dépression d'un côté, métamorphose de la demande en désir satisfait de l'autre : les conditions sont réunies pour barrer la route du langage dans son accès au représentant de l'affect. Le langage se construit sur un autre continent, clivé de celui de la dépression et de la demande. Il devient un langage second, secondaire, arrimé à l'expulsion et à la pénétration. A condition de trouver un analyste lui-même forçant, il peut traduire le sado-masochisme anal comme ultime écran à l'encontre

---

1. *Cf.* Julia Kristeva, *Soleil noir. Dépression et mélancolie*, Gallimard, 1987.

du refoulé inabordable qu'est la fusion-dévoration de l'obsessionnel et de sa mère enterrée.

Ces observations m'ont laissée perplexe sur ma possibilité d'analyste d'occuper cette place d'objet enterré, de le ressusciter et, à la suite seulement, d'essayer de faire revivre les relations amoureuses de mes patients obsessionnels — relations constamment décevantes, désinvesties au moment même où elles commençaient à s'esquisser, et d'emblée promises à l'échec. C'est alors qu'en relisant les textes de Freud, j'ai repéré cet anonymat, cette oralité réversible, ce vampirisme a-verbal hors représentation, *agi,* qui, *tel un trauma inabordable,* caractérise le lien de l'homme aux rats à sa mère et qui avait échappé à mes premières lectures.

Loin d'être spectaculaires comme le sont certaines obsessions abritant d'inabordables traumas, les deux fragments de cure qui suivent figurent une obsessionnalité bien répandue. La course à l'échec, l'impossiblité de choix, l'inversion des désirs, les relations amoureuses décevantes, multiples et impossibles en constituent la séméiologie. Une obsessionnalité qui ne serait que banale, si quelques événements tragiques ne venaient dévoiler de quelle mort camouflée en satisfaction elle s'était construite.

Une satisfaction précoce

Pierre est le fils d'un acteur qui a eu ses heures de gloire dans les années d'après-guerre, et d'une modeste employée de bureau que le père méprisait semble-t-il ouvertement, allant jusqu'à appeler ses trois enfants, Pierre et ses frères cadets, « les enfants de la bonne ». Il est venu consulter pour ce qu'il appelle « des états d'indécision » — incapacité de choisir entre deux pensées ou deux actions, qui lui rendait impossible toute activité professionnelle ; pour des échecs sentimentaux répétés — impressionné par des « femmes à carrière », il se sentait en revanche sexuellement attiré par des jeunes filles « sexies insignifiantes... des traînées quand ce n'étaient pas des droguées », qui lui devenaient indifférentes dès les premières satisfactions sexuelles et pour lesquelles il éprouvait une hostilité violente dès qu'elles manifestaient le moindre état d'âme, désir, intérêt, caractère.

La première partie de l'analyse se passa autour de ses rapports avec son père. La parole discrète, pudique, policée de Pierre s'accompagnait d'éruption de rougeur sur son visage jusqu'à son crâne dégarni, comme si une congestion manifestait l'excitation sexuelle dont les paroles ne laissaient entendre qu'un froid commentaire. Il m'a appris que de douze à vingt ans il avait de fréquentes crises d'évanouissement qu'on n'a su ni diagnostiquer ni traiter. Celles dont il se souvient étaient précédées par la représentation d'une agression dont il était objet, par-derrière, de la part d'un homme âgé. Des rêves intervenus au cours de l'analyse représentaient son père faisant effraction dans l'appartement de Pierre comme un voleur, accompagné d'une bande de malfaiteurs sortant saouls des boîtes de nuit et qui essayaient de le violer. Ce pan de l'analyse a trouvé sinon un achèvement du moins une certaine élaboration lorsque Pierre a eu le courage de prendre la décision d'interviewer son père — avec micro, magnétophone, transcription — sur ses années « folles » de « joueur ». Désormais, par la possession de cette bande, il le possédait. Le discours du père était devenu son objet, un bien, ou un déchet précieux, capté, capitalisé.

Les relations féminines ne se modifiaient pas pour autant. Une irrésistible frénésie poussait Pierre à consommer telle jeune fille pulpeuse, qui s'en trouvait calcinée, réduite à néant, « emmerdeuse », déchet elle aussi, mais abhorré. Comme si l'acte sexuel mettait à mort l'attrait de la jeune femme et entraînait une série de vengeances, de cruautés mentales contre la malheureuse, avant qu'une autre n'en prenne la place.

Pierre n'aimait pas parler de sa mère. Le propos paternel sur « les enfants de la bonne » l'avait définitivement détourné d'elle, pensait-il. « Pas intéressante, ne cause jamais, n'a rien à dire. » Il m'apprend cependant, comme si cela n'avait pas de valeur, qu'ils habitent toujours la même maison, « de l'autre côté du couloir », qu'ils vivent « presque » ensemble, mais qu'il ne « s'en aperçoit pas ». Symbiose archaïque, un peu honteuse, connivence dans une fusion de déchets (la bonne et son fils) inavouable. Souvenir : Pierre montre à sa mère un superbe bateau qu'il a construit en pensant à un des voyages de son père. Elle le regarde les yeux vides, tristes, il croit « admiratifs », mais elle ne parle pas. Il insiste — « Qu'est-ce que t'en penses ? » — « Rien du tout », dit la mère et elle se renferme dans son chagrin. Qui est « rien »? Maman, le bateau ou Pierre? Pas de communication, mais le sentiment d'être absorbé. Elle l'absorbait, vraiment, ce qui ne lui procurait aucune sécurité. Rien qu'un sentiment d'être « retranché », « satisfait », mais dans le noir : « pas reconnu ».

J'ai lié à cette *satisfaction dans le noir* et *sans reconnaissance* la tentative de Pierre de se retrancher de l'analyse et d'entreprendre des psychodrames. « On crie, on se touche, on se regarde, quelque chose passe, ce n'est pas comme l'analyse avec la parole seulement, si intellectuelle. » Cependant, les explosions du psychodrame ne le comblent pas — il me dit que les rapports sont frustes, les gens stupides, inférieurs. On sent le besoin d'une relation plus raffinée. Moi : « Les gens sont peut-être stupides et inférieurs, mais ils vous procurent une satisfaction sensuelle, un peu retranchée, comme de l'autre côté du couloir. » Lui, si courtois ou simplement ironique parfois, s'emporte brusquement en me tutoyant : « Qu'est-ce que ça peut te foutre, ça t'emmerde, ah ? »

Je ne retiendrai que cet épisode de l'analyse de Pierre, pour insister sur la dissociation entre parole et affect, et sur l'ensevelissement de la relation d'objet « archaïque » dans l'affect et ses représentants préverbaux : geste, toucher, regard. En fuyant la parole analytique, ce sont eux que Pierre allait chercher dans les psychodrames. Il m'est apparu par conséquent nécessaire que mon interprétation puisse *verbaliser*, et donc reconnaître, cet affect que Pierre ne vivait pas seulement comme érotique (l'érotisme était anal, côté père) mais aussi, et fondamentalement, comme narcissique (ce qui explique la blessure que mon interprétation a ravivée en lui, et son explosion). En introduisant un tiers (que j'étais) dans cette relation vampirique, dépressive entre le fils et la mère, je coupais brusquement le ronronnement défensif du discours associatif de Pierre qui, auparavant désaffecté, cédait sous le poids du traumatisme que le patient avait vécu d'être identifié à sa mère délaissée, objet sexuel déprimé. Pour expulser ce trauma, il le faisait subir à ses maîtresses, avant de subir lui-même, après coup, l'amertume des échecs amoureux. J'ai continué cette analyse non seulement en interprétant quand c'était possible le *thème* de la relation fils/mère, mais en « traduisant » en mots (métaphores ou descriptions) les états corporels, les sensations relatives au regard, à la peau, à l'ouïe, auxquels il arrivait à Pierre de faire d'elliptiques allusions. J'avais l'impression de construire un pont entre un corps avec ses *affects* voilés par la dépréciation ou la dépression maternelle, et la *scène* sociale-symbolique. Le petit garçon s'était confondu avec la dépression de sa mère, mais c'est là qu'ils avaient aussi trouvé, tous les deux, leur satisfaction muette. Le plaisir qui se tait *agit* dans ce mutisme, en atteignant une intense jouissance. Cependant, il est vécu comme un ratage par rapport au « devant de la scène » où règnent la réussite, le masque et le faux-semblant du *discours* paternel, du discours « officiel ». L'obsessionnel porte le deuil de cette jouissance inlassablement conjurée par ses procédures, hésitations et rituels.

Complice et traître de la déprimée

Un autre patient, Yves, présente des symptômes plus nettement obsessionnels. Enseignant d'enfants malades, il redoute que si ce n'est pas l'autobus X qui arrive (son autobus) lorsqu'il l'attend, mais les autobus Y ou Z qui croisent le même trajet, alors tel enfant dont il a la charge aura une crise catatonique, tel autre fera une fugue, etc. Ces idées obsédantes se fixent sur l'autobus, mais aussi sur différents éléments du rituel érotique. Si Yves tarde à se mettre en érection, s'il n'éjacule pas, si son amie se met dans telle position plutôt que dans telle autre — de nouveau des accidents menaceront ses protégés. On peut déchiffrer la logique de ces rituels : désir homosexuel pour les enfants — opposition consciente à ce désir — apparition d'une pensée magique. Celle-ci choisit un élément indifférent ou lié à la puissance sexuelle pour mieux freiner le désir homosexuel dont l'analyse a révélé l'enracinement dans le lien d'Yves à son père. Yves parle lentement, d'une voix basse quasi inaudible, comme s'il était en train de s'endormir ou tout juste de s'éveiller, entre sommeil et veille. Il donne l'impression d'être terrifié, et évoque souvent des souvenirs de fessées qu'il aurait subies de la part de maîtresses d'école sadiques, quand il ne commente pas inlassablement mais de manière encore onirique, comme endormi,

« On bat un enfant » de Freud. On le bat ou bien on le séduit ? Qui est *« on »* ? Qui est l'enfant ? Il ne cesse de s'interroger. Yves me parle rarement de sa mère, qui habite en province et avec laquelle il ne maintient qu'une relation distante : il se demande si ces maîtresses ne cachent pas une « mère-fouet-tarde », et évoque le malaise qui l'a saisi, enfant, lorsqu'il a eu l'impression de surprendre une relation érotique entre sa mère et un ami de la famille. Mais tout cela reste assez vague, blanchi, endormi et indifférent. Yves s'anime un peu autour des récentes difficultés professionnelles de son père, et s'interroge sur ses désirs homosexuels pour des « copains ». En effet, ses « copines » ont toujours un amant attitré, de sorte qu'Yves se trouve constamment en position de *tiers*, fantasmant le plaisir de l'autre homme et ayant l'impression d'être « frigide », dit-il, « s'il n'y a pas un autre homme dans le circuit ».

Jusqu'au jour où il m'envoie un télégramme ému — le fait de l'émotion comme du télégramme est notable — pour m'annoncer qu'il ne viendra pas à sa séance car sa mère s'est suicidée.

Yves revient deux séances après — l'enterrement est en province —, et je note tout de suite le changement de sa parole : claire, distincte, plus rapide, pas vraiment volubile mais plus abondante que jamais. Yves s'efforce de retrouver des souvenirs qui laisseraient supposer une dépression chez sa mère. — Rien de notable. Elle était là, active, taciturne, rêveuse — quand on y pense après coup, c'était peut-être une déprimée. Il a peut-être sollicité inconsciemment l'excitation sadique des maîtressesfouettardes, pour sortir de son indifférence à elle. A moins que ce ne soit pour retrouver une relation passionnelle mais ensevelie, entre mère déprimée et fils unique (le patient se considère non pas comme l'objet mais comme le substitut du sentiment et du ressentiment maternels réprimés).

Je voudrais insister sur cet enterrement de la mère dans le discours de l'obsessionnel. Elle était déjà morte, une partie de la personnalité d'Yves l'avait assimilée — par sa parole cadavérique, par son impuissance sexuelle, par ses rites obsessionnels où il inversait les rôles et se voyait le bourreau potentiel des enfants dont il avait la charge, Yves était comme le caveau de sa mère. Plus encore, il avait accédé au désir d'homme en s'identifiant au désir déçu, déprimé de sa mère. La déprimée retire sa libido des autres pour ne la vivre que dans sa douleur narcissique muette, jusqu'à l'acte fatal. Or son fils est le rejeton ultime de ce désir que la mère dénie : le fils se porte vers les autres, il s'active, il s'excite... Mais il reste dubitatif, hésitant, lourd d'avoir *assimilé* le narcissisme blessé de la mère, aussi bien que son retrait dépressif de la parole ou des actes destinés aux autres. Je dis bien « assimilé ». Le souvenir fugace de malaise qu'Yves a eu en surprenant sa mère en relation amoureuse avec un ami de la famille se passait lorsque l'enfant était en train de *manger une glace* — il a été pris de vomissements.

Je n'avais pas relevé cette dévoration suivie de dégoût-rejet de la mère devenue objet du désir d'un autre. L'axe de l'interprétation portait à ce moment-là de la cure sur le désir-haine pour l'autre homme.

J'y ai repensé, et nous avons repris cette scène, lorsque, quelques séances après la mort de sa mère, Yves a rêvé qu'il se faisait une autofellation. Dans le rêve même, il trouve que la posture est difficile, impossible, et s'aperçoit que son sexe n'est pas le sien mais celui de sa mère, « comme si on était un même corps, et le sexe était le sien ou le mien à la fois, je ne sais pas, c'était indifférencié ».

J'ai relevé plus haut un thème et une topographie corporelle analogue dans le *Journal* de l'homme aux rats, à propos de « minette » et de « dévoration ». Lorsque la demande — orale — du fils rencontre une satisfaction immédiate, parce que la mère déprimée lui répond en y reportant son désir déçu et exténué, un espace se boucle dans lequel l'autre est dévoré et préservé mais comme un fantôme. La différence sexuelle n'a pas de lieu pour se marquer. Le langage n'a pas de distance vers un tiers pour y véhiculer les affects et s'en isole. Car la mère déprimée signifie, à cet objet de désir substitutif qu'est son fils, que dans le monde des tiers le désir n'est qu'un artifice décevant.

Aussi, pour faire reconnaître ses affects, l'obsessionnel n'aura que le recours de la violence : violer des femmes-objets — des « ombres » ; se faire violer comme un objet passif — une bête ; briser la carapace de sa langue et de sa personnalité artificielle par une effraction qu'il accepte plus facilement anale, en contrepoids à son comblement oral archaïque qui demeure son secret inavouable. En effet, comment ce dévot de l'oralité peut-il faire une cure verbale ?

Le suicide de la mère a désidentifié Yves de la

déprimée. Comme s'il l'avait vomie, il s'en est libéré. Il s'est mis à *en* parler comme d'un autre. Il essaie d'être sujet de sa parole à lui, de parler en son propre nom.

Un événement tragique qui touche un patient interroge nécessairement l'analyste : un autre cours de l'analyse aurait-il pu modifier le lien d'Yves à sa mère, et empêcher le suicide ? N'étais-je pas complice de son silence sur sa mère, n'aurais-je pas dû sortir cette femme du caveau où la tenait le désir cadenassé de son fils et sa propre complicité dans cette relation vampirique, absorbante, où ils se satisfaisaient muets et aveugles l'un à l'autre ? Ce sont sans doute des questions internes à un contre-transfert qu'on a du mal à garder serein lorsque la mort s'y mêle. Je retiens, seulement, pour la cure de l'obsessionnel, et compte tenu du désinvestissement de la parole par le représentant de l'affect, une nécessité technique qui va à l'encontre de l'orthodoxie, mais qui pour moi s'impose désormais. Non seulement il convient par moments de sortir de la neutralité et de l'attente qui ressemblent trop à la défense obsessionnelle, mais il est important surtout de proposer des *constructions* verbales et affectives concernant la relation à l'objet archaïque, au préobjet, au narcissisme. Comme s'il s'agissait, avant tout, d'apprendre à l'obsessionnel un *langage* qu'il ne sait pas parler, mais qu'il agit ou que d'autres agissent à côté de lui : c'est le langage de la séduction précoce.

D'en manquer, le déprimé renonce au désir (à la séduction) et épouse l'acte de la mort après avoir souffert d'asymbolie.

D'en manquer, le fils obsessionnel se construit un langage artificiel — prothèse phallique de sa mère déprimée. La cure ne peut pas être conduite dans cette défense artificielle qu'est le discours obsessionnel et que je verrais comme variante du « faux-self ». Le travail analytique devrait chercher des passerelles entre ce langage mort et le discours d'un désir aspirant à trouver son lien avec la *demande* vorace et précoce qui, intensément et immédiatement satisfaite, fut enterrée sous un signe mort qui s'imagine agir.

J'avais proposé de décrire le discours déprimé comme bâti autour d'un *déni du signifiant* : signifiant « dévitalisé » parce que séparé des affects. L'identification primaire, orale, de l'obsessionnel à la dépression maternelle, le conduit *d'une part* à la désavouer et à lui substituer, en guise de compensation, un investissement du symbolique (langage, pensée, liens homosexuels). L'obsessionnel se met ainsi à la place du bourreau de la déprimée, de ce qu'il imagine être le pouvoir mâle qui manque à la mère et qui cause son mal-être. Mais, *d'autre part*, l'obsessionnel retient de cette dépression maternelle le noyau essentiel de son fonctionnement psychique : la dissociation entre la représentation d'affect et la représentation verbale. Cependant, loin de neutraliser — ou d'amortir — les représentations d'affect comme le fait la déprimée, l'obsessionnel les abréagit — il les agit — dans d'autres matériaux sémiotiques (visuels, sonores, tactiles). Il les garde ainsi secrètes, fidèle au caveau maternel dont il ne conçoit d'ailleurs pas l'existence même s'il la perçoit. Traumatisé par la dépression de la mère qui s'est abattue un temps sur l'enfant avant de combler sa demande et d'essayer ainsi de survivre, l'obsessionnel est cependant le traître obstiné et brutal de cette détresse : de la sienne en somme, puisqu'il assimile le désarroi maternel. Et il ne la dévoile qu'*a contrario* — en se vengeant, par exemple, sur des femmes-objets déchues de ses désirs ; ou par une érotisation du narcissisme maternel blessé et dépressif, lorsqu'il se constitue lui-même comme objet plus que passif, victimaire, des agressions anales de ses pairs.

-Aussi l'analyse ne saura-t-elle aborder les défenses intrinsèques au discours obsessionnel ou à l'érotisation anale qui les soutient et les pérennise qu'après avoir élucidé sa relation traumatique orale avec la dépression maternelle. Car c'est elle qui infléchit le langage vers une activité psychique hallucinatoire (« actes (– 1) ») essayant d'égaler la satisfaction immédiate de la demande. La bascule du discours obsessionnel dans un acte paradoxal peut être pensée comme une conjuration du trauma infligé par la passion de, et pour, la mère dépressive.

Le contre-transfert :
une hystérie réveillée*

En s'identifiant avec son patient, jusqu'à partager son angoisse et son excitabilité pour mieux les nommer, l'analyste hystérise le transfert. Du moins par intermittence, nous sommes tous des hystériques. Tous nous avons notre propre concept, image ou plutôt sensation de l'hystérique : je vous présenterai évidemment les miens. Car ce qu'on appelle le contre-transfert est peut-être une façon pudique, sinon culpabilisée, de reconnaître que le savoir de l'analyste s'étaye de sa capacité à assumer le sort de son double, avant de faire le mort ou d'en faire le deuil.

L'histoire de la culture et de la psychanalyse est émaillée des impasses et des gloires de ce bord à bord de l'hystérique et de son élu, qu'on pourrait diagnostiquer, après coup, comme des avatars du contre-transfert. J'en citerai deux exemples, dans l'espoir d'introduire ces réflexions dans un relief imaginaire.

* *Revue internationale de psychopathologie*, n° 5/1992, pp. 43-63.

Jeanne Guyon (1649-1717) est une des dernières grandes mystiques françaises[1]. Quiétiste, prophétesse du « pur amour », elle pratique et préconise le *silence* comme unique façon de s'abandonner à Dieu, de communiquer avec lui, mais aussi avec les autres. Amortissement des désirs, volontés, intérêts personnels, le « pur amour » et la « communication en silence » sont décrits par elle comme un « travail sans travail », « nuit passive », « privation de tout », « trépas », « désappropriation ». Le moi comme son Dieu sont privés, dans cette fusion, de tout attribut. Ce qui équivaut à dire que, sans attributs, le moi et son idéal sont privés de *jugement*. Cet anéantissement de soi, de la pensée et du langage est perçu par les cartésiens de l'époque comme une révolte contre le rationalisme de Port-Royal. Mais c'est surtout l'Église, en la personne de Bossuet, qui se dresse contre Mme Guyon et vise à travers elle Fénelon, qui a adopté certaines idées de son amie. Jeanne est condamnée comme hérétique et internée pendant six ans.

Dès sa naissance, la future mystique est gravement malade : abcès au dos et aux jambes qui conduisent à la gangrène. Plus tard, elle contracte même la petite vérole et ne cesse d'être en états dits de « crise », tout au long de sa vie. Mais elle réussit à effacer ses douleurs et à n'admettre la représentation ni des souffrances ni des sentiments. Ou, plutôt, elle

---

1. J. Kristeva, « Un pur silence : la perfection de Jeanne Guyon », in *Histoires d'amour*, Paris, Gallimard, Folio « Essais », pp. 366-394.

jouit de la douleur, de cette jouissance qui se consume sans se penser en tant que souffrance. Elle la nomme un « pur amour » :

> L'âme « brûle de souffrir pour ce qu'elle aime ». Je n'y pense pas... Je n'en sais rien. Je sens bien dans le fond de mon cœur une blessure profonde, mais si délicieuse que je me repose dans ma peine, et je fais mon plaisir de ma douleur *(Le moyen court)*.

Le secret de cette alchimie ? L'angoisse et la douleur sont versées au compte d'un Père Idéal, Père Imaginaire de la préhistoire[1], dont Jeanne est sûre qu'il l'aime et qu'elle appelle son Bien-Aimé. Fénelon, trop filial, et Bossuet, trop logique, n'arriveront pas à l'égaler.

Pourtant, dès l'âge de neuf ans, elle semble éprouver la tourmente sensuelle, mais déclare « douter de l'enfer ». En d'autres termes, si les affres de l'inconscient lui apparaissent en songe, Jeanne parvient à les ignorer. Plus tard, elle continue à exaspérer Bossuet en soutenant (ô hérésie !) qu'elle ne juge pas des sentiments sur les paroles, qui sont pourtant au commencement et qui dominent, mais qu'elle accorde un primat aux sentiments.

Cependant, cette adepte d'un « silence ineffable », d'un « langage des anges », d'une « communication de silence » est un écrivain volubile. Correspondance

---

1. S. Freud, « Le Moi et le Ça » (1923), in *Essais de psychanalyse*, Payot, 1963, p. 200.

intarissable, autobiographie, poèmes annonçant l'écriture automatique des surréalistes révèlent une sensualité fébrile et incontrôlée. Fénelon est séduit et partage la fascination pour ce qu'il appellera à son tour l'« enfance de notre être », « une nuit obscure ». Même Bossuet qui la condamne commence à s'intéresser, sous son impulsion, aux « états d'oraison » qu'il critiquait au début de ses démêlés avec la quiétiste.

Plus encore, cette amoureuse de l'ineffable, qui s'identifie à Jésus enfant, est une mondaine : elle crée la Confrérie du pur amour, ainsi que diverses œuvres sociales. Plus que chez ses prédécesseurs tels François de Sales, sainte Thérèse ou saint Jean de la Croix, les contradictions et les paroxysmes naïfs de Jeanne font apparaître *un étrange chiasme*. Comme si le sujet se plaçait au lieu même où les pulsions basculaient en une inscription psychique qui conduit à une organisation mentale symbolique. A ce carrefour, l'hystérique ne cesserait d'osciller entre l'excitation pulsionnelle indicible, d'une part, et le langage avec le symbolique lesté de corps, d'autre part. Fénelon fera son contre-transfert sur l'innommable, tandis que Bossuet jouera les pères sévères en fustigeant une perversion qui reste chez Jeanne inconsciente.

Plus près de nous, Sabina Spielrein[1], une jeune fille russe, fut hospitalisée par Jung pour de graves troubles apparemment schizophréniques. Étudiante

---

1. *Sabina Spielrein entre Freud et Jung*, éd. par M. Guibal et J. Nobécourt, Aubier, 1981.

en médecine, elle est devenue, entre Jung et Freud, analyste. Elle fut la première à parler des bases pulsionnelles de la phonation (l'agressivité des explosives P, B ; l'érotisme fusionnel des liquides L, M) et de la pulsion de mort comme vecteur immanent à la pulsion de vie (*cf.* ses études : *La Destruction comme cause de la naissance* (1912) et *Considérations sur les divers stades du développement linguistique. L'origine des mots infantiles Papa et Maman* (1922).

Amoureuse de Jung, son premier analyste, elle lui avoue vouloir un enfant de lui — un blond Siegfried aryen. Happé à son tour par l'identification amoureuse avec la mystérieuse patiente, Jung semble bâtir de cette fusion son propre enfant, qui reste théorique comme il se doit : ce sont ses concepts d'Ombre et d'Anima — sorte de doublures féminines, hystériques ou psychotiques, au fondement de chaque personne[1]. En revanche, de son côté, Freud emprunte à Sabina l'idée d'une pulsion de mort et, sans s'attarder en reconnaissances pour cette dette, il entretient des échanges épistolaires avec Jung sur les mérites de leur jeune adepte. Si Mlle Spielrein stimule apparemment l'activité érotique de l'un et le travail théorique des deux, Freud reste plus modéré et plus tranchant. Il finit par se dégager de cette étreinte à trois. Et il décrète un renvoi décisif de la jeune séductrice à ses origines et à son obligation de mère. Ce qui est après tout une façon de se poser comme père :

1. *Ibid.,* p. 71.

(Votre enfant), lui écrit-il, deviendra un inébran-
lable sioniste. Il faut qu'il soit brun[1].

Entre ces deux contre-transferts (Jung-Freud),
j'avoue un faible pour la brutalité de Freud qui
intime à son inspiratrice d'assumer la charge de la
lignée, juive ou psychanalytique, et de participer à
la fondation de la psychanalyse en URSS. La tâche
semble infiniment plus aventureuse et risquée que
celle qui consiste à s'étioler dans les jeux de miroirs
ou d'ombres de l'ésotérisme jungien. La suite l'a
prouvé...

Jeanne Guyon aux confins du langage, Sabina
Spielrein dans la pulsion de mort : l'hystérique, ici
femme, imaginarise par ces deux moyens *un corps
spasmique*, une mémoire somatique rebelle à la
représentation. Sans pour autant ignorer, en face, le
pouvoir symbolique : au point d'en jouer, de s'en
jouer, quitte à en souffrir, et ceci non seulement
avec un, mais deux pères, comme pour mieux
s'assurer qu'*Il* existe.

On peut pleurer sur le sort de l'hystérique victime
de ses maîtres. Je préfère, pour ma part, insister sur
la révélation que l'hystérique (homme ou femme)
provoque chez le maître, en désarçonnant sa défense
cognitive et en l'excitant à produire une nouvelle
compréhension, toujours insuffisante, de l'angoisse :
celle de l'hystérique et celle du maître. L'analyste
avance en s'identifiant au discours hystérique et à
son dehors silencieux ; il déploie dans l'imaginaire

---

1. *Ibid.*, p. 272.

cette plasticité qui fait passer l'hystérique du verbal au somatique et *vice versa*; il la transpose dans l'écoute des phobies, des dépressions et des psychoses. Tel est le fondement de la cure psychanalytique, qui noue le destin commun de l'hystérie et de l'interprétation.

Pourquoi ce rôle privilégié de l'hystérique, qui peut être aussi une entrave à l'évolution de la technique analytique, si l'on ne prend pas soin de moduler le concept d'hystérie, de ne jamais le fixer, et si l'on ne reste pas attentif aux particularités des autres structures psychiques exigeant une écoute et une technique différentes ? J'essaierai de répondre à cette question en soutenant que dans l'hystérie, masculine et féminine, coexistent deux plans, deux mémoires, deux économies psychiques.

Les deux mémoires de l'hystérique

L'étiologie de l'hystérie est-elle sexuelle : serait-elle due à un traumatisme infligé par un agent extérieur ? à une formation fantasmatique inconciliable et pour cela même angoissante ? Ou bien est-il nécessaire, pour provoquer le traumatisme ou le fantasme générateurs d'hystérie, qu'il existe un moi doté d'un « faible niveau de conscience », un « moi hypnotique » (Breuer), qui facilite la migration d'une idée de la conscience jusqu'à cette « incarnation plastique » que serait la souffrance corporelle (comme le pensent les psychiatres français de la fin du XIXᵉ siècle : Briquet, Charcot, Bernheim) ? Ou enfin, comme le note plus finement Janet, le moi de l'hystérique est-il trop faible pour synthétiser la phrase : « je ne vois plus », au point qu'il supprime le « je » et le « ne plus » pour n'en garder que « voir » — sensation localisée dans le subconscient et devenue idée fixe subconsciente ? L'hystérie étant ainsi « une maladie par représentation[1] ».

On avait la certitude, après Freud, que cette idée fixe, subconsciente, du moi pourvu d'un faible pouvoir de synthèse était un fantasme sexuel. Plus exactement, on pouvait soutenir que l'hystérique souffrait non pas de la simple représentation d'un affect, mais d'un *scénario sexuel* inconciliable avec son système symbolique cependant préservé.

Certaines positions récentes semblent revenir à l'hypothèse des psychiatres français du XIXe siècle. Elles font l'économie de l'étiologie sexuelle ou bien (dans une optique proche de la psychanalyse) introduisent l'hypothèse sexuelle mais seulement au titre de détermination *complémentaire* de la sémiologie hystérique. Ainsi, on affirme que toute émotion (pensons à l'émotivité endémique de l'hystérie, pût-elle prendre des masques anesthésiés, voire celui du « pur amour ») reflète l'inhibition des plans d'action mentale ou pragmatique. Dans cette hypothèse, l'angoisse — ce compagnon de l'hystérique qui lui tient lieu de jouissance — relève d'une difficulté à corriger l'incongruence cognitive. Entendons : une information nouvelle rend le sujet incapable de mobiliser son travail mental et le livre entièrement à l'angoisse

---

1. P. Janet, *L'État mental des hystériques*, Paris, Alcan, 1894.

fantasmatique. Le fantasme inconscient est considéré comme une réponse psychique, consécutive à une incongruence cognitive, pour contenir cet excès d'excitation qu'est la poussée du désir. Le trauma (exogène ou endogène) n'est rien d'autre qu'une incongruence cognitive relayée par une figuration dans laquelle s'insère l'anxiété. Celle-ci apparaît comme un raté de la vie émotionnelle, incapable de mobiliser le travail mental d'assimilation cognitive, logique et argumentative[1].

Quoique mélangé de freudisme, ce retour subreptice aux positions psychiatriques, dont la variante la plus subtile revient à Janet, aurait pu surprendre et inquiéter l'analyste. J'y vois, pour ma part, l'occasion de déstabiliser la compréhension psychanalytique courante de l'hystérie, afin de discuter, à partir de bases élargies, le rôle de la cure analytique comme réactivation expérimentale de l'hystérie, à la fois facilitée et détournée par un maniement optimal du contre-transfert. Je m'explique.

L'hystérique désire une jouissance symbolique et physique maximale, tout en postulant l'impossibilité, quand ce n'est pas l'inanité, de ce désir. Ce décalage revêt des formes bien connues : séduction permanente *et* frigidité ; érotisation du lien aux autres et au monde *et* autosensualité intouchable ; précipitation verbale *et* déconsidération de la parole ;

---

1. J.-Fr. Allilaire, « Modélisation des mécanismes psychopathologiques de l'anxiété. Mode d'action des thérapeutiques », Communication au séminaire du DRAPS, Université Paris VI et Paris VII, 1991, et autres travaux.

exaltation érotomaniaque *et* tristesse inexorable, dépressivité sous-jacente ; provocation du père et de son savoir *et* corps spasmodique, coléreux ou mutique jusqu'au morbide avec la rivale, le double, la mère. Mon propos n'est pas de compléter le tableau de la symptomatologie hystérique, mais de suggérer, à travers ce bref rappel, que l'hystérique souffre de deux angoisses et de deux mémoires.

L'identification phallique avec le père conduit le sujet hystérique (homme ou femme) à une *compétition avec la performance symbolique maximale*. Il en résulte une acquisition rapide (et donc mal intégrée) du langage, un discours volubile, une curiosité intellectuelle, une provocation du savoir. « Dites-moi ce que je sais, sinon je ne vous le dirai pas. » Tel est le chantage hystérique.

Une compétence symbolique ou cognitive, parfois une supercompétence, s'ensuit, qui destine l'hystérique à être le moteur, quand ce n'est pas le leader, des discours sociaux, contagieux et mobilisant. Cependant et par ailleurs, une excitabilité hors pair, ou hors père, conduit l'hystérique à fissurer cette ossature phallique dont se soutient sa congruence cognitive. Il lui oppose un *affect débordant*, affligeant ou extatique, mais dont la poussée se signale en effet par un manque au plan de la synthèse symbolique. Et l'hystérique de désynthétiser cette cohérence cependant acquise, cultivée et courtisée, pour lui opposer les délices chagrines de son corps innommable quand ce n'est pas la nuit ineffable des mystiques ou le culte de la déliaison, de la mort.

Pris en tenaille entre ces deux contrats — *la haute*

exigence du symbolique, la haute exigence de l'exci-
tabilité —, le sujet hystérique, faute de les synthétiser, se livre à des compromis : angoisse, somatisation, fantasme inconciliable.

J'appellerai *trauma* la manifestation du heurt entre
ces deux exigences. Ce heurt peut prendre la forme
d'une conversion ou d'une angoisse fantasmatique :
deux solutions de compromis (l'une plus proche du
soma, l'autre des représentations psychiques) entre
la sollicitation symbolique et la sollicitation du désir.

Apparu dans l'enfance, le trauma résonne dans
chaque situation qui confronte l'hystérique à de
nouvelles informations mettant à mal son compromis psychosexuel. Il quitte alors le plan d'action
pragmatique ou mental, et se replie dans la conversion ou dans l'angoisse fantasmatique.

Ainsi l'hystérique souffrirait de deux types de
réminiscences[1] : la réminiscence de son identification
séductrice avec l'autorité paternelle du savoir symbolique, de la compétence cognitive ; et la réminiscence d'une excitabilité radicale insymbolisable, vécue
comme béance, passivité, castration de la femme,
défaut narcissique, dévalorisation dépressive.

On a constaté une double action des psychotropes
sur l'angoisse en général et sur celle de l'hystérique
en particulier. Certains d'entre eux modifient les
réponses du système nerveux autonome en inhibant
la perception de l'état d'activation qui entraîne la

---

1. S. Freud, J. Breuer, *Études sur l'hystérie* (1895), Paris,
PUF, 1956, p. 5 ; « C'est de réminiscence surtout que souffre
l'hystérique. »

sensation d'angoisse. D'autres ont un effet sédatif sur le système nerveux central dont ils dominent l'hyperactivité, mais aussi désinhibent des plans d'action habituels et parfois nouvellement adaptés. Ces actions révèlent le *substrat biologique de l'excitabilité sous-jacente à l'angoisse* et offrent une piste de recherche sur les préconditions de la mémoire cognitive (symbolique). Le dérèglement biologique bouleverse l'équilibre psychique de l'hystérique et peut conduire, non pas à des désorganisations psychotiques, mais à un nouveau compromis dans la conversion et dans l'angoisse.

Je ferais dériver, de ce double contrat de l'hystérique, la *fragmentation de sa personnalité*, souvent observée sous l'aspect de rôles, masques, personnalités multiples. Celles-ci peuvent être interprétées comme des stabilisations identitaires des divers assauts de la mémoire émotive ou anxieuse figurées d'abord en fantasmes et incarnées pour finir en une série de personnages incapables de synthèse.

L'interruption du plan de la connaissance est en effet spectaculaire chez l'hystérique. Outre la fragmentation de la personnalité, elle peut conduire à une intuition *hypersensitive*, quasi médiumnique, qui décèle des émotions et des pensées latentes chez l'interlocuteur. Une patiente, qui arrive à sa séance, visiblement troublée, s'allonge et me raconte qu'elle a rêvé que j'ai un cancer, ou plutôt qu'une femme de mon entourage est en train de mourir d'un cancer. Une lettre que je viens de recevoir m'informe en effet qu'on a diagnostiqué cette maladie chez une de mes proches parentes. A partir du matériel antérieur, j'interprète les propos de la patiente dans le sens d'un désir de mort pour moi et pour sa mère. Il n'en reste pas moins une résonance émotive, transmissible par des signes corporels, que la patiente utilise pour exercer une emprise sur moi et pour s'écarter de ses propres conflits.

D'une autre façon, la rupture du plan de la connaissance peut donner lieu à des *fantasmes délirants* : une hyperassociativité paralogique qui ouvre parfois l'abîme de la folie au cœur même de l'hystérie bien socialisée. Ainsi, cette autre patiente, habituellement d'une rationalité froide, qui vient à sa séance avec un pull offert par une amie suicidée, suicide dont elle se considère responsable. Nous reviendrons plus en détail[1] à propos de la mémoire sensorielle de cette patiente, sur le contre-transfert mobilisé par cette analyse. En me voyant, elle a brusquement envie de m'offrir ce pull : « Pour fermer la chaîne de la mort sur vous, me confie-t-elle, car je vous ai dit que je suis capable de vous donner la mort, si vous n'êtes pas assez forte. » Me donner la mort faute de m'inclure dans son amour. Toujours est-il que le fantasme érotique de l'hystérique brise la nappe de la communication rationnelle et l'angoisse s'infiltre dans le discours de l'analysante. Le langage perd, de ce fait, sa cohérence cognitive au profit d'une puissance contagieuse. Les signes et les objets (mots, pull), investis de désir et de sensualité, deviennent « performatifs » : des agents directs — érotiques et en définitive mortifères — de l'intensité hystérique

---

1. *Cf.* plus loin, pp. 128 *sqq.*

ainsi révélée. Le désir inconscient, étayé par une force pulsionnelle incoercible, s'infiltre dans la parole. Sans la défaire, il lui confère cette logique somnambulique où l'animisme des objets remplace la possibilité d'évaluation métalinguistique de son discours. Faire le mort, assumer l'apathie stoïcienne : est-ce la seule posture possible pour l'analyste ?

Cette bivalence du psychisme hystérique corrobore l'observation déjà faite selon laquelle la *sexualité* hystérique est désavouée par la *sensualisation*. La prétendue aspiration de jouir à l'infini qu'on suppose à l'hystérique est une aspiration non pas sexuelle mais sensuelle, une excitabilité sensorielle et émotive sans borne. L'hystérique érotomaniaque est en réalité un athée du sexe, quand il n'est pas un frigide. Mais il dissimule un dévot de son propre corps sensitif. Dans le désir où il rencontre l'autre, le père et la connaissance, l'hystérique se force, fait semblant, donne le change ou échoue. Cependant, le chagrin du désir inassouvi le replie sur une terre secrète, sur sa doublure sensuelle, autosensuelle. Là, il jouit angoissé d'être en manque, palpitant, abandonné, fasciné par le mirage d'un autre semblable : être passif, une femme, la mère châtrée. Sexualité phallique d'une part, autosensualité en miroir-reduplication de l'autre — l'hystérique n'est donc d'aucun sexe, et se comble d'angoisse de ne pas en être. Lorsqu'il est une femme, sa *frigidité* ne l'empêche pas de se livrer à une perversion sensorielle, sadomasochique. Il devient la victime de vrais pervers, ou bien il se procure lui-même les symptômes de diverses douleurs, paralysies, dégoûts ou vomissements.

Telle Roberte, cette jeune intellectuelle accomplie, qui vient me consulter car elle ne cesse de perdre ses dents depuis des années et, lorsqu'elle n'est pas chez le dentiste, se contente de vomir tout ce qu'elle avale. Je découvre vite la frigidité qui accompagne ses douleurs buccales et gastriques. Ensemble, elles forment une autojouissance qui compense les relations sexuelles masochiques auxquelles Roberte se dit complètement insensible : viol, sévices corporels, blessures infligées à la tête et au corps par ses partenaires, qu'elle choisit à la limite de la délinquance. Le jeune frère est totalement absent du discours de l'analysante. L'analyse révélera qu'il est un agent important du trauma. En effet, l'angoisse fantasmatique s'est cristallisée autour de la naissance de ce garçon qui a coupé les liens de la petite fille avec sa mère et l'a conduite à une compétition sadomasochique avec le père. Le père, qui se livrait à des expériences sur le corps et le langage de sa fille bébé, est le support du désir phallique et de la performance symbolique de la patiente. En raison de la perversité paternelle, ce plan est cependant condamné. Il voue à l'échec toute tentative de rapport sexuel avec un homme, et laisse affluer le trop-plein de sensualité fixée de préférence sur l'oral et le digestif (lien de prédilection des mères et des bébés). Le fantasme d'un père qui condamne Roberte à la virginité, si elle ne se laisse pas violer par lui, apparaît dans la cure comme une solution de compromis. Il soutient la patiente aussi bien dans ses premières fugues adolescentes que dans ses fuites intellectuelles aujourd'hui.

On pourrait croire que l'hystérique femme trouve un de ses rares moments de satisfaction pendant la période de *grossesse*. En effet, elle a acquis enfin l'enfant du père et se trouve ainsi installée, consolidée dans le désir, la connaissance et le symbolique. Ce serait méconnaître que cette satisfaction, indubitable, se double d'une saturation sensorielle. Vertiges et vomissements ou ravissements intempestifs invalident les acquis du désir et de l'ordre phallique, pour les noyer dans la sensualité innommable, autosatisfaite et inabordable de l'enceinte.

Arrivée à ce point, je voudrais aborder brièvement le rapport de l'hystérique à ces deux apories que sont pour lui *l'autre femme* (représentant la sensualité dérobée) et le *langage* (indice de la connaissance phallique).

Qu'elle soit phallique, déprimée, aimante ou abandonnique, la *mère de l'hystérique* (et plus encore de l'hystérique femme) est non seulement l'autre du père, mais l'esclave du phallus ou l'incarnation de la castration. Horrible pour cela même, la mère est cependant, et en même temps, la réplique de l'autre plan du psychisme hystérique : de sa sensualité hors signe, du manque à être, inaccessible et sublime. Aussi la répulsion contre la mère va-t-elle de pair avec la soumission pour en faire un double désirable, haïssable, abject. Dès lors, l'homosexualité féminine, quand elle n'est pas une prise de pouvoir phallique sur cette angoisse sensuelle (que cristallisent l'autre femme et son prototype, la mère), n'est pas une sexualité. Elle est une reduplication indéfinie de l'angoisse que scandent conversions et dépressivités.

Homologué à la performance phallique, le *langage* dont la cohérence logique est maintenue comme masque et séduction, semble inessentiel par rapport à l'excitabilité anxieuse. Nul et non avenu, faux, il cède au silence dans les dépressivités mutiques ou dans certaines expériences mystiques. Ou bien, au contraire, une accélération fébrile de la pensée inarticulable le remplace, quand ce n'est pas la submersion du moi désynthétisé par l'émotion inexprimable. Ce désaveu du langage n'est pas une psychose, mais la lutte défensive de la sensualité auto-érotique contre le désir et son dérivé — la connaissance.

Ce qui différencie le sujet hystérique des autres structures psychiques, c'est son habileté à maintenir les deux plans et à les jouer l'un contre l'autre. Sans désorganisation cognitive profonde, mais au prix de ces compromis que sont la conversion, l'angoisse, le simulacre, le couple frigidité/sensualité, la pensée contagieuse. Mais alors, compte tenu de cet hiatus et cependant de cette plasticité entre les deux mémoires, peut-on vraiment dire que l'hystérique ait une âme ?

La question a pu se poser au sujet des femmes, en théologie, et elle n'est pas absurde. En effet, si cette excitabilité rebelle au langage et à la représentation constitue le double fond de la structure hystérique, on peut à juste titre penser que *tout* de l'hystérique n'est pas dans la psyché. Il y a un reste immense. On peut le récupérer dans le psychisme en pensant les affects et les pulsions comme des êtres psychosomatiques, constamment exclus de la représentation mais aussi constamment entraînés vers elle.

De même, si l'*inconscient* selon Freud n'est pas un langage mais un réservoir pulsionnel, la psyché hystérique avec son inconscient devient le lieu privilégié dans lequel se mémorise le transit entre le psychique et l'extra-psychique. L'inconscient serait-il la terre d'élection de la psychanalyse parce qu'il ambitionne, par hystérique interposé, de capter la conversion et l'angoisse dans l'interprétation ? L'invention de l'inconscient, comme du dispositif analytique tout entier, apparaît comme la mise en place d'un modèle théorique qui se substitue à l'effort pathétique de l'hystérique à joindre les deux plans de l'excitabilité et de la signification, et qui soulage sa difficulté ou son incapacité à réaliser cette jonction. *L'inconscient est une mémoire au sens d'un lieu de transit, de transfert entre l'excitabilité et la cognition.* On y trouve le *désir* dit inconscient (car l'autre, conscient, est si fluctuant et masqué qu'on se demande s'il existe) ainsi que l'*analyste*. Serviteurs tous deux (le désir inconscient et son analyste) de l'hystérique, ils lui permettent tout simplement d'être. D'être dans la parole qui réalise le sujet hystérique mais aussi, on l'espère, le dissout.

Ajouté au conscient, l'inconscient serait-il l'astuce qui tend à synthétiser pour l'hystérique cette « vie intérieure » qu'il revendique si fort peut-être parce qu'il a du mal à la contenir, tiraillé comme il est par sa biologie et par ses séducteurs ? Les théologiens avaient résolu la synthèse en assignant à leurs sujets un seul objet dont il faut jouir, Dieu (« res qua fruendem est », selon saint Augustin). Quand Dieu n'est plus, c'est l'inconscient qui ressoude les fragments de l'hétérogénéité hystérique et de ses masques. Tout en nous appuyant fermement sur la logique que Freud nous a léguée, n'oublions pas qu'elle est un *coup de force théorique.* Les symptômes et la jouissance angoissée de l'hystérique nous invitent aussi à l'ouvrir vers ce qui échappe à sa clôture — vers le corps biologique et vers l'action (séduction-acting).

La cure analytique se protège de l'hystérie

Lorsque Freud met en place le dispositif analytique, il freine (s'il ne neutralise pas) la séduction hystérique sur l'axe du désir pour le père, ainsi que l'excitabilité corporelle autosensuelle : évitement du regard, du toucher, de la mobilité, invitation à les traduire en parole. Ainsi, dès l'installation du dispositif analytique se dessine la captation de l'hystérie dans le fantasme anxieux. Le corps passe ou doit passer dans une déformation de la représentation consciente sous la poussée d'une excitation irrecevable. L'hystérie sera formation ou plutôt déformation discursive.

Les deux théories freudiennes de l'hystérie témoignent du cheminement de cette captation. Après le trauma infligé par le parent séducteur[1], Freud opte

---

1. S. Freud, « Les psychonévroses de défense » (1894) et « Communication préliminaire » (1893), in *Études sur l'hystérie.*

pour le fantasme inconciliable, rejeton des désirs pervers de l'hystérique, pour y déceler la source de son anxiété et de ses conversions[1]. Cependant, si l'hypothèse d'une étiologie exogène (biologie ou agent extérieur) de l'hystérie est ainsi réduite, elle n'est pas éliminée. Toutefois, l'agent extérieur sera déplacé de la mémoire hystérique et introduit dans l'actualité de la cure : le *transfert* rejoue le trauma sur l'analyste et réveille chez les deux protagonistes de la cure aussi bien l'autosensualité que la mémoire infantile et l'angoisse fantasmatique. Par cette insertion de l'exogène (agent séducteur et autosensualité) dans l'endogène (le fantasme anxieux), actualisé par le transfert, l'analyste remonte, à travers le fantasme inconscient du symptôme, jusqu'à la reconstitution d'une congruence moïque et cognitive. C'est compter sans les résistances qui vont mettre en difficulté la cure comme traduction des registres hétérogènes de l'hystérie, et amener Freud à reformuler sa topique aussi bien que les objectifs de l'analyse[2].

D'avoir choisi le fantasme sexuel comme levier d'accès à la conversion et à l'angoisse hystérique,

---

1. S. Freud, J. Breuer, *Études sur l'hystérie* (1895) ; « Le cas Dora », in *Cinq Psychanalyses* (1905), trad. fr., PUF, 1966. On mesurera le déplacement du « traumatisme » au « fantasme » comme étiologie de l'hystérie dans S. Freud, *Cinq leçons sur la psychanalyse* (1909), et « Contribution à l'histoire du mouvement psychanalytique » (1914), in *Cinq leçons*.

2. *Cf.* pour la mise en place de la deuxième topique S. Freud, « Le Moi et le Ça » (1923), trad. fr., in *Essais de psychanalyse*, Payot, 1963, ainsi que *Abrégé de psychanalyse* (1928), trad. fr., Payot, 1949, et « Analyses avec fin et sans fin » (1937), trad. fr., in *Résultats, idées, problèmes*, Payot, 1985, pp. 231-268.

l'analyse se donne l'avantage d'être à la charnière du plan de connaissance et du plan émotif rebelle à la représentation. Le rôle de l'interprétation étant d'accéder aux deux, on comprend que le transfert du patient ainsi que le contre-transfert de l'analyste sont en permanence requis. Il s'agit d'abord de rompre la congruence cognitive, et notamment celle du praticien, en faisant affluer son inconscient, son angoisse et son émotivité, afin de les redonner à l'analysant par le truchement de l'interprétation. Celle-ci procède en les traduisant dans une série répétitive autant que variée de fantasmes nommés et, progressivement, intégrés à la capacité synthétique du sujet. Si le transfert commence par une perte de la congruence cognitive, le contre-transfert fait de même, et il est indispensable pour l'écoute du psychisme hystérique. Je reviendrai sur ce qui différencie le contre-transfert dans l'écoute de l'hystérie des autres contre-transferts. Je noterai seulement ici que si l'empathie et la compréhension de l'analyste s'accompagnent nécessairement de la réactivation de ses propres conflits psychiques, de sa propre *réserve inconsciente* qu'aucune analyse didactique ne saurait tarir, ce contre-transfert vise à introduire-séduire-produire un travail psychique analogue chez les patients. Avec la chance éventuelle de métaboliser l'autosensualité innommable en discours conciliable.

L'introduction dans la cure de psychotropes, admise en dépression et en psychose, ne me paraît pas à exclure dogmatiquement en cas d'anxiété hystérique grave. Une telle intervention relève aussi du contre-transfert, c'est-à-dire de l'inconscient autant que de la théorie dont s'étaye l'analyste : on suppose qu'un allégement de l'angoisse, lequel n'est pas son effacement, permettrait une meilleure interprétation. Non seulement les résistances intrapsychiques, mais des impossibilités cérébrales réversibles peuvent être à la base de certains symptômes y compris hystériques. Soulager le symptôme tout en l'interprétant n'est pas un renoncement à l'analyse ni une fuite en avant dans la guérison au détriment de l'effort psychique. Cette démarche reconnaît le double contrat et la double mémoire qui nouent la structure hystérique : elle reconnaît l'hétérogénéité de cette psychopathologie, où il est important de distinguer ce que l'hystérique désire ne pas désirer (s'oppose, sabote, empêche son mieux-être pour maintenir la jouissance de son angoisse), de ce qu'il ne peut pas désirer (étant fixé sur le registre non objectal, frontalier à la représentation psychique). Refuser ces recours médicamenteux relève d'un autre contre-transfert : de la dette romantique ou nihiliste que l'origine de la psychanalyse a payée à son contexte idéologique, et qui pérennise la souffrance et la frustration comme unique source de travail psychique. La vérité de cette position est certaine. Elle est cependant modifiable, compte tenu de l'évolution de l'histoire et des personnes en elle. Elle dépend en dernier ressort du modèle théorique avec lequel, depuis son contre-transfert, l'analyste aborde son patient (en l'occurrence l'hystérique et sa double mémoire).

Reconnaître l'excitabilité rebelle au sens et la moduler éventuellement par psychotropes, renforcer le lien transférentiel par empathie-séduction-frustration pour consolider l'espace psychique hypertrophié ou menacé : telles semblent être les modalités contre-transférentielles en hystérie.

Le contre-transfert : absolu ou pathologique

Alors que Freud insiste peu sur le contre-transfert (si ce n'est dans le texte sur l'amour de transfert de 1915[1]), que Ferenczi fait de l'empathie renforcée et révélée au patient un passage obligé de l'analyse, depuis la Seconde Guerre mondiale la question est soumise à une discussion abondante et confuse. Sujet oblige. On cite souvent la définition donnée par Annie Reich dans un texte désormais pour beaucoup canonique[2] :

> Le contre-transfert comprend les effets des besoins et des conflits inconscients propres à l'analyste sur sa compréhension ou sa technique[3].

Le contre-transfert est ici envisagé dans ses effets défavorables, nuisibles à la poursuite de la cure. Dans cette optique, on le détecte dans tous les signes qui trahissent l'abandon de la neutralité bienveillante, notamment dans les sentiments hostiles de l'analyste envers son patient, l'ennui, la somnolence,

---

1. *Cf.* « Observations sur l'amour de transfert », trad. fr. in *La Technique psychanalytique*, Paris, PUF, 1977, pp. 116-130.
2. « On Countertransference », in *International Journal of Psychoanalysis*, 1951, *32*, pp. 25-31.
3. *Ibid.,* p. 26.

le vague malaise, l'irritabilité, les émotions excessivement positives ou négatives, la difficulté de saisir le sens du discours analysant, les rêves à propos des patients, les parapraxies, les diverses formes d'«acting out» ou d'inclination névrotique[1].

A l'inverse, les disciples de Melanie Klein, et notamment Paula Heimann dès 1950[2], ainsi que dans un texte plus tardif[3], non seulement justifient l'avènement du contre-transfert et son interprétation au patient comme indispensable dans les cures, mais considèrent le contre-transfert comme synonyme de l'intuition et de l'empathie. J'ai tendance à faire mienne cette position. On voit mal à partir de quel ressort, sinon la mise en acte de sa propre réserve inconsciente, l'analyste peut se défaire d'une écoute surmoïque ou simplement consciente pour procéder à la célèbre et néanmoins énigmatique «écoute bienveillante» faite certes de distance mais avant tout d'identification, d'intuition, d'empathie.

En se référant au premier texte de Paula Heimann, et tout en rejetant les vues kleiniennes, Lacan radicalise l'immanence du contre-transfert au sein du

---

1. M. A. Silberman, Countertransference and the Myth of Perfectly analysed Analyst, in *The Psychoanalytic Quarterly*, liv. IV, 1985, pp. 175-197. *Cf.* aussi Countertransference in Theory and Practice Panel at the Annual Meeting of the American Psychoanalytic Association, in *Journal of the American Psy*, 1986, *34*, n° 3, pp. 699-708.
2. «On Countertransference», in *The International Journal of Psychoanalysis*, 1950, vol 31, n° 1-2, pp. 81-84.
3. «Further Observations on the Analyst's Cognitive Process», in *Journal of the American Psychoanalytic Association*, 1977, *25*, pp. 313-333.

travail analytique. Il va jusqu'à récuser la notion même de contre-transfert, tant elle lui paraît artificielle. Pour lui, le *transfert* implique simultanément les deux protagonistes sans épargner l'analyste et encore moins ses sentiments amoureux ou hostiles. Comme en écho au fonctionnement psychique de l'hystérique dont nous avons dit qu'une nouvelle information, surtout d'ordre affectif, perturbe le plan de congruence cognitive, fait affluer émotions, angoisse et fantasme, réalisant ainsi la condition du transfert, Lacan écrit en substance que l'analyste lui-même, dans son écoute, pour autant qu'elle est un transfert, se défait de sa congruence cognitive et, à partir de cette « nescience » prééminente, approche l'inconscient de l'autre. Objet *a* de l'analysant, l'analyste ne peut qu'assumer cette fissure de sa connaissance pour y mettre en jeu — un jeu de bridge — son émotion, son amour et sa haine. Lacan prend comme exemple un cas rapporté par un analyste kleinien : n'ayant pas compris un rêve de son patient, l'analyste éprouve les mêmes malaises que son analysant, et c'est seulement après lui avoir dévoilé son erreur et des aspects de la situation analytique que l'analyste cesse d'être l'objet projectif, le mauvais objet du patient. La cure reprend de manière optimale.

> « Car seulement si l'analyste ne comprend pas qu'il est affecté et qu'il se produit une déviation du contre-transfert normal[1]. »

---

1. Jacques Lacan, *Séminaire sur le transfert*, Seuil, 1991, p. 227.

(Selon les kleiniens que Lacan va critiquer.)

Au contraire, pour Lacan, il n'est même pas nécessaire que l'analyste comprenne ou non. Structurellement, il est l'objet *a* : l'élection et le dépotoir, l'amour et la haine de son patient. Que faire donc ? Ne pas *comprendre*, mais *savoir* que les deux joueurs sont pris dans le désir de l'Autre. Faire le mort en laissant se dévoiler le désir spécifique du sujet analysant. Il suffit à l'analyste de savoir ce qu'il en est du désir, pour comprendre qu'il est lui-même l'objet du désir de son patient *et inversement*. Puisque les objets sont déjà dans l'Autre, les deux protagonistes n'incarnent que l'*erastès*, l'amoureux passionné. L'amour de transfert (car c'est de lui qu'il s'agit) ne serait donc pas une contre-indication de l'analyse ni un handicap.

> « C'est pour lui qu'on est là. Ça, c'est l'effet, si l'on peut dire, manifeste. Mais il y a un effet latent, qui est lié à sa non-science, à son inscience. Inscience de quoi ? de ce qui est justement l'objet de son désir d'une façon latente, je veux dire objective, ou structurée[1]. »

L'amour de transfert (de l'analyste et de l'analysant) conduira au repérage du désir sous-jacent, structural, des deux protagonistes. Une nescience impliquant donc les deux acteurs du jeu. La spécificité de la nescience et de l'apathie stoïcienne *propres à l'analyste* provient du fait qu'il se soutient d'un

---

1. *Ibid.*, p. 230.

autre désir, un désir nouveau que l'analyste seul a acquis.

> Je suis possédé d'un désir plus fort [...] en tant qu'analyste [...] s'est produite pour lui une mutation dans l'économie de son désir.

L'analyste joue avec la mort, et se comporte comme un mort : « cela veut dire que l'analyste doit toujours savoir ce qu'il y a dans la donne » (le jeu de bridge)[1].

Si le principe de ces propos paraît inattaquable, le déroulement concret de la cure, et notamment de la cure hystérique, semble offrir des écueils et poser des exigences qui demandent à être spécifiées : la nescience ne devient-elle pas complaisance ? L'apathie de celui qui fait le mort ne renforce-t-elle pas l'angoisse hystérique d'être rejeté de la parole du père ou, au contraire, le fantasme d'unification avec son pouvoir symbolique ? Quels abîmes de sado-masochisme réveille la mise en évidence, quand ce n'est pas en acte, de l'amour de transfert ? Comment manier le contre-transfert pour qu'il ne succombe ni à la facilité d'automédication par psychotropes ni à la subordination de l'esclave-analysant à son maître-analyste ?

Deux difficultés majeures jalonnent le contre-transfert dans les cures d'hystériques. L'analyste est mis au défi de devenir l'objet positif ou négatif de la séduction, où désir et connaissance de l'autre

---

1. *Ibid.,* p. 221.

s'étayent réciproquement. Par ailleurs, tributaire de sa sensualité, il peut succomber à une fusion avec l'angoisse innommable ou, inversement, refuser de prêter écoute et signe à ses battements. La tâche aveugle, l'arrêt de l'écoute interviennent lorsque ces pièges contre-transférentiels s'installent au point de favoriser la répétition et d'empêcher la circulation des fantasmes. Je schématiserai en donnant deux exemples. Le premier illustre davantage le contre-transfert au plan de la mémoire sensorielle, de l'affect rebelle au langage. Le second concerne l'épreuve phallique et l'angoisse spécifique qu'elle provoque chez l'hystérique. Bien entendu, ces deux plans interfèrent, de même que leurs difficultés contre-transférentielles.

La patiente au pull mortifère, Claire, s'était plainte dans nos premiers entretiens parce que son précédent analyste ne lui avait pas proposé de séances fixes. Elle a cependant manifesté un étrange comportement pendant les deux premières années de la cure : à chacune de mes vacances annoncées à l'avance, Claire se trompait. Elle s'absentait une séance avant mon départ et arrivait une séance avant mon retour. Confusion, reproches, refus de payer, etc. : le discours et le comportement de la patiente, d'habitude très sereins, étaient brusquement perturbés à cette occasion. Liens très étroits avec sa mère, dont Claire est la seule enfant chérie, asthme bronchitique récurrent à l'image de cette étreinte trop serrée : j'interprète le symptôme des vacances comme une angoisse de séparation. Refus répété, Claire ne s'y retrouve pas, elle en profite pour me dire que toutes mes interprétations la « ratent » quand elles ne « l'étouffent pas ». Et de répéter qu'elle désire un « cadre fixe » et des « règles strictes ». Pour les ignorer, comme saisie d'hallucination, au moment des séparations suivantes, jusqu'à semer le doute en moi : ne me suis-je pas trompée moi-même en indiquant les jours de mes vacances ? Je propose d'autres interprétations : en ignorant le cadre de séances, Claire essaie de détendre l'étau de la mère, ainsi que mon étreinte sur elle ; elle essaie de me bousculer, de m'« étouffer », de me perturber, de me rendre folle. Aucun effet. Sinon une acceptation rationnelle, et la plainte de ne pas s'y retrouver émotionnellement :

> Je comprends ce que vous voulez dire, mais cela ne me concerne pas. Ces mots ne me touchent pas, ils touchent ma tête, pas mon intérieur.

Cet intérieur spasmique, en souffrance, était sa jouissance retranchée. Elle ne se donnait à moi que dans l'acting des vacances, qui prenait l'allure d'une véritable mise en scène théâtrale de la dérobade. Parade phobique, en même temps que mise à l'épreuve phallique, anale et orale de l'analyste. C'est Claire et pas moi qui détient la vérité du « cadre », c'est elle qui détient le pouvoir de donner ou de ne pas donner son souffle, sa parole, son argent.

J'ai mis longtemps (m'a-t-il semblé, mais est-ce une impatience contre-transférentielle consécutive à l'agacement que je commençais à éprouver face aux tentatives de Claire de me sortir de mon propre

« cadre » mental, de ma compréhension, de ma clarté ?) avant de trouver les mots justes, acceptables pour la patiente. Des mots qui sachent reconnaître son attachement avide à sa mère et l'angoisse qu'elle éprouvait d'être dans cette fusion broyée. De cela, Claire se défendait par l'oubli du contrat entre nous, par la perte de ses repères cognitifs, par l'état confusionnel dans lequel elle voulait m'entraîner comme pour se venger de sa mère, l'essouffler, lui renvoyer l'asthme. J'ai renoncé à interpréter, en donnant ainsi à Claire l'impression d'avoir eu tort, de m'être trompée. J'ai retrouvé le rôle empathique du silence : la laisser délirer, ne pas réagir à sa conviction magique d'être capable de me tuer, étouffer ma tendance à interpréter pour « é-clairer » Claire, me taire encore plus que d'habitude. Réinventer ensuite des interprétations condensées, imagées et ambivalentes — d'amour/haine — apparemment séductrices et fondamentalement sensorielles, elliptiques, à la limite du *baby talk*. Ainsi, à la séance du pull mortifère.

Moi :
Pull mortel — une chaîne qui me tue et qui me chauffe la poitrine.

Claire :
Je n'ai jamais eu envie de vous embrasser, ma mère n'avait pas de poitrine.

La séance suivante, Claire me parle pour la première fois de son père : une nouvelle représentation de l'homme surgit, attaché à sa fille, protecteur, tendre antidote d'une mère intrusive et dépressive. Nous sommes sur l'axe du désir et de la connaissance. Claire retrouve la mémoire de ses repères. Elle ne se trompera plus de séances au moment des séparations vacancières.

Un dernier exemple illustrera les difficultés contre-transférentielles avec l'hystérique sur le plan du désir phallique préconscient. Il est rapporté par Jacob A. Arlow et concerne une cure sous supervision[1]. L'analyste contrôlé rapporte le cas d'un homme, homosexuel. Le patient jouit de proposer son pénis à la fellation. Cependant, dans le fantasme, il s'identifie avec le partenaire accomplissant la fellation et imagine castrer cet homme puissant. Celui qui perd son pénis n'est pas celui qui subit la fellation mais celui qui l'accomplit. Le croisement de ces identifications actives et passives conduit à une série de graves inhibitions chez le patient. Le thérapeute a du mal à interpréter ces fantasmes croisés et semble lui-même inhibé lorsqu'il rapporte au contrôleur le rêve suivant :

> Son patient rêve qu'il est sur le divan, il se tourne vers son analyste et lui propose une cigarette.

L'analyste avoue à son superviseur que ce patient le gêne et que ce rêve ne l'inspire pas. A ce moment

---

1. J. A. Arlow, « Some Technical Problems of Countertransference », in *The Psychoanalytic Quarterly*, 1985, liv. IV, pp. 164-174.

précis, il prend lui-même une cigarette et l'offre à son superviseur dont il sait parfaitement qu'il ne fume pas. Arlow interprète que, dans le contre-transfert, le jeune thérapeute contrôlé s'est identifié avec le patient. Il a découvert en lui-même des problèmes inconscients similaires à ceux de son analysant (homosexualité passive, offrir son pénis et sa cigarette, identification avec l'homme puissant et désir de le castrer en se laissant castrer lui-même). Cela paraît évident. Ce qu'Arlow superviseur ne dit pas, c'est comment le superviseur à son tour entre dans le contre-transfert. N'a-t-il pas pris le rôle de l'homme puissant qui accomplit la fellation ? Le superviseur n'a-t-il pas placé le jeune thérapeute en position passive, inhibant son travail mental en supervision et en séance ? N'a-t-il pas inconsciemment soumis son supervisé à la voracité inconsciente du maître qu'il est, et que le jeune praticien, en lui offrant sa cigarette, a de fait dévoilée ? Voracité, ai-je dit ? Désir, c'est *appetitus* en latin. Appétit du supervisé ? Ou du superviseur trop friand du bon plat qu'on lui apporte ?

Ce n'est là qu'une hypothèse hasardeuse de ma part, qui a l'avantage d'insister sur l'ubiquité du contre-transfert, sur sa permanence à toutes les étapes du défilé analytique.

Il est impossible de conclure sur le contre-transfert qui est le ressort de la vocation analytique. Je ne le ferais qu'artificiellement en insistant sur la scansion de ma séance, qui s'achève, vous le constatez, sur l'appétit phallique de celui qui se croit le maître.

S'il est vrai que l'hystérique a légué l'ubiquité

transférentielle comme cadeau empoisonné à l'aventure analytique, reconnaissons que c'est d'y goûter pour mieux s'en abstenir, sans jamais s'en dégoûter, que se fonde l'écoute analytique. Pourtant, combien d'entre nous sont capables de cette hystérie surveillée, ou plutôt de cette hystérie réveillée ? Sans renoncer à l'appétit, elle nous conduirait de la faim-insatisfaction endogène au pur appétit de mots.

La castration symbolique :
une question*

Qu'est-ce qu'une question ?

L'analyste tient son savoir de son écoute, c'est-à-dire de sa pensée qui interprète, silencieuse ou audible. Que cette pensée à l'écoute se ressource dans son désir, voire dans ses zones érogènes — qui ne l'admettra ? Mais pour ajouter que la source en question ne devient pensée qu'à condition précisément de se métaboliser en *question*.

La question n'est pas une négation. Elle commence, certes, par rejeter la prégnance du besoin et du plaisir qui nous poussent à nous identifier au patient : qui ne connaît l'obscurité délicieuse et étourdie de cette identification n'a rien à faire du défilé somme toute plutôt coûteux qu'enrichissant de la psychanalyse.

Négation ou rejet, *Verneinung* ou *Verwerfung*, Freud et Lacan en ont tout dit, peut-être. Leur

* *Angoisse et complexe de castration*, monographie de la *Revue française de psychanalyse.* PUF, 1991, pp. 101-112.

insistance homologue la parole et la fonction symbolique qu'elle commande au tranchant de la castration. De cette opération, le sens se trouve placé, pour une fois, au lieu précis où agit l'étant pensant, étant sexué. Pour que Je parle (Je parleur, Je patient ou Je analyste), une condition absolue s'impose : que je me déprenne du besoin identificatoire ainsi que des latences besogneuses du désir, et que j'articule une jouissance de pur Verbe. A force de se jouer d'elle-même, à l'écoute de l'autre jusqu'aux abîmes de la passion, cette parole peut se faire chair. On reconnaît là les miracles psychosomatiques de la verbalisation, pour parler en termes plus scolaires.

Cependant, à trop insister sur la seule négation et le rejet qui sous-tendent la castration symbolique, nous courons le risque hautain de l'enraciner dans le *deuil* seul, en promettant aux analystes et analysants une existence stoïque. La dignité de cette position est certaine, et on connaît les bénéfices thérapeutiques que les kleiniens tirent de repérer la *position dépressive* au cœur de notre capacité de parler. A ce prix cependant que la dignité dont il s'agit soit compensée par l'aimable suggestion de scénarios érotiques. L'être endeuillé a vite fait d'endosser ces rétributions séduisantes. Car quoi de plus contraire (donc solidaire) d'un deuil, sinon une orgie de petits trains qui ne cessent d'entrer et de sortir dans de sombres tunnels ? D'une manière plus érudite, la reconnaissance du *manque*, inhérent à la condition du *parlêtre*, installe une rigueur de chartreux dans des cures souvent aphones que compensent des passages à l'acte ou des règlements de comptes politiques.

C'est à se demander si la castration symbolique, tributaire de la négation et du rejet, grosse de séparation et de frustration, chargée de pertes orale, anale et pénienne, ne doit pas son impact bienveillant et brutal d'être, par-delà la négation, une *question*.

Qu'est-ce qu'une question ? Je vous le demande. C'est dire que je me retire de l'allocution et que je vous place au premier plan de ce transfert de parole que je décide d'appeler précisément une allocution. J'admets implicitement que vous avez *des émotions et des tendances actives*[1]. Non, je ne vous accorde pas le même savoir que je m'attribue comme locuteur. Mais je répartis nos psychés : je suppose une part de moi en vous, et j'attends d'elle la réponse à l'interrogation que l'autre part formule. Vous ne me répondez pas nécessairement comme je m'y attends, vous me décevez, surprenez (parfois), me devinez (rarement), comblez (attendons de voir).

Sans répéter la courbe mélodique ni les marques syntaxiques de l'interrogation, *l'interprétation analytique adopte la posture psychique d'une question*. Je crois savoir, mais je renonce, et je vous passe la parole : sachez, dites, mentez, pensez.

En nommant l'informulable, je le mets en question. Je fais une question de l'affect. J'élève la

---

1. Ainsi s'exprimaient les vieux linguistes qui restent encore aujourd'hui les plus méditatifs de tous, Damourette et Pichon, *Des mots à la pensée*, t. IV, p. 1383.

sensation à l'entendement d'un signe, j'introduis le traumatisme secret dans l'allocution. En faisant question pour l'analyste, la sensation ou l'affect informulables font sens pour le patient. Ils ont une chance de s'articuler, de se déplacer, de s'élaborer. La nomination analytique n'est pas une définition : elle se contente de retrancher le retranchement (en ceci elle hérite de la *Verneinung*), et — double négation — elle ouvre le symbolique comme un *questionnement indéfini*. Car si pour le patient l'analyste est bien un « sujet supposé savoir », l'analyste, lui, sait qu'il n'est rien d'autre qu'un sujet à question, en question.

Ainsi comprise comme une interrogation, la castration symbolique est la face logique de l'œdipe. Elle ouvre le discours de l'*infans* et lui permet de prendre la parole vers un horizon infini. Position indispensable à la procédure analytique, elle confronte le patient à son inconnu et, en détrônant la toute-puissance imaginaire de l'analyste, lui révèle sa propre ignorance. La fin de l'analyse réside sans doute dans le choix d'une identité sexuelle. Mais elle s'achèverait en robotique si elle n'était que cela : si elle n'ouvrait pas une jungle de questions dans laquelle la seule chose que je sache est que j'ai à répondre. Tout(e) seul(e). Pour qu'une nouvelle question surgisse.

Il est possible que cette formulation de la castration symbolique soit plus résurrectionnelle que résignée. Elle incite à une certaine créativité, contre le renoncement fréquent à la fin de certaines cures qu'accompagnent des passages à l'acte destinés à refaire un moi symboliquement décapité.

La castration symbolique de l'analyste, on l'aura compris, commande son art d'interpréter. Le silence abrupt, qui se contente de creuser le rejet et qui ouvre des psychoses insoupçonnées sous les surfaces névrotiques, côtoie la fusion avec l'affect contagieux qui m'avait permis de suivre de près mon patient. La complicité affectueuse me contraint aussi à lui répondre sur le mode d'un prélangage fait de consentements ou de déplacements parcimonieux. De ces deux modes d'intervention (dont l'efficacité provisoire est hors de question, c'est le cas de le dire), je dois cependant me détacher pour formuler une parole de tact.

Le tact est par-don[1]. Don à l'autre d'une capacité d'entendement, de jugement. Je me dépossède des miens, je me détache de mon affect et de mon silence dont j'ai interrogé la plénitude pénible ou jouissive. Et je ne cesse de formuler des questions. Je ne lui dis pas toujours que je me questionne depuis la place à laquelle je pense qu'il se trouve. Ma manière de savoir que je ne sais pas est mon interrogation permanente qui se lit dans mon ton, mes gestes, l'inclinaison de mon corps, mon discours enfin. L'interrogation me déloge du leurre du savoir absolu qui ne guette pas seulement le psychanalyste mais qui ne l'épargne pas non plus. L'interrogation finit par effleurer le patient qui essaiera, peut-être,

---

1. J. Kristeva, *Soleil noir. Dépression et mélancolie*, Gallimard, 1987, p. 199 *sqq.*

sous son admiration, de repérer sa haine, sans se fixer sur une position, connaissance, appartenance.

Faudrait-il souligner que je vois la castration symbolique moins comme une ascèse que comme l'ouverture, avec elle, vers une *poiesis* sans fin ? C'est ma perversion à moi, un certain mode de vitalité.

Exemple ?

Le passage à l'acte intellectuel

Martine est enseignante de français pour étrangers, elle approche la quarantaine quand elle vient me voir[1]. Elle veut refaire sa vie, apprendre des choses nouvelles sur elle-même et les autres, « ouvrir son esprit ». Célibataire, Martine a vécu avec une collègue, Édith, qui est morte dans un accident de voiture à l'étranger où elle avait été amenée par Martine. Ce souvenir pénible et culpabilisé est évoqué avec beaucoup de réticences. La patiente l'écarte avec des larmes et des gestes de colère : autant de comportements qui signalent un freinage de la remémoration, parallèle à l'inadmission des affects dans le langage.

Dans son expérience infantile, deux faits traumatiques apparaissent dès le début de l'analyse. La patiente y insiste dans un discours *pauvre* et *répétitif,* mais très investi de colère. Le père de la patiente

---

1. J'ai présenté les fragments de cette analyse, dans un autre éclairage, au Colloque *L'Affect et la pensée*, Université Paris VII, 24 novembre 1989.

meurt pendant la grossesse de la mère. Cette tragédie est suivie du deuil inconsolable de la mère, qui désirait remplacer son mari par un garçon, à tel point qu'il n'y avait pas de prénom féminin prêt pour une fille ; le nouveau bébé devait s'appeler Martin comme son père (d'ailleurs la mère se trompait souvent et appelait ma patiente effectivement Martin). A cette violence qui effaçait l'identité sexuelle de Martine pour lui greffer celle d'un homme, s'ajoutait cependant une intrusion sadique, cette fois sensorielle et érotique. Suite aux problèmes intestinaux de sa fille, la mère se livrait à de longs lavements, des clystères, sur l'anus de Martine. Cette occupation semble avoir rempli et bloqué la mémoire de la patiente, devenant le souvenir essentiel qui avait chassé toute autre image de l'enfance pendant un bon moment de l'analyse.

Martine reçoit une éducation religieuse sévère, suivie d'une crise mystique et d'une tentative d'entrer dans les ordres. Un prêtre cependant l'en dissuade, n'étant pas convaincu (et on le comprend) de la « pureté de ses intentions ». Suit un bref épisode de prostitution dans lequel elle est entraînée par une amie « qui en avait l'habitude ». Dégoût, abandon de la sexualité. Études suspendues avant le baccalauréat, puis reprise des études et spécialisation dans l'enseignement du français pour étrangers.

Martine avait commencé ses études de « français pour étrangers » du temps de sa relation avec Édith et elle venait de les terminer quand elle a demandé un premier entretien. Ses études occupaient toute sa vie psychique et sexuelle. Elle assimilait et reconsti-

tuait le discours des autres, et abordait la psychanalyse comme un moyen de *comprendre* sa solitude
et ses symptômes. Car, de l'enfance à l'analyse, les
symptômes avaient continué : recto-colite hémorragique, mais aussi eczéma apparaissant de préférence
aux bords des lèvres, des oreilles et des yeux (qu'on
peut interpréter comme des limites du corps, ou des
déplacements des orifices sexuels inhibés).

Au cours de l'analyse, ces symptômes se sont
manifestés et aggravés, surtout pendant les périodes
de ce que je ne peux appeler autrement que des
« passages à l'acte intellectuels » : ruée vers les cours,
participation à des séminaires analytiques pour pré-
senter une théorie qu'elle savait opposée à celle du
directeur du séminaire, et engouement pour l'écriture
théorique.

Ces passages à l'acte intellectuels étaient destinés
de toute évidence à maintenir son discours au niveau
de la mentalisation et de la rationalisation consciente.
Empêcher l'association libre. Ainsi les séances étaient-
elles occupées par l'exposé des théories, leur discussion, l'opposition que Martine manifestait à l'égard
de tel ou tel philosophe ou linguiste. Mes interprétations visant à lier cette activité fébrile à une
tentative de séduction ou d'intrusion mentale, en
compensation du traumatisme anal de la petite
enfance, étaient acceptées avec curiosité. Classées à
leur place, dans la théorie freudienne ou lacanienne.
Remplacées par d'autres constructions théoriques
que Martine venait de lire.

Ces passages à l'acte intellectuels m'étaient destinés. Ils répondaient à l'idéalisation dont j'étais

l'objet de la part de Martine : puisque j'étais théoricienne et que j'écrivais moi-même, quelle meilleure façon de se rapprocher de moi, de me séduire ou de m'agresser et de me violer, que cette épreuve de force entre pénis anaux qu'était (j'imagine), pour Martine, la comparaison de nos deux activités intellectuelles ! L'idéalisation à laquelle j'étais vouée renforçait l'inhibition pulsionnelle et affective ainsi que *la traduction des traumatismes en mémoire sensorielle et émotionnelle*, et déclenchait une activité débordante de connaissance. Pourrait-on cependant parler d'inhibition face à tant de curiosité intellectuelle ? Je réponds par l'affirmative pour deux raisons.

Martine assimilait les théories et les entrechoquait les unes contre les autres, pour manifester son pouvoir phallique anal dans les séminaires et devant moi. Mais elle ne faisait aucun rapport (et ne l'acceptait pas quand il était fait par moi) entre ces constructions théoriques et les fragments modiques qu'elle m'avait confiés de son passé ou de sa vie actuelle. Ces passages à l'acte intellectuels me concernaient dans une utilisation défensive du transfert, mélange d'idéalisation et d'évacuation de l'analyste.

Par ailleurs, les textes qu'elle produisait et qu'elle me montrait ne témoignaient d'aucune inventivité cognitive, théorique. Ils se contentaient de capitaliser les lectures des maîtres, simples compilations. On y verrait une digestion et une évacuation enragée de la mère intrusive, que la recto-colite hémorragique mettait en scène dans le corps de la patiente avant l'analyse, et que ses compétitions (« passages à l'acte intellectuels ») avaient remplacées au début de l'analyse.

Ainsi, par ses activités intellectuelles, Martine renforçait un langage de *résistance* à l'analyse. Si tel est son effet au sein de la cure, il peut être intéressant de décrire en quoi cet effet de résistance, produit par l'économie de son discours, répond aux agressions précoces d'une période archaïque, où seuls l'affect et le corps pouvaient défendre le bébé et l'enfant, avant que le langage n'existe. Cependant, une telle « défense » archaïque affective contre la castration, mais aussi contre la désintégration narcissique, s'était avérée trop menaçante pour l'identité de la patiente (comme en témoigne la violence de sa relation avec sa mère et avec Édith). Elle a été abandonnée pour être remplacée par le paravent du discours cognitif et par les accidents psychosomatiques qui mettent en danger le corps, certes, mais préservent les affects et l'identité sexuelle. « Plutôt l'esprit et le corps que l'affect sexuel », telle me semblait être la devise de Martine.

Je-cogito et moi-sensation

Je décrirais le langage de Martine comme un langage saisi par le *sujet du cogito* séparé du *moi* et de l'avènement de l'inconscient.

L'inhibition dans ce cas se lit dans la *séparation* entre le discours du cogito et son *sujet* d'une part, et une expression *iconique, gestuelle ou paralinguistique des affects du moi et de l'avènement de l'inconscient* d'autre part. J'emploie le terme de « séparation » entre le discours du je-cogito (constructions et activités théoriques) et l'expression paralinguistique du moi et de l'avènement de l'inconscient, car il est plus banal que celui de « clivage » ou d'« isolation » (propres à la psychose et à l'obsession). Sa neutralité le rend apte à décrire le freinage, l'arrêt, la stupéfaction même qui caractérisent le discours hystérique inhibé devant ses affects et les traumas. Car Martine agit ses désirs qui sont *désignés* mais *non signifiés par le discours.*

Elle les agit certes dans le champ intellectuel, mais en les déguisant en concepts « analifiés », « fécalisés ». Elle inhibe son discours associatif pendant la séance en le rendant essentiellement cognitif. Très peu de rêves, jamais de fantasmes.

Le prix de ces deux inhibitions se paie par le symptôme (eczéma, recto-colite).

Cependant, le transfert favorise l'avènement du moi et de l'inconscient. Ils se sont manifestés d'abord dans les tentatives de manipuler l'analyse en psychodrame. Martine investit les signaux paralinguistiques ou non linguistiques. Elle entreprend des séances de manipulations ostéopathiques qui lui provoquent des orgasmes « indicibles ». Je relèverai quelques étapes de ce voyage vers un « autisme sensoriel ». L'actualisation de l'affect dans la cure pourra, plus tard, le traduire et questionner par des mots internes aux drames du transfert.

Martine est très attentive aux signaux qui entourent le « cadre » : le code d'entrée de l'immeuble, l'interphone, les sonneries, l'ouverture électrique de la porte de l'appartement, et à leurs moindres modifications. Son attention se fixe sur les frontières, les zones d'entrée, les orifices.

Après avoir fait un exposé théorique, elle est brusquement envahie d'angoisse que son langage-cogito n'exprime pas : elle fond en larmes ou se tord avec des cris de rage contre elle-même, contre tel professeur ou contre moi-même (en dernière ou en première instance).

Martine s'est mariée avec un de ses élèves qui ne parle pas du tout le français. Elle me défiait en disant le plaisir qu'elle éprouvait à ne communiquer que par le corps, son mari ne se montrant pas un élève très doué, ni très pressé d'apprendre la langue de son nouveau pays.

Plus encore, dans le but de sensibiliser ses organes pour faciliter une éventuelle grossesse à son âge, Martine entreprend une série de massages de l'utérus par une femme. « Jouissance inimaginable, incomparable avec ce que me donne mon mari. » Moi : « Cette femme vous a touchée. » Martine : « Je ne sais même pas son nom, je ne regarde même pas son visage. Rien que des mains, et mon ventre qui me donne des sensations inouïes, juste pour moi-même. »

En l'écoutant, je pensais à la perplexité de Freud et de Lacan devant la question : « Que veut une femme ? » Peut-être juste cela : l'enfermement autiste de l'affect, l'engloutissement de l'autre. Elle ne *veut* pas, précisément. Elle s'invagine dans une autosensation sans éros, qui est la face cachée de son refus de la castration (c'est-à-dire de l'autre sexe) en même temps que de son inhibition intellectuelle ou de son passage à l'acte intellectuel. Ce qu'on prend pour de la frigidité est peut-être cet autisme sensoriel qui forclôt même l'image du corps propre, au point que le terme d'auto-érotisme lui serait inadéquat. En effet, l'image du corps propre de Martine est mauvaise, fécale. Elle ne peut jouir que d'un affect autistique antérieur à la représentation du corps propre. Le code secret de cet affect est celui des sensations. C'est là que l'analyse peut aller le chercher, pour passer de l'autisme à l'auto-érotisme et à l'érotisme.

L'inhibition hystérique m'apparaît donc comme une *séparation* entre :

— un discours du *cogito* (fortifié, dans ce cas précis, en relation avec les traumatismes anaux de la patiente et comme contrepoids à un érotisme anal extraverti : la pensée contrecarre l'érotisme anal) ;

— une indexation pré- ou paralinguistique des affects du moi et de l'avènement de l'inconscient, où, dans la plénitude masochique du soma, se marque le refus de la castration jusques et y compris la castration symbolique.

Au bord du psychodrame : clivage et désir de mort

Une telle structure profite de l'inhibition qu'impose le cadre analytique. Sans doute profite-t-elle aussi de l'hésitation de l'analyste à forcer la patiente à sortir d'une telle organisation, au risque de réitérer les clystères maternels. Je laissais donc cogiter Martine. J'interprétais — en pure perte.

Le tournant de cette analyse est survenu lorsque nous sommes arrivées à deux reprises aux limites du psychodrame que Martine essayait d'imposer à la cure.

1. La *séparation* pensée/affect a évolué vers un *clivage*. L'atténuation de la perception de l'autre propre à Martine — son « autisme » — est devenue une véritable suspension de cette perception. Martine ne sait jamais ce que lui a dit X ou Y exactement (sous-entendu : elle ne sait pas ce que je lui ai dit). Elle garde l'« idée », pas les « mots ». Elle ne se souvient jamais comment était habillé X ou Y, s'il ou elle était brun ou blond, etc. Ces effacements de perception et de sensation commençaient à l'inquiéter au cours de la cure, sans pour autant se modifier, jusqu'à deux passages à l'acte où ma patiente a complètement scotomisé la perception d'autrui.

Elle attend une amie devant un restaurant, l'amie tarde. Martine sort, voit un taxi et décide de le prendre pour s'en aller. Une personne descend du taxi, paie, Martine s'impatiente, bouscule presque la personne qu'elle fixe avec colère et, après quelques instants « blancs » d'aveuglement, s'aperçoit (ou plutôt la personne s'écrie et la secoue pour la sortir de sa torpeur) que la dame descendant du taxi n'était autre que son amie. Hallucination négative, suspension de perception-sensation par freinage de l'agressivité et de l'ambivalence passionnelle pour cette amie.

Martine m'annonce qu'elle est en train d'écrire deux études très personnelles et qu'elle est ennuyée de manquer de repères théoriques : une étude sur Nerval et une intervention sur l'abjection de Céline, pour un des séminaires qu'elle fréquente. Elle me décrit les idées qu'elle développera dans les études, et j'y reconnais sans peine mes articles. Je lui dis : « Par la pensée, vous souhaitez vous rapprocher de moi. L'envie d'être comme moi, de prendre ma place, vous épargne de penser que vous voulez me toucher, toucher mon corps ? » Elle se met en colère, crie, grimace : « Vous me reprochez toujours mon registre homosexuel. Je ne comprends pas ce que vous voulez dire. »

On constate ici comment l'évasion dans la théorie est un refus de comprendre ses affects. Martine pointe l'« homosexualité » mais comme étiquette théorique. Ses mots effacent la violence et l'élimination dont je suis l'objet dans ses écrits. Mais elle agit cette violence par sa voix et ses actes. Seulement deux séances plus tard, elle me dit qu'elle n'avait pas réalisé — en s'engageant dans ces écrits et en m'en parlant — qu'elle avait plagié mes textes...

Destruction de l'objet aimé-haï. Suspension de la perception/sensation. Constitution d'un sujet-cogito par phagocytage psychotique de l'autre dans le renforcement de l'acte propre (« Je prends un taxi » — « J'écris ») ou de la connaissance propre.

J'ai commencé à insister sur le toucher, le goût, la vue, l'ouïe. Je relevais, dans les propos théoriques de Martine, les indices sensoriels, et je ponctuais son discours intellectuel défensif en répétant ces lieux d'inhibition de la *sensorialité* en même temps que du *discours* (elle n'en parlait pas, elle ne sentait pas, elle s'agitait ou souffrait).

2. L'analyse prenait les allures de psychodrame, avec la participation de philosophes et de professeurs que Martine fréquentait. Nous avons analysé le *désir de mort*, à travers un des passages à l'acte intellectuels de la patiente qui s'est avéré particulièrement significatif.

Martine propose à son Institut de français pour les étrangers d'assurer une consultation d'aide psychopédagogique, sous la responsabilité de Mme X, la directrice. Elle transpose l'identification avec moi (être analyste), sous l'autorité de Mme X. Au bout de quelques mois, elle me confie, agitée et anxieuse, que le prénom de Mme X est Christine et elle pense que cela a un rapport avec moi, mais aussi avec Édith dont le second prénom, je l'apprends, était Christine.

Je pensais que cette brusque souvenance était en relation, d'une part, avec ce que nous avions analysé précédemment autour de son désir de voir mourir sa sœur et de m'effacer, de m'évacuer dans ses écrits, et, d'autre part, avec mon insistance sur le toucher, le goût, la vue, l'ouïe dans les propos théoriques que Martine continuait à me tenir. J'avais choisi en effet de relever, dans les mentalisations de Martine, les indices sensoriels, et de ponctuer son discours défensif en repérant ces lieux d'inhibition de la sensorialité comme du discours. Martine se dit très gênée d'avoir pris Mme X pour une *morte*. « Vous comprenez, une morte qui n'est plus rien ! Edith ne m'a jamais rien été ! Je n'ai aucune image d'elle, plus aucun souvenir précis. Et pourtant elle me culpabilise et me persécute sans arrêt », dit-elle en accompagnant sa phrase d'une passion extrême, de gesticulations et de torsions sur le divan.

Le fait de nommer les sensations et le désir de mort a ouvert *le temps* du souvenir. Une mémoire où prennent place Édith, Mme X, moi-même, et, en arrière, le souvenir désormais sensoriel et déculpabilisé des relations entre Martine et sa mère. Les lavements, les haines, les amours, les rages sadiques de Martine contre sa mère. Je lui fais remarquer que la Morte n'est donc pas Édith, mais Mme Christine X et peut-être qu'il s'agit de moi, en définitive, puisque Mme Christine X ne fait que me remplacer en lui autorisant l'exercice d'une activité analytique.

De nouveau, explosion de rage et de larmes. Martine revient à la séance suivante en disant qu'elle vient de lire un livre sur le transfert qui me donne entièrement raison. Elle a besoin de se calmer et de réfléchir avec un livre, alors que dans mon bureau, moi derrière elle, tout lui paraît beaucoup plus dangereux.

En conclusion à ce rappel d'un fragment d'analyse, j'insisterai seulement sur le fait que l'inhibition (discours du cogito, *séparé* d'un moi indexé de représentants d'affect) enclenche un débordement du cadre analytique (passage à l'acte) et nécessite une prise en considération aussi bien des activités hors cadre que des aspects non linguistiques, éventuellement sensoriels, de la communication.

Le patient « met en acte au lieu de se souvenir », écrit Freud[1]. Martine croit penser, alors que son discours est une *inhibition du temps sensible*. Le temps exclu de l'expérience mentale de ma patiente fut celui de la mémoire infantile : une expérience sensorielle transcognitive.

La technique analytique : une généalogie des signes cognitifs

Face à de tels problèmes, la technique analytique peut se donner deux moyens :

1. Mobiliser les affects, ne pas hésiter à faire amplifier l'aspect psychodrame de la cure vers lequel tend l'hystérique, car tel est le langage des affects qui lui reste disponible. La mobilisation des affects est un désinhibiteur du processus signifiant en ceci que les nouveaux affects, actualisés dans le transfert, dérangent l'intellectualisation et la fonction inhibante propre au passage à l'acte intellectuel. L'analyste mobilise l'affect en se présentant ouvertement dans l'interprétation comme pôle de la libido. Cette insistance sur le moi de l'analyste est une imaginarisation de la cure, susceptible de rompre l'autisme sensoriel de l'hystérique.

2. Une verbalisation de la perception et de la

---

1. *Abrégé de psychanalyse* (1938), trad. fr. PUF, 1949 (1978), p. 45.

sensation devient possible par la suite comme moyen efficace pour désinhiber le processus signifiant qui s'était retiré, défensivement, dans l'intellectualisation. Restituer une image du corps érotique, restituer les sensations et la perception en les nommant. Il n'y a pas de réveil du sujet tant qu'une signifiance des perceptions et des sensations n'a pas eu lieu. Sans elle, nous sommes devant la séparation entre je-cogito/moi indexé d'affects incommunicables. La figure de l'inhibition ? — je-cogito freiné par moi indexé, moi indexé bloquant je-cogito. Le sujet serait-il l'avènement de l'un dans l'autre, du je-cogito dans le moi indexé, et *vice versa* ?

Le souvenir que l'association libre fait advenir est une recherche du passé pour que le sujet affronte par la parole l'expérience traumatique. Mais cette capture du souvenir traumatique ne peut se faire sans que nous ouvrions la *généalogie des signes cognitifs*. Faire basculer le *cogito* vers la *sensation*. Le goût de la madeleine vient avec la possibilité de se souvenir. Inversement, qu'est le souvenir sinon, à travers les mots, le goût même de la madeleine et le plaisir qui l'accompagne ? Le temps retrouvé n'est rien d'autre que le sujet, mais seulement pour autant que quelqu'un soit capable de désenfouir, sous le langage cognitif, la perception elle-même.

Au contraire, le passage à l'acte est en manque de sensation.

Le discours des sensations pour l'Autre, et de soi comme autre, est déjà un discours désinhibé. Je retournerai la formule de Freud : « Le patient met en acte au lieu de se souvenir », ainsi : « Le patient met en acte par inhibition du temps sensible. » Le temps sensible n'est autre que celui de la castration symbolique, sans laquelle il n'y a ni temps ni sujet.

Rebelle à la castration orale, vaginale et anale, Martine consolide ses fantasmes inconscients de pénis anal par la destruction de l'autre, mais aussi d'elle-même, dans la violence mortelle de son symptôme qui est la recto-colite. Parallèlement, le cadre analytique lui donne l'opportunité d'ajouter une consolidation symbolique à son rejet de la castration : c'est le refus de la castration symbolique qui s'étaie sur l'idéalisation de l'analyste doublée d'une haine liquidatrice. Moins mortifère, certes, que le symptôme somatique, ce refus de la castration symbolique handicape le processus associatif et barre l'avènement de la vérité inconsciente.

L'accession à la castration symbolique ne pouvait être abordée sans passer par ce que j'appellerai le *géno-texte*[1] du symbolique : les affects et leurs indices primaires (les sensations) dans lesquels sont inscrits les traumatismes réels et imaginaires rétifs à la symbolisation. Le travail analytique me semblait devoir porter simultanément sur ce double registre : 1) l'affect et la sensation où s'étaient encryptés le refus de la privation orale, de la castration vaginale et de la castration anale, ainsi que la défense mortifère de Martine contre elles ; 2) le langage qui, en désignant le besoin traumatique et la jouissance impensée, les met en question. En même temps qu'il

---

1. J. Kristeva, *La Révolution du langage poétique*, Seuil, 1974, p. 83 *sqq.*

pose, pour la patiente, la question de l'analyste comme être *sentant-et-pensant*.

Dans le processus d'une telle écoute, l'analyste interroge sa propre affectivité. En surgissant dans le contre-transfert, mon affect me rapproche du temps premier de rejet de la castration que je partage avec ma patiente, dans le questionnement même par lequel je l'entends. Pareille démarche implique que l'analyste se compromet. Il met en question sa neutralité symbolique et rejoint le patient ou la patiente au lieu même de leur passion rebelle à la castration. Dès lors, le chemin peut s'ouvrir qui conduira à interroger — non pas « cognitivement », mais depuis le réel même de la castration orale, anale, vaginale — ce refus de la castration symbolique qui fut source d'inhibition intellectuelle.

En parachevant l'œdipe, la castration symbolique allume des énigmes. Elle éveille cette curiosité pour soi et pour le monde, que la demande d'analyse et le processus analytique lui-même sont souvent mis en place pour oblitérer. A nous de raviver la question du savoir vivant et sensible, en empêchant que la cure ne dégénère en refus de la castration symbolique, en réassurance cognitive.

Et pour l'analyste ? La castration symbolique ne se présente-t-elle pas *aussi* sous l'aspect de ce phagocytage intellectuel dont il est souvent la proie de la part de ses patients, des colloques, des amis et des ennemis ? Plus exactement, il s'agirait, dans ces phénomènes auxquels nous sommes tous exposés, d'une mini-épreuve narcissique qu'un peu d'humour nous permet de « panser ». En revanche, la vraie difficulté de notre travail est de se tenir dans la castration symbolique. L'aptitude de l'analyste à la castration symbolique réside dans sa souplesse à refaire le trajet affect-langage-demande-négation-question. Et ceci dans les deux sens, aller et retour, depuis les traumas indicibles jusqu'à leur connaissance, et *vice versa*. L'art de provoquer des questions exige banalement et cruellement l'art de se mettre sans cesse en question. Non pas mentalement, mais des affects-sensations au je-cogito.

La castration symbolique serait-elle en somme l'anamorphose des affects en questions et des questions en affects, indéfiniment ? De quoi définir les plaisirs et les fatigues de la parole interprétative. Et l'impossibilité de tenir ce rôle dans le monde, sauf à être un stoïque ou un humoriste. Mais ils ne sont, après tout, que deux déflexions de la vocation analytique.

L'enfant au sens indicible*

L'imaginaire entre biologie et langage

Certains retards dans l'acquisition du langage, ou telles difficultés dans l'apprentissage des catégories logiques et grammaticales, semblent avoir des causes physiologiques difficiles à identifier. Plus difficiles encore à traiter à leur niveau somatique. Toutefois, dans la structure en étoile du cerveau, ces lésions, lorsqu'elles sont mineures, n'hypothèquent pas l'accès au *symbolique*. A condition de donner à l'enfant la possibilité d'une large et intense utilisation de l'*imaginaire*.

J'appelle *symbolique* l'exercice du discours selon les règles logiques et grammaticales de l'interlocution. J'appelle *imaginaire* la représentation de stratégies d'identification, introjection et projection, qui mobilisent l'image du corps, celles du moi et de l'autre, et qui utilisent les processus primaires (déplacement et condensation).

L'imaginaire est, certes, tributaire du stade du

* *Rééducation orthophonique*, vol. 27, juin 1988, n° 154, pp. 203-210.

miroir. Il constitue l'image propre du sujet en voie de formation. Pour ce faire, il mobilise, à travers le jeu des représentations proposées à l'enfant, toute la gamme des identifications : identification narcissique accompagnée d'une emprise sur l'image maternelle ou d'une reduplication avec elle ; identification primaire avec le père bienveillant de la « préhistoire personnelle[1] », identification secondaire dans l'œdipe et notamment sa variante, l'identification hystérique avec un rôle phallique, etc. L'imaginaire est un kaléidoscope d'images du moi à partir desquelles advient le sujet de l'énonciation. Cela ne doit pas nous faire oublier que l'imaginaire prolonge ses effets jusqu'aux modalités psychiques antérieures à l'identification spéculaire, c'est-à-dire jusqu'aux *représentants psychiques des affects* soumis aux règles fluctuantes de l'assimilation et du rejet, de la condensation et du déplacement. On peut faire l'hypothèse que ce niveau imaginaire du sens *sémiotique*, par opposition à la *signification linguistique*, est plus proche des représentants pulsionnels spécifiques aux couches inférieures du cerveau. Il peut servir par conséquent de relais entre ces couches et le cortex qui commande la performance linguistique, constituant ainsi des circuits cérébraux supplémentaires, susceptibles de remédier aux éventuelles carences bio-psychologiques. C'est pourquoi chez un enfant qui n'a pas l'usage actif de la communication symbolique — et dont la compréhension passive exacte qu'il en retient

---

1. S. Freud, « Le Moi et le Ça », in *Essais de psychanalyse*, 1963, p. 200.

est peu certaine —, l'imaginaire est un moyen d'accès, sinon d'emblée à la signification linguistique, du moins aux représentations affectives plus archaïques. Et à leur dramaturgie qui ne cesse de l'habiter, de le tourmenter ou de le faire jouir.

Je fais donc une distinction entre, d'une part, le *sens* pulsionnel et affectif ordonné selon les processus primaires dont les vecteurs sensoriels sont souvent différents du langage (son : mélodie, rythme ; couleur ; odeur, etc.), que j'appelle *sémiotique* et, d'autre part, la *signification linguistique* qui se réalise dans les signes linguistiques et leur ordonnancement syntactico-logique. Distinct du niveau sémiotique, ce niveau linguistique nécessite des conditions biologiques et psychiques supplémentaires pour advenir[1]. Certes, l'imaginaire, entendu au sens des œuvres d'imagination ou de fiction, procède de la signification linguistique. Il est indissociable de la grammaire et de la logique. Toutefois, au travers de la performance linguistique, ce sont ses *préconditions psychiques* qui me retiennent dans l'imaginaire : préconditions qui ne semblent pas innées chez certains enfants, ou bien qui ont été endommagées durant la vie intra-utérine ou à la naissance, et que le thérapeute pourrait essayer de faire advenir à travers précisément l'usage qu'il est capable de faire de l'imaginaire.

Je ferai un pas de plus. Les difficultés d'accès au symbolique auxquelles je me réfère, et qui font que

---

1. *Cf.* J. Kristeva, *La Révolution du langage poétique*, Seuil, 1974, 1re partie.

certains enfants n'ont pas naturellement et sponta-
nément accès à la *signification* tout en ayant accès
au *sens*, donnent lieu à une dépression plus ou moins
repérée et plus ou moins grave chez eux. Or, au plan
du langage, une dépression se caractérise par le déni
du symbolique[1]. « Le langage ne compte pas, votre
signification m'indiffère, je ne suis pas des vôtres, je
me retire, je ne vous combats même pas comme le
ferait un caractériel, je ne coupe pas les liens du sens
comme le ferait un autiste, je meurs à vous emmurer
dans mon sens indicible » — voici ce que semble
dire l'enfant à « problèmes linguistiques », qui est
souvent un enfant déprimé, ignoré comme tel. Faute
de se servir du symbolique, le jeune « infans » qui
prolonge la condition de bébé s'enterre dans la crypte
de ses affects insignifiés, exaspérant son entourage,
s'exaspérant lui-même, ou prenant plaisir dans cette
cachette, sans pour autant que l'adulte soit capable
de repérer les signaux secrets de son infralangage de
détresse et de régression. Loin d'être autistes ni
caractériels, ces enfants donnent plutôt l'impression
d'être saisis par une inhibition phobique qui entrave
l'accès au discours : comme si la langue leur faisait
peur, alors que ce qui leur fait peur est peut-être
leur dépression d'être incapable de s'en servir, d'être
inapte au monde des autres parlants, d'être de
« mauvais parlants ». La tâche du thérapeute est
alors double. D'une part, il devient analyste pour
faire naître le désir (et bien entendu le désir de

---

1. *Cf.* J. Kristeva, *Soleil noir. Dépression et mélancolie*,
Gallimard, 1987, chap. 1 et 2.

parler) par-delà l'inhibition et la dépression. D'autre part, il se fait orthophoniste pour frayer des voies *spécifiques* à cet enfant-là (pour lequel il a compris que les « universaux » ne s'actualisent pas de manière universelle) et l'aider à acquérir les catégories linguistiques qui lui permettront de donner une réalisation symbolique à son être de sujet.

Le fait de précipiter les exigences cognitives (dans notre terminologie : symboliques) devient inutile. De surcroît, cette attitude censure la nécessité dans laquelle se trouve cet *infans*, à *sens* mais sans *signification*, d'élaborer dans l'imaginaire les préconditions sémiotiques d'accès au discours.

En définitive, c'est l'économie imaginaire qui fait advenir le *sujet de l'énonciation*. Lequel est la précondition psychique pour l'acquisition de la langue.

Je voudrais éclairer ces réflexions par quelques brèves indications cliniques.

Un opéra

J'ai eu à connaître les difficultés neurologiques de Paul dès sa naissance. A l'âge de trois ans, il ne parvenait à proférer aucune parole si ce n'est des écholalies vocaliques où l'on discernait mal des pseudo-consonnes non identifiables. Il ne supportait pas le dialogue entre ses parents et, bien entendu, refusait l'échange de paroles entre le thérapeute et sa mère. Toutes ces situations le mettaient dans des états dramatiques de cris, de larmes, de détresse, plus que de rage. J'ai pu interpréter ces réactions comme un refus œdipien du lien sexuel entre les parents et, par extension, de tout échange verbal supposé érotique entre deux adultes, dont Paul se sentait exclu. Non seulement cette interprétation n'avait pas d'effet sur lui, mais elle m'a vite semblé prématurée. J'ai pensé que Paul refusait un enchaînement signifiant dont il était incapable, et la *perception* — devrais-je dire la *conscience* précoce — de cette incapacité le dévalorisait, le déprimait, l'inhibait de peur. J'ai décidé de communiquer avec lui mais aussi avec sa mère en utilisant le moyen qui était à sa disposition : le *chant*. Les *opéras* que nous improvisions, et qui devaient sûrement paraître ridicules aux éventuels spectateurs, comportaient la *signification* que je voulais ou que nous voulions échanger. Mais d'abord ils comportaient le *sens* des représentants d'affects et de pulsions codés dans les mélodies, les rythmes et les intensités qui étaient plus (sinon exclusivement) accessibles à Paul. « Viens me voir » (do-ré-mi) ; « Comment allez-vous » (do-si-la), etc.

Peu à peu, par ce jeu vocal mais en réalité pluridimensionnel (sémiotique et symbolique), l'enfant sortait de son inhibition et se mettait à varier de mieux en mieux ses vocalises. Parallèlement, il a commencé à écouter beaucoup de disques et à reproduire les mélodies. Progressivement, les paroles. J'avais l'impression d'accorder un instrument de musique, de me familiariser avec lui, et de faire surgir, de ce corps résonnant, de plus en plus de possibilités inattendues et complexes. Ainsi, par l'opéra, nous avons développé l'articulation précise des phonèmes dans le chant, sans qu'il y ait de travail technique de prononciation à proprement parler, mais en misant sur la possibilité et le plaisir d'articuler et de s'entendre dans la mélodie. Une fois assuré de savoir prononcer en chantant — donc avec le souffle, les sphincters, sa motricité, son corps —, Paul a accepté d'utiliser ses phonèmes acquis dans l'opéra, désormais, dans la parole courante. Et ceci avec une précision articulatoire que peu d'enfants possèdent. Le chanteur est devenu parleur.

Je ne vous parlerai pas du travail proprement analytique que nous avons accompli. J'insiste sur le fait qu'il est indissociable de l'avènement du langage qu'il a favorisé.

« Je viens, papa »

Des difficultés sont apparues aux stades suivants, que l'imaginaire nous a permis une fois de plus de lever. Un exemple parmi d'autres : *l'indistinction des pronoms personnels de 1re et de 2e personne, je/tu, moi/toi.* Cette confusion trahissait la dépendance de Paul vis-à-vis de sa mère. La participation de la jeune femme, qui a pu se détacher de son enfant-prothèse narcissique investie dans la dépression qu'elle avait subie à la suite des déficiences de son fils, a été la clé de la cure. Toutefois, le point d'orgue de la distinction *je/tu* fut l'identification de Paul à Pinocchio (le personnage du célèbre conte). Particulièrement dans l'épisode ou le petit garçon sauvait son père Gepetto des mâchoires de la baleine Monstro. « Au secours, Pinocchio », implorait le vieux père. « *Je* viens, *papa*, attends-*moi*, n'aie pas peur, *je* suis à *toi* », répondait Paul. Cette histoire permettait à l'enfant d'échapper au pouvoir de la dévorante baleine, de ne plus être la victime. De plus, Paul prenait sa revanche sur le père. Il pouvait maintenant dire « je », à condition de ne plus se sentir menacé ni d'engloutissement ni de castration. Le « tu », c'est-à-dire le signe avec lequel on désignait Paul — l'enfant malheureux, le souffre-douleur — était, dans le conte, un autre. L'autre (« tu ») redouté qui fusionnait avec la mauvaise part de lui-même, il pouvait désormais l'aimer, ce malheureux. Car il était représenté dans le conte par Gepetto, le père bienveillant et doué. Un bon « tu » remplaçait le mauvais « tu ». Par le biais de cette idéalisation, l'autre (« tu ») pouvait se séparer de soi (« je ») et être nommé autrement que soi-même. En même temps, Paul accédait au rôle de héros, et, à cette condition seulement, il pouvait se désigner par un « je » et non par un « tu » sorti de la bouche de sa mère. Le « tu » avait aussi une place qui ne se confondait pas avec le mauvais « je ». C'était la place de l'autre (Gepetto) qui pouvait subir des épreuves sans être un enfant impotent. Avec et à travers les malheurs reconnus de cette position victimaire, le « tu » désignait le rôle d'une dignité certes en danger, mais souveraine et aimable (*tu* étais un autre héros, l'autre du héros), avec laquelle le héros Pinocchio pouvait échanger d'égal à égal, c'est-à-dire de différent à différent.

Quelques conclusions s'imposent à la suite de ces premières indications sur mes entretiens avec Paul dont je ne donne ici que de brefs éléments.

Si tous les analystes ne sont pas orthophonistes, j'imagine que tous les orthophonistes rejoignent la fonction des analystes lorsqu'ils font accéder l'enfant au langage. Et je me permets de rendre ici hommage à cet art tenace et souvent invisible — l'art analytique — que vous pratiquez, je suppose, au fondement de ce que l'on prend souvent pour une simple technique d'apprentissage mécanique.

Le discours est un fait psychique complexe qui ne se réduit pas à la dimension, que j'ai appelée *symbolique*, des catégories grammaticales et de leur assemblage. Il comprend la modalité sémiotique, qui est hétérogène à la langue. En elle se déploient les représentants psychiques des affects et, avec eux, la dramaturgie des désirs, des peurs et des dépressions qui ont un sens pour l'enfant même s'il ne parvient pas à s'inscrire dans la signification codée de la langue d'usage.

Pour entendre ce sens sémiotique infralangagier, l'analyste-orthophoniste devrait avoir une écoute maternelle optimale. J'ai fait confiance à la mère de Paul, ou plutôt elle m'a convaincue de l'existence du sens chez son enfant, puisqu'elle disait le comprendre et lui répondait sans avoir reçu une parole de lui. J'ai adopté son écoute et son déchiffrement de ce sens. Aujourd'hui, alors que la science est capable de rendre presque toutes les femmes génitrices, essayons de revaloriser la *fonction maternelle* : celle qui malgré tout (malgré la fonction de l'enfant d'être une prothèse narcissique, un objet contre-phobique, ou un antidépresseur provisoire) parvient à assurer une voie pour l'enfant vers la signification. Dans l'engendrement de la langue, dite en effet maternelle, la mère est souvent seule. Elle compte sur nous, surtout lorsque les difficultés neurologiques viennent compliquer le passage du sens à la signification, déjà problématique chez tous les êtres parlants. Dans les meilleurs des cas, la mère nous porte le sens. Il nous reste, à nous analystes, à trouver la signification. C'est dire que notre rôle est *plus-que-maternel* : par identification avec la relation entre la mère et l'enfant, nous reconnaissons et souvent nous devançons le sens de ce qui ne se dit pas. Par notre possibilité d'entendre la logique des affects emmurés et des identifications bloquées, nous permettons à la souffrance de sortir de son caveau. Ainsi seulement, le signifiant que nous employons — le signifiant de la langue d'usage — peut cesser d'être une enveloppe dévitalisée et inassimilable pour l'enfant. Et s'investir sur un sujet dont nous avons accompagné en somme la deuxième naissance.

Rares sont les mères qui parviennent toutes seules à donner de la signification au sens indicible de leurs enfants handicapés, puisqu'à celui-ci s'agglutine leur propre souffrance emmurée, présente ou ancienne. Lorsque cette nomination se produit, il faut chercher l'aide du tiers qui l'a favorisée (ce peut être la nôtre ou celle du père, ou d'une tierce personne) : qui a conduit la mère elle-même à reconnaître, à nommer et à lever sa dépression innommable, avant d'épauler son enfant à parcourir un chemin analogue. Car, même si les causes de la dépression chez l'un sont essentiellement biologiques et chez l'autre psychiques, le résultat en ce qui concerne le langage est similaire : il s'agit de la même impossibilité de traduire en signes verbaux les représentants psychiques de l'affect.

Le conte, metteur en scène des catégories grammaticales

L'imaginaire joue, en réalité, le rôle d'un metteur en scène des conditions psychiques qui sous-tendent les catégories grammaticales. L'imaginaire évite que le langage, parfois acquis par imitation ou forçage répétitif, ne s'exerce comme un artifice à l'usage d'un « faux-self ». Malgré ses retards, Paul n'a jamais présenté les symptômes de la personnalité « comme si ». L'enfant étonnait par sa capacité à utiliser de manière créatrice toutes ses performances — au début modestes et au-dessous « de son âge ».

Enfin, le *temps* de l'imaginaire n'est pas celui de la parole. Il est le temps d'une histoire, de la petite histoire, du « muthos » au sens d'Aristote : temps où se noue un conflit et se dénoue une solution, c'est-à-dire un chemin, dans lequel peut se tenir le sujet de la parole. C'est un temps tortueux, qui comprend le hors-temps de l'inconscient, la lassante répétition de l'éternel retour, l'irruption subite de la souffrance qui peut prendre le visage de la colère. Et enfin l'éclaircie de la compréhension, à rebours de laquelle on apprécie l'intrigue antérieure comme ce qu'elle

LES NOUVELLES MALADIES DE L'ÂME

n'apparaissait pas initialement, dans la confusion de l'indicible — comme un projet latent, comme un avancement implicite vers un but. Mais, dans les dédales internes à ce temps imaginaire, combien de nuits obscures, d'attentes, d'exaspérations. Jusqu'à ce que le temps de la parole (du symbolique) advienne, qui est le temps linéaire de la syntaxe *(sujet/prédicat)* où celui qui parle se représente un acte qui est l'acte du jugement. Toutefois, comme nous sommes soulagés d'entendre l'énoncé par l'enfant de ce temps lumineux du jugement, n'oublions pas — lorsqu'il se brouille, lorsque l'enfant nous dérobe brusquement et de nouveau cette signification syntaxique et jugeante que nous croyions déjà acquise une fois pour toutes —, n'oublions pas de reprendre le labyrinthe du temps imaginaire. Car, de piétiner de nouveau en lui, pourra nous aider à dénouer l'impasse logique où l'enfant s'est trouvé bloqué.

Paul employait correctement les temps verbaux *(présent, passé et futur)* lorsqu'il s'agissait d'une conjugaison ou d'un exercice de grammaire. Mais lorsqu'il racontait lui-même une histoire, il employait toujours le *présent*. L'adverbe seul indiquait qu'il se repérait effectivement dans un *avant*, un *maintenant* et un *après*, mais son énonciation personnelle du système verbal n'assumait pas encore cette distinction. « Avant, je suis bébé, disait-il ; maintenant, je suis grand ; après, je suis pilote de fusée. » Les catégories du temps verbal restaient abstraitement acquises puisqu'il les récitait dans les conjugaisons, mais elles ne venaient pas créativement dans la parole de Paul. Ce sont des *contes de métamorphose* qui nous ont conduits à intégrer les *shiftérisations* temporelles dans le discours de Paul.

L'amour installe le temps

Ainsi, un parmi d'autres, *La Belle au bois dormant*. La princesse avait seize ans lorsqu'elle fut endormie par la Fée malfaisante ; cent ans se sont écoulés ; enfin, elle fut réveillée de son sommeil par l'amour du prince, pour rejoindre la fraîcheur de sa jeunesse de seize ans, mais pas à la même époque. Ce thème de la résurrection où une personne apparemment morte se retrouve toujours la même, mais vivante et transposant son passé par-delà la césure du sommeil dans un contexte nouveau, inconnu et surprenant, permet de mesurer l'écoulement de la durée. L'enfant s'identifie à l'enfance passée de la Belle au bois dormant (« elle a été »). Il s'identifie ensuite au temps zéro mais massif du sommeil, qui représente aussi la stagnation du moment présent où il piétine dans ses difficultés, ne comprend pas, « dort » (« elle dort »). Enfin, il s'identifie au temps de la réanimation, qui équivaut à un projet, à une vie future, laquelle est cependant déjà réalisée (« elle revit par l'amour, elle vivra »). Sans menace de séparation, avec l'assurance du futur comme retrouvailles, comme re-naissance. Plus précisément encore, il m'a semblé que c'est la distinction faite par le conte entre un présent-trou, présent confusionnel (le sommeil), et un présent-démarrage, acte et réalisation (le réveil), le premier s'éloignant vers le passé, le second ouvrant la vie future, qui fut pour Paul le véritable déclic. Il a positionné le passé et le futur, et a permis à l'enfant de voyager sur le trajet des catégories temporelles.

On notera que ces histoires qui structurent le sujet et créent ainsi les préconditions des catégories linguistiques sont des histoires d'amour. Méditons quelques secondes là-dessus, et pensons-y lorsque se présente à nous un enfant au sens indicible.

Deuxième partie

L'HISTOIRE

Lire la Bible*

Deux attitudes devant le sacré

Lire la Bible comme on lit *Le Capital* ou *Les Chants de Maldoror*, y déchiffrer les entrelacs d'un texte semblable aux autres, est sans doute une attitude issue du structuralisme et de la sémiologie. Cela peut paraître réducteur ou scandaleux. Il ne faut pourtant pas oublier que toute interprétation du fait ou du texte religieux présuppose la possibilité de le constituer en objet d'analyse. Quitte à s'apercevoir qu'il recèle de l'inanalysable. On peut certes s'interroger sur l'obsession interprétative qui s'acharne à faire dire au texte sacré ce qu'il dit sans le dire. Et je reviendrai plus loin sur ce que je crois être le mobile de cet éternel retour, glorieux ou profane, à la divinité.

Les « sciences humaines », tributaires d'une rationalité qui aspire à dévoiler la logique universelle déposée dans un mythe, un texte hiératique ou un poème, sont conduites, face à la Bible, à n'étudier que la logique ou la rhétorique du texte. Elles ne

* *Esprit*, n° 9, septembre 1982, pp. 143-152.

tiennent pas compte, au départ, de sa puissance sacrée. Mais elles espèrent découvrir, au bout de cette analyse positive et neutre, le mécanisme, l'énigme même, de ce qui est reçu comme « saint » et qui, implicitement, opère en tant que tel. Le texte biblique se prête peut-être mieux que les autres écritures à l'auscultation sémiologique. En effet, les traditions talmudique et kabbalistique, en ouvrant la voie aux interprétations, en appellent toujours une de plus. En outre, le Livre domine l'expérience religieuse judaïque, il en éclipse le rite ou, davantage, en le prescrivant, il le dépasse au bénéfice de la lettre, de ses valeurs interprétatives et du Sens Un mais Infini qui soutient le désir de l'homme face à son Dieu. La lecture et l'interprétation de la Bible ne sont-elles pas, à la limite, le rite dominant, l'épuisement même du rituel et du sacré judaïques dans le langage et la logique ?

On pourra rappeler, parmi ce type de lectures de la Bible, des travaux qui s'inspirent d'écoles différentes mais qui n'en demeurent pas moins solidaires par leur recherche commune d'une logique profonde, productrice de la valeur sacrée du texte biblique.

Ainsi, le fonctionnalisme de Mary Douglas. Celle-ci a démontré, à côté et indépendamment de spécialistes en sciences religieuses comme Jacob Neusner[1], que les tabous alimentaires lévitiques obéissent à la loi universelle d'exclusion, selon laquelle l'impur est ce qui choit hors d'un ordre symbolique. L'obsession

---

1. *The Idea of Purity in Ancient Judaism*, Leiden, E. J. Brill, 1973.

biblique de la pureté apparaît alors comme la pierre angulaire du sacré. Mais elle n'est qu'une variante sémantique de la nécessité de séparation qui constitue une identité ou un ensemble comme tels, qui spécifie la culture contre la nature, et qui se trouve célébrée dans tous les rites de purification fondateurs de cette immense catharsis qu'est la société et sa culture[1].

Une lecture plus sémiologique des abominations lévitiques est proposée par J. Soler. Il y déchiffre la mise-en-récit et en rite d'une taxinomie basée sur la séparation et l'exclusion des mélanges[2]. Initialement dominée par la dichotomie vie/mort, elle correspond au couple Dieu/homme et résume l'interdit « Tu ne tueras point ». Le code des abominations lévitiques (II-26) devient à la longue un véritable code de différences chargé de débusquer et d'écarter la confusion. On pensera à l'exemple des tabous alimentaires qui frappent les poissons, les oiseaux et les insectes associés respectivement à l'un des trois éléments (mer, ciel, terre) : seront impurs les aliments qui confondent et mélangent ces éléments. Selon cette interprétation, les tabous lévitiques suggéreraient que la confusion fondamentale est l'inceste. Cela peut se déduire, entre autres et presque directement, du fameux précepte : « On ne fera pas cuire un chevreau dans le lait de sa mère » (Ex. 23, 19 ; 34 ; Deut. 14, 21).

---

1. *Cf.* Mary Douglas, *De la souillure*, Maspero, 1971.
2. *Cf.* J. Soler, « Sémiotique de la nourriture dans la Bible » in *Annales*, juillet-août 1973, p. 93 *sqq.*

D'un autre côté, E. M. Zuesse approfondit la valeur hypostasiée de cette figure de l'exclusion. Il remarque dans la Bible une logique métonymique du tabou (elle opère par déplacement) qui s'opposerait à la tendance métaphorique (qui opère par suppression et substitution) du sacrifice. L'auteur suggère, en conséquence, que la Bible impose la fin de la religion sacrificielle au profit d'un système de règles, d'interdictions et de morale[1].

Arrêtons ici l'évocation de quelques travaux qui, ces dernières années, parallèlement à une science historique ou philologique des religions, en particulier du judaïsme, sinon indépendamment d'elle, ont contribué à éclairer le fonctionnement de la pensée biblique. Leur apport me paraît essentiel à la compréhension de la Bible. Il repose cependant sur une forclusion considérable : celle du sujet de l'énonciation biblique, et par voie de conséquence celle de son destinataire. *Qui parle dans la Bible ? Pour qui ?*

Cette question est d'autant plus importante en l'occurrence qu'il semble s'agir d'un sujet qui, loin d'être neutre ou indifférent comme celui des théories interprétatives modernes, maintient au contraire avec son Dieu une relation spécifique de *crise* ou de *procès*. S'il est vrai que tous les textes dits sacrés parlent des états limites de la subjectivité, il y a lieu de s'interroger sur ces états particuliers que connaît le narrateur biblique. C'est donc à une dynamique

---

1. E. M. Zuesse, « Taboo and the Divine Order » in *Journal of the American Academy of Religion*, 1974, t. XLII, n° 3, pp. 482-501.

intra- ou infrasubjective du texte sacré que sera conduite à s'intéresser une telle lecture. Cette dynamique se manifeste, bien entendu, dans les figures du texte lui-même. Mais son interprétation dépend de la prise en compte d'un *nouvel espace*, celui du sujet parlant. Celui-ci cesse, désormais, d'être le point opaque qui garantit l'universalité des opérations logiques, pour s'ouvrir en espaces analysables. Je fais ici allusion à la théorie freudienne car elle peut reprendre les résultats des analyses bibliques évoquées ci-dessus pour les déployer dans l'espace subjectif. Une interprétation qui intérioriserait ces découvertes comme des dispositifs spécifiques à certains états du sujet de l'énonciation permettrait de dépasser la visée simplement descriptive. Elle pourrait éclairer l'impact du texte biblique sur ses destinataires.

Ainsi, pour nous en tenir aux figures caractéristiques des tabous alimentaires bibliques, il nous est apparu dans un premier temps[1] que l'objet exclu par ces règles, quelles qu'en soient les variantes dans le récit biblique, désigne en dernière instance la mère. Il nous est impossible de reprendre ici le raisonnement qui nous a conduit à cette position, et nous nous permettons de renvoyer le lecteur à notre *Pouvoirs de l'horreur*. Disons seulement qu'il s'agit de ne pas s'arrêter aux détails de l'opération logique d'exclusion qui sous-tend l'instauration de ces tabous. Au contraire, il faudrait porter attention à la valeur

---

1. *Cf.* J. Kristeva, *Pouvoirs de l'horreur, essai sur l'abjection*, Seuil, 1980.

sémantique et pragmatique de l'objet exclu. On aperçoit alors — entre autres — que se séparer de la mère, la repousser, l'« abjecter », et, dans cette négation, la reprendre, se définir à travers elle, la « relever », constitue un mouvement nécessaire au texte biblique dans sa lutte contre les cultes maternels du paganisme antérieur ou environnant.

Or, l'analyste, pour sa part, constate lui aussi la nécessité de cette abjection dans l'avènement du sujet comme être parlant. L'écoute de la petite enfance et de l'acquisition du langage démontre que le rejet de la mère fait de celle-ci le premier objet de besoin, de désir ou de parole. Mais un objet ambigu qui, avant (logiquement et chronologiquement) d'être fixé comme tel et de donner ainsi lieu à un sujet séparé, est en fait un *ab-ject* : un pôle de fascination et de répulsion. Immersion dans ce qui n'est pas encore un « propre » et distorsion dramatique de la dyade narcissique.

Plus encore, les symptomatologies phobique et psychotique qui manifestent les incertitudes des limites subjectives (moi/autre, dedans/dehors) comportent cette fascination agressive vis-à-vis de la mère. Dans le discours de l'adulte, la mère apparaît alors comme un lieu d'horreur et d'adoration. Elle est parée de tout le cortège des objets partiels, de dégoût et d'analité, mobilisés pour assurer aux frontières l'intégralité fragile d'un moi en crise.

Dans cette optique, on peut penser que le texte biblique qui, dans le Lévitique, trace les limites précises de l'abjection (de la peau à la nourriture, au

sexe et à la morale) accomplit une véritable archéo-
logie de l'avènement du sujet. Il relate en réalité son
décollement délicat et douloureux, point par point,
couche après couche, étape par étape, sa sortie de la
fusion narcissique vers une autonomie jamais tout à
fait « propre », jamais achevée, jamais solidement
assurée dans l'Autre.

L'interprétation que je suggère est une mise en
parallèle entre le Lévitique et la dynamique
préœdipienne de la séparation du sujet. Si cette
interprétation est fondée, elle explique, du moins en
partie, la valeur cathartique du texte biblique, dans
les situations fragiles de la subjectivité. Le Lévitique
me parle en me trouvant là où je perds mon
« propre ». Il reprend mes dégoûts, reconnaît les
malaises de ma peau, les accidents plaisants ou
déplaisants de ma sexualité, les compromissions ou
les rigueurs pénibles de ma vie communautaire. Il
est à la frontière même de mes défaillances, *parce
qu'il a sondé le désir ambivalent pour l'autre*, pour
la mère comme premier autre, *à la base, c'est-à-dire
de l'autre côté de ce qui me constitue comme être
parlant* (séparant, divisant, liant). La Bible est un
texte qui plonge sa parole du côté de ma perte, mais
pour me permettre, en en parlant, d'y faire face en
connaissance de cause.

Connaissance inconsciente, soit. Cependant elle
me constitue, moi, lecteur ou lectrice de la Bible,
comme un habitant des frontières : des lignes de
démarcation où se séparent et se confondent ma
solidité et ma fragilité. La valeur dite sacrée du texte
biblique réside peut-être là : donner sens à ces crises

de la subjectivité au cours desquelles, secoué par l'objet-abjet du désir, le sens m'échappe et « je » suis menacé de basculer dans l'indifférence d'une fusion narcissique létale.

La littérature sacrée de tous temps n'a peut-être jamais fait qu'énoncer, sous les différentes formes du sacrifice, le *meurtre* comme condition du Sens. Elle a insisté, en même temps, sur la vertigineuse menace que la *libido fusionnelle* fait peser sur le sens qu'elle peut emporter, annihiler, tuer. Toutefois, le message des abominations bibliques est particulier, unique : pour que tu ne tues pas, il faut te séparer de ta mère. Ce qui garantit le désir et préserve de sa pointe le désir de mort c'est le sens. Tu déplaceras ta haine dans la pensée, tu forgeras une logique en guise de garde-meurtre ou de garde-fou. Son arbitraire sera ton sacre. Jamais, nulle part mieux que dans la Bible, on n'observe cette relève du sacrifice dans le langage, ce dépassement ou déplacement du meurtre dans le système du sens. C'est ainsi que ce *système*, faisant contrepoids au *meurtre*, devient le lieu où toutes nos crises se déchaînent et se résorbent. Le pivot de cette opération biblique semble être la conception très particulière qu'elle a du *maternel* : terre promise à condition qu'on la quitte ; objet de désir à condition qu'on y renonce et l'interdise ; délice et meurtre, « abject » inéluctable, dont la conscience me hante, ou plutôt qui est la doublure constituante de ma conscience. « C'est que vos mains sont souillées de sang / et vos doigts de fautes » (Is. 59, 3).

L'amour irreprésentable

L'amour du peuple juif pour son Dieu est maintes fois souligné dans la Bible, exigé ou fustigé quand il est insuffisant. Mais les vieux textes sont moins prolixes sur l'amour de Dieu pour Israël. On n'en trouve que deux références :

— 2 Sam. 12/24 : « Puis David consola Bethsabée, sa femme, et il vint vers elle, il coucha avec elle et elle enfanta un fils, elle l'appela du nom de Salomon et Yahvé l'aima, il le lui manda par le prophète Nathan et il l'appela du nom de Yedidyah (aimé de Yah) à cause de Yahvé. »

— 1 Reg. 10/9 : La Reine de Saba affirme que Yahvé aime Israël : « Béni soit Yahvé, ton Dieu, lui qui s'est complu en toi... »

L'Agapê chrétienne inversera la situation et postulera que l'Amour nous tombe du ciel avant même que nous ayons à aimer. L'amour du Dieu biblique envers son peuple s'exprime autrement. Pour immédiat qu'il soit, il n'exige ni mérite ou justification : amour tissé de préférences et d'élection déterminant d'emblée l'aimé comme sujet, au sens fort du terme. Les vieux textes bibliques n'y insistent pas, ou lorsqu'ils en suggèrent l'existence, insinuent que cet amour est irreprésentable. On peut en voir l'indice dans le fait que c'est par Nathan, mais sans parole, qu'il est dit que Salomon est aimé. Plus encore, le nom de l'enfant Yedidyah (aimé de Dieu) ne réapparaît plus dans le récit. Quant au second passage, c'est une étrangère qui parle de l'amour de Dieu, elle s'exprime par énigmes...

Nous touchons là au problème central du Dieu biblique : il est innommable, invisible, irreprésentable. Que ces qualités s'appliquent particulièrement à son *amour*, comme on le voit dans les passages cités, est pour l'analyste une piste qui peut aider à éclairer un aspect de la si complexe question de *l'interdit de la représentation* dans la Bible.

Avant toute saisie œdipienne de l'amour du père ou pour le père, l'analyste constate, lorsqu'il écoute évoquer les blessures narcissiques, ou, mieux encore, les sujets constitués par la blessure narcissique, une présence très fantomatique et cependant solide du père. Ce mirage archaïque de la fonction paternelle, qui se profile aux abords du narcissisme primaire comme garantie ultime de l'identité, pourrait bien être appelé un Père imaginaire. Tandis que son existence réelle paraît hallucinatoire, il semble édifier, par contre, la clé de voûte des capacités sublimatoires, notamment artistiques. Ce Père-là, condition de l'Idéal du Moi, Freud l'a défini comme support de l'« identification primaire » en lui donnant le nom de « Père de la préhistoire individuelle » *(Vater der persönlichen Vorzeit[1]).* Freud postule que son appréhension est « directe et immédiate » *(direkte und unmittelbare).* Il précise qu'il est un conglomérat des deux parents et des deux sexes. L'immédiateté de cet absolu, ramenée à la saisie mystérieuse et

---

1. S. Freud, « Le Moi et le Ça » in *Essais de psychanalyse*, p. 200.

immédiate par le jeune enfant d'un Père-Mère de la préhistoire individuelle, garantit ses capacités d'idéalisation. Voilà qui éclaire d'une lueur scandaleuse les aspirations théologiques ou antithéologiques de la philosophie. On connaît en effet le projet de la philosophie, de Hegel à Heidegger, de fonder le sens de l'être en interprétant l'immédiateté de la présence absolue, de la *parousie*[1]. Force est pourtant de constater que cette figure biface et bisexe de la parenté comme instauratrice du symbolique est le point ultime auquel peut parvenir l'analyse à la recherche de ce qui n'est déjà plus du narcissisme. Sans que pour autant l'autonomie symbolique (et la séparation sujet-objet qu'elle suppose) soit acquise.

Degré zéro de la symbolicité, ce Père imaginaire, qui a de fortes chances d'être le père désiré par la mère (son père à elle ?), est donc au centre du foyer vers lequel convergent les processus qui conduisent non plus à l'apparition de l'objet (sur cette voie, nous avons trouvé l'*abject* et l'obsession séparatrice), mais à la *position de la subjectivité* au sens d'un être pour, par l'Autre. La précocité de cette instance, sa médiatisation par le désir de la mère font que le sujet l'éprouve comme rebelle à la représentation, en deçà ou au-delà de la panoplie signifiante apportée par l'œdipe. L'amour du Dieu biblique ne fait pas de doute pour ses fidèles. Irreprésentable, fugace, toujours là mais invisible, il m'échappe et m'incite

---

1. *Cf.* J. Kristeva, « L'abjet d'amour » in *Confrontation,* n° 6, 1981, pp. 123-125, repris in *Histoires d'amour*, Denoël, 1983, pp. 53-65, Folio « Essais », Gallimard, 1985.

à sortir de mon narcissisme, à me risquer, à m'exposer même aux souffrances et aux persécutions pour le mériter. Ne plonge-t-il pas ses racines dans cette indéracinable, archaïque et solide conviction qui habite et protège ceux qui l'acceptent? La conviction qu'il existe un père préœdipien, un *Vater der persönlichen Vorzeit*, un Père imaginaire?

La psychanalyse, « science juive » ?

Interpréter le sens du texte sacré comme une élaboration des conflits psychiques aux abords de la psychose présuppose, on l'aura remarqué, une attention, voire une vulnérabilité, du psychanalyste au texte biblique. Pourquoi l'écoute analytique, depuis Freud, semble-t-elle invariablement déboucher sur le sacré et plus spécifiquement sur le sacré biblique?

On pourrait prétendre que la position interprétative elle-même y invite. J'ai à entendre, et à interpréter par le silence ou la parole, un discours qui n'a pas ou plus de sens pour son sujet et qui, pour cette raison, est vécu dans la souffrance. Je suis frappée, cependant, de constater que jusque dans les éclatements les plus dramatiques de l'identité subjective ou de la cohérence linguistique, un déjà-là du sens habite les analysants. Père imaginaire? Père de qui?

Parallèlement, la construction interprétative de l'analyste, qui accueille cette parole dans le transfert ou le contre-transfert, se donne elle aussi comme la butée d'un sens possible (lorsque je communique une interprétation) ou d'un sens arbitraire, sinon excentrique (lorsque j'introduis un silence). Délirante pour autant que mon seul désir la justifie, cette construction interprétative est néanmoins ma seule façon — *la* seule façon ? — de conduire la parole de l'analysant de son éclipse à une certaine autonomie. Sans que les crises soient déniées, mais aussi sans que je m'y arrête ni m'y complaise. Je propose donc une construction imaginaire qui a fonction de vérité indéfinie, infinie. Contrairement à l'interprétation positiviste qui cerne une réalité en se donnant le dernier mot, le mot du pouvoir, l'interprétation analytique — discours imaginaire à fonction de vérité — évoque immanquablement le statut particulier d'une fiction, d'un *texte.*

D'un texte sacré ? Cette hypothèse, qui n'est pas à écarter d'emblée, a de quoi alerter les rationalistes de tous bords : un psychanalyste est impensable, semble-t-il, au Collège de France. Pourtant, on s'aperçoit vite que le texte de l'interprétation analytique désamorce les croyances : un psychanalyste demeure suspect, il est banni des temples et des églises. Pourquoi ?

Ce n'est pas le « désir » que la psychanalyse retranche, en le normativant ou en le comprenant, comme on l'a trop souvent dit. Elle coupe, oui. Mais les ailes du Phénix de la Foi : de l'*assujettissement du désir à un objet fascinant*, à la limite innommable. Que cet objet s'enrobe des parures de la Déesse mère qui interpelle, avec nos fantasmes d'origine, jusqu'à nos désirs d'interprétation — voilà qui n'échappe pas à l'analyste. Dès lors, il ne peut que s'éloigner de la Foi en la Déesse Raison comme de la Foi religieuse.

L'analyste lit donc dans la Bible un traitement, par une mise-en-récit précise, des symptômes qu'il a lui-même à interpréter. Mais ce bord à bord avec la narration biblique débouche sur une bifurcation. Face au Sens hypostasié de l'Autre, l'analyste maintient l'interprétation : il détrône cet Autre, Père ou Loi, de son pouvoir fascinant.

L'analyste n'ignore pas que le désir interprétatif, décapant et frustrant pour le fantasme de l'autre, s'ombilique lui-même dans le fantasme d'un retour à la mère. Il est vrai qu'une telle attitude révèle, sous la rigueur du monothéisme, l'obsession maternelle païenne qui la travaille. Mais la psychanalyse ne parvient à éviter le piège d'un jungisme archétypal qu'en voyant, dans sa propre jubilation sadomasochiste à toucher la source du dire, une captation par l'Objet innommable (à travers la Loi du père, la fascination maternelle). Donateur de sens, l'analyste devrait aussi, à la longue, scier la branche, le fauteuil sur lequel il est assis. Car le moteur de la foi est le fantasme d'un retour à la mère dont la foi biblique précisément nous éloigne. L'ambiguïté dont il s'agit fait du judaïsme, lorsqu'il est complètement intériorisé, la moins religieuse des religions.

Le christianisme a révélé à son insu cette coulisse de la foi en étalant au grand jour, après la discrétion néo-testamentaire à ce sujet, les fastes de la Vierge[1].

---

1. *Cf.* J. Kristeva, « Héréthique de l'amour », in *Tel Quel*,

Contrairement à Freud, on pourrait soutenir que la présence de la Vierge dans le christianisme est moins un retour au paganisme qu'un aveu de la face cachée de la machine sacrée (de *toute* machine sacrée) qui, en nous prenant dans ses mouvements berceurs et broyeurs, ne nous laisse qu'une seule voie de salut : la foi dans le Père.

La psychanalyse ne fait pas moins mais plus. C'est dire qu'elle est « post-catholique » lorsqu'elle radiographie, d'abord, le *sens* comme un *fantasme*. Lorsqu'elle entend, ensuite, sous des fantasmatiques variées, le fantasme originel comme une adoration de l'objet-*abjet d'amour maternel*, cause de l'éternel retour. Et lorsque enfin elle inclut *sa propre démarche* dans le même trajet d'éternel retour. Une expérience qui devient, par cette triple boucle, une combustion.

Disons donc que tout cela se résout en feu. Celui d'Héraclite. Ou celui du buisson ardent. Ou celui dont fut brûlée la langue d'Isaïe. Ou celui qui éblouit les têtes des langues de la Pentecôte... Tel me semble être, en vérité, le destin du sens dans la séance analytique : polyvalent, indécidable, embrasé et cependant Un, tranchant ici et maintenant. Il oblige l'analyste, on en conviendra, à s'accrocher à la rigueur biblique, à sa logique et à son amour, pour que ce feu *soit* et ne se consume pas d'emblée. Qu'il ne soit pas non plus de la poudre aux yeux : n'y voir que du feu... Mais qu'il dise vrai, à un moment donné.

---

n° 74, hiver 1977, repris dans « Stabat Mater », in *Histoires d'amour*, *op. cit.*, pp. 295-327.

Ni biblique, ni rationaliste, ni religieuse, ni positiviste, la place de l'analyste est toujours ailleurs, déceptive, tout au plus étonnante par cette attention portée au vide. Une éthique de construction sinon de guérison, qui se bâtit non sur l'espoir mais sur le feu des langues. De quoi agacer les croyants, c'est-à-dire un peu tout le monde, contrairement à une opinion reçue. L'analyse, dit Freud, « exaspère » les êtres humains, elle les pousse à se contredire...

Le point central, et l'écueil de cet évidement par profusion que doit être la légèreté sereine de la fin jamais atteinte de l'analyse, y demeure cependant la logique biblique. Dénier la vigueur de son tranchant pour exhumer le corps ; décaper le Père pour déchiffrer la Mère ou le désir emmuré, conduit facilement à un antisémitisme de bonne foi qui, cliniquement, campe le patient dans le giron maternel du fantasme, de l'espoir ou de la dépendance. Le désêtre d'un être élu, exclu, est si pénible à assumer. Inversement, on peut se plaire dans une lecture rigoriste, « mathématique » du texte biblique, évitant les ambiguïtés et notamment cette part païenne lovée au corps maternel, qui borde, nous l'avons rappelé, le désir logique fondateur du monothéisme. Une telle lecture « scientifique » conduit à faire de la pratique analytique un lieu de prédilection de l'hystérie (pour homme et pour femme) aspirée par l'hainamouration paranoïaque, dirait Lacan, pour l'Autre. Ne l'a-t-on pas beaucoup vu dernièrement dans les écoles et les scissions ?

Que faire ?

Relisons, une fois de plus, la Bible. Pour l'interpréter certes, mais aussi pour y laisser se découper, se couper, nos propres fantasmes, nos délires interprétatifs.

Des signes au sujet*

L'Évangile selon Jean 6 (élaboré entre 50 et 90) peut être lu comme un débat sémiologique. A la conception des signes selon les « gens », Jésus oppose une autre interprétation. Il insère ces signes dans ce qui apparaît comme une théorie du sujet.

Ces « gens », « eux », les « Juifs » sont de toute évidence des opposants à la communauté johannique. Qu'ils appartiennent à la Synagogue, qu'ils en soient des dissidents, qu'ils représentent des disciples de Jacques — le frère de Jésus —, des partisans de Jean-Baptiste, ou une secte judéo-chrétienne, le problème est discuté par les historiens[1]. Ce n'est pas son aspect socio-historique qui nous intéressera ici. Nous remarquerons simplement que, pour fonder sa « haute Christologie », Jean s'engage dans un débat sémiologique. Son récit commence par assimiler les

* *Variations johanniques*, Cerf, CERIT, 1989, pp. 147-155.

1. *Cf.* Raymond E. Brown, *La Communauté du disciple bien-aimé*, Paris, 1983. Une excellente étude sur les travaux récents à propos de l'évangile de Jean est due à Xavier Léon-Dufour, « L'Évangile de Jean », *Bulletin d'exégèse du Nouveau Testament* in *Recherche des sciences religieuses*, avril-juin 1985, n° 2, pp. 245-280.

miracles effectués par Jésus aux signes magiques qui fondaient la foi des croyants avant le véritable christianisme dont Jean se réclame. Mais il traverse cette magie-là pour l'inscrire dans une autre compréhension de la foi.

Suivons ces renversements.

Jésus est d'abord magicien : « Et une grosse foule le suivait parce qu'ils voyaient les signes qu'il faisait sur les infirmes » (Jn 6, 2). Comble de sa technique, il prend les cinq pains d'orge et les deux poissons d'un petit garçon et les distribue à cinq mille personnes en les rassasiant. Tout le monde le croit naturellement « le prophète qui vient en ce monde » (Jn 6, 14). Enfin, il « marche sur la mer » (Jn 6, 19) vers Capharnaüm.

Cependant, l'évangéliste se propose désormais de donner un nouveau sens à ces miracles. Ont-ils la même valeur que celle connue par les « gens » et que la Bible relate ? S'agit-il d'une simple réminiscence de l'épisode de la « manne dans le désert » que Moïse a donnée à son peuple ? « Quel signe nous feras-tu voir pour nous fier à toi ? quelle œuvre ? Nos pères ont mangé la manne dans le désert, comme il est écrit : Il leur a donné à manger un pain du ciel » (Jn 6, 30-31). En bref : les signes de Jésus sont-ils une reprise des signes bibliques et, si oui, par quel signe le reconnaître ?

C'est ici que Jean fait construire par Jésus une nouvelle sémiologie.

D'abord, selon l'évangéliste, un signe n'est pas un indice formel pour celui qui le reçoit. Un signe n'a de valeur pour son destinataire que s'il répond aux besoins sensoriels du receveur. Reconnaissons donc les besoins corporels (la faim, la soif), car c'est en leur répondant que les « signes » obtiennent ce pouvoir qui leur confère leur statut de signes. Jean ajoute ici, par les propos de Jésus, une *doublure sensorielle aux signes.* Il les interprète comme une satisfaction des besoins primordiaux de survie : « Jésus leur répondit. Oui, oui, je vous le dis, vous me cherchez, *non parce que vous avez vu des signes, mais parce que vous avez mangé du pain et que vous avez été rassasiés* » (Jn 6, 26).

L'interprétation johannique des signes commence donc comme un sensualisme, sinon comme une réhabilitation des affects (« Vous avez faim et soif », dit en somme l'évangéliste), qui perdurera jusqu'au cœur symbolique du repas eucharistique.

La *vue* seule ne représente pas l'intensité de votre expérience envers ces « signes », insiste Jean. Cessez d'être fascinés par la vue de ce signe-don que vous avez reçu de Moïse-donateur. Au lieu d'être ainsi subjugués par lui, déplacez-vous... du côté de chez vous. Car vous n'êtes pas de simples destinataires du signe-don, vous *êtes.* Je vous dirai ce que vous êtes *vraiment* au fur et à mesure de mon récit. Pour l'instant, reconnaissez-vous affamés, assoiffés, dans le besoin...

A partir de là, un deuxième déplacement deviendra possible. Jean ne tarde pas à l'amorcer : de ces signes-aliments de vos besoins, il s'agira de passer à *je,* de se fier à *je.* « Je suis le pain de la vie » (Jn 6, 35). Qui est ce « je » ?

« Travaillez, non pour un aliment périssable, mais

pour un aliment qui demeure dans la vie éternelle, celle que vous donne le fils de l'homme. Car c'est lui qu'a scellé Dieu le Père » (Jn 6, 27).

Le sujet absolu est un « fils de l'homme » qui se soutient d'un rapport étroit à Dieu le Père. Parler de la *paternité* implique une généalogie charnelle. Cette évocation d'un lien de génération à l'intérieur d'un rappel des signes-miracles réintroduit avec insistance le corps et les sensations. Elle inscrit une fois de plus la communauté des constituants, en tant que corps physiques, à l'intérieur de la nouvelle sémiologie johannique.

Plus encore, le terme « sceller[1] » évoque la proximité indissociable entre le représentant (Fils) et le

---

1. *Sphragiô*, verbe dénominatif ; *sphragis*, sceau. L'étymologie de ces termes est obscure. Certains auteurs décèlent le sens d'« éclater », « crever », « briser » (le sceau faisant éclater l'argile ou la cire lorsqu'on l'appose) ou de « chauffer », « grésiller » ; en substantif on trouverait le sens de « fente ». Violence, effraction et formation par déformation seraient ainsi impliquées dans ce champ sémantique qui, par conséquent, ne serait pas étranger au thème de la « passion ». Toutefois, « l'usage du sceau étant préhellénique dans le monde égéen », on ne peut pas exclure un emprunt (*Cf.* p. ex. Chantraine, *Dictionnaire étymologique de la langue grecque*).

Le latin établit dans cette phrase de Jean 6 *« signavit »* et choisit la valeur de « sens » dans « sceller », écartant d'autres acceptions éventuelles.

On peut ajouter l'emploi du même terme par Grégoire de Nazianze au sens de « baptême », à comparer avec Paul : « [...] en lui donc après avoir eu foi vous avez été *marqués* du Saint-Esprit de la promesse » (Ép. 1, 13).

Le *Thesaurus Graecae Linguae* signale que par *sphragis* on a pu désigner la circoncision des Juifs en tant que signe d'un pacte avec le Dieu d'Abraham.

représenté (Père). D'une part, ils sont « serrés » l'un contre l'autre comme le sceau et sa trace, l'effraction et sa marque, le don et sa réception, l'offrande et son accueil, qui ne devient une satisfaction qu'à travers la souffrance de la blessure. D'autre part et en même temps, le verbe « sceller » implique une relation de sens entre les deux entités : le Fils « signifie » le Père, et cette signification est à déployer par *vous*, destinataires du récit évangélique. Comme le Fils s'est fié au Père, faites-lui confiance vous-mêmes. La *signification* est une *confiance* faite à l'autre, lui-même lié par sa propre confiance à son Père.

C'est dans ce trajet au moins ternaire que va se loger l'interprétation *subjective*. Une préexistence du sens est posée dans et par la personne du Père. Toutefois, scellé à lui, le Fils appartient d'emblée à cette hauteur. Le trajet de sa passion — de sa subjectivité — dévoilera à la fois la différence et l'appartenance réciproque des constituants. Pour finir, ce trajet révélera la préexistence de Jésus lui-même : « Avant qu'Abraham ait existé, *je suis* » (Jn 8, 58).

En d'autres termes, il faudrait « venir[1] » à Je/moi,

---

1. On a déjà insisté sur le caractère **spatial** de la révélation chez Jean : Jésus *vient de Dieu* (Jn 8, 42 ; 3, 19) ou *descend du ciel* (Jn 6, 38) ; *il vient dans le monde* (Jn 3, 19 ; 12, 46 ; 6, 14 ; 11, 27 ; etc.) ; *il s'en va en son lieu d'origine* (14, 2 ; 12, 28 ; 13, 1 ; etc.) ; il vient à nouveau après Pâques (14, 16, 16-22 ; etc.) (*Cf.* Virgilio Pasquetto, *Incarnazione e Communione con Dio*, Rome, 1982, cité par Léon-Dufour, p. 257). La signification absolue se présente comme un processus spatial, un chemin qui se déploie et dont il s'agit de penser les repères aussi bien que les moyens de transport.

et non pas se contenter de « voir » ou revoir tel
signe. Le signe est désormais une *trajectoire du sujet*
qui remplace le signe-don. On pourrait lire dans
cette perspective le passage polémique : « Oui, oui,
je vous le dis, Moïse ne vous a pas donné le pain
du ciel, c'est mon Père qui vous donne le véritable
pain du ciel » (Jn 6, 32).

Pour participer à la signification, il ne suffit pas
de repérer par la vue un indice de la présence du
Donateur. Il est important d'ouvrir cet espace qu'il
faut bien appeler subjectif et qui, à travers la
représentation (la « vue »), déploie essentiellement
la confiance entre le moi et le Père dans *une nouvelle
intériorité* [« je ne le jette pas dehors » (Jn 6, 37)].
« Mais, je vous l'ai dit, vous me voyez et vous ne
vous fiez pas. Tout ce que le Père me donne vient à
moi, je ne le jette pas dehors, car je suis descendu
du ciel pour faire, non ma volonté, mais la volonté
de celui qui m'a envoyé » (Jn 6, 36-38).

Par l'ouverture de cet espace intérieur et invisible,
les fondements sensoriels de la sémiologie johannique sont transposés dans une dimension intensément symbolique. Il ne s'agit pas de « voir » le Père
ni de « connaître » que le fils est un pain qui descend
du Ciel — comme on « connaît » son père et sa
mère (Jn 6, 41-46). Seul celui qui « vient » de Dieu
a « vu » le Père [« Non que personne ait vu le Père
sinon celui qui vient de Dieu et qui, lui, a vu le
Père » (Jn 6, 46)]. La *représentation* visuelle est une
fois de plus remplacée par une *provenance* à la fois
physique (voyage, filiation) et symbolique (donation
du sens) : c'est parce qu'il *se croit* signifié et généré

par le Tiers (le Père) que le Fils demeure dans sa confiance et suscite la confiance des autres. Le sens, s'il est subjectif, relève de cette confiance. D'avoir été disciple bien-aimé de Jésus, Jean a pu poser la confiance ou l'amour aux fondements de sa conception de la signification.

Où se situe, pour la communauté johannique, le levier d'accès à une telle sémiologique subjective ? Dans le repas eucharistique, par lequel le communiant est convié à « manger la chair du fils de l'homme » et à « boire son sang » (Jn 6, 53).

On peut entendre, dans cette assimilation orale et symbolique du Fils de Dieu par le croyant, une intense identification du participant à la messe avec le Sujet absolu — le Christ défini plus haut comme « scellé » par la confiance au Père et du Père. Il semble s'agir d'une identification fantasmatique qui mobilise aussi bien l'image que les sensations et les affects, et se déploie jusqu'à la signification abstraite couronnant ce parcours. Une véritable « transsubstantation » est aussi invoquée par le dynamisme de cette identification eucharistique, qui ouvre les divers registres de l'expérience subjective chez le croyant : des affects à l'amour sublimé, de la violence dévoratrice à la confiance assimilatrice et vice versa. « Qui mange ma chair et boit mon sang demeure en moi et moi en lui » (Jn 6, 56).

Nous sommes de nouveau déplacés : l'identification de « moi » à « lui » conduit le communiant à partager la passion du Christ, sujet absolu et modèle du croyant, et non à bénéficier seulement de ses dons. Sémiologiquement parlant, à partir de cette osmose paroxystique entre « moi » et « lui », qui s'opère dans l'eucharistie, les anciens déchiffreurs de signes devraient se transformer à leur tour en sujets. Non contents d'accueillir les indices d'un Donateur, ils deviennent aptes à déchiffrer *son* sens qui s'avère être, dans le creuset de cette identification, *le leur.*

Le bénéfice d'une telle *subjectivation des signes* est, selon Jean (Jn 6), double. D'une part, la participation fantasmatique au sens infini de Dieu ouvre au sujet le temps infini de l'interprétation : on dira qu'il a pour lui l'éternité. D'autre part, l'identification symbolique avec le Fils de Dieu, axée sur la parole, possède un effet direct sur le corps. On retrouve ici le soubassement sensoriel et affectif des signes, posé dès le début. A rebours maintenant : de se savoir uni par la parole au Sujet absolu, le croyant trouve une revitalisation de son propre corps. Cette expérience de la régénérescence sensorielle et corporelle par l'effet du transport — du transfert — à l'amour de l'autre est imaginée comme promesse de vie éternelle, de résurrection. « De même que le Père vivant m'a envoyé et que je vis par le Père, de même celui qui me mange vivra par moi » (Jn 6, 57).

Cependant, cet effet renaissant de la parole n'est qu'un effet rétroactif de l'acceptation du sens. Le récit de Jean s'achève sur une récusation des indices sensoriels au profit de l'« esprit » et de la « parole ». « C'est l'esprit qui fait vivre, la chair ne sert de rien. Les paroles que je vous ai dites sont esprit et elles sont vie » (Jn 6, 63). La christologie johannique est en effet très *haute*. Elle ne désavoue pas la présence charnelle du Sujet. Tout en fondant sur l'identification avec elle les effets régénérants de la messe, Jean ancre la foi dans une identification du moi avec le Sens du Fils scellé (donné) dans une passion au Père. « C'est pourquoi je vous ai dit que personne ne peut venir à moi à moins que cela ne lui soit donné par le Père » (Jn 6, 65).

On comprend la difficulté de cette exigence qui transcende aussi bien la connaissance rationnelle que le fétichisme des sectes ésotériques. Abandon et trahison s'ensuivent et sont prévisibles : « Dès lors beaucoup de ses disciples s'en retournèrent et ils n'allaient plus avec lui » (Jn 6, 66).

Il n'en reste pas moins que la réflexion de Jean propose au psychanalyste un parcours exemplaire En partant du signe-don qui assujettit les « gens » au pouvoir d'un Autre, la pensée johannique développe une théorie de l'amour-identification à deux niveaux (entre Jésus et Dieu ; entre le croyant et Jésus) comme fondement d'une subjectivité complexe. Au sein de celle-ci, le signe cesse d'être un don. En effet, le signe-don qui satisfait le besoin et le fait mourir s'inscrit nécessairement dans la finitude d'un pouvoir pour la mort (« non pas celui qu'ont mangé les pères et ils sont morts »). Désormais, le signe agit comme une plus-que-métaphore : transport au Père, emprise sur la violence des affects, relance de l'action interprétative infinie, et retour sur l'identité corporelle.

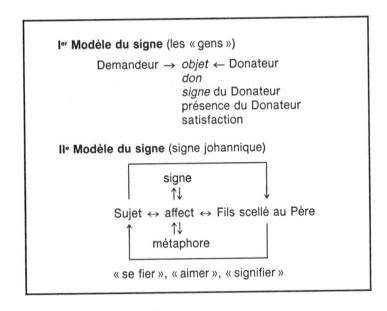

Iᵉʳ **Modèle du signe** (les « gens »)

Demandeur → *objet* ← Donateur
don
signe du Donateur
présence du Donateur
satisfaction

IIᵉ **Modèle du signe** (signe johannique)

signe
↑↓

Sujet ↔ affect ↔ Fils scellé au Père
↑ ↑↓
métaphore

« se fier », « aimer », « signifier »

Deux modèles du signe, en somme, se dégagent à la lecture de ce texte : le premier combattu, le second proposé. Une dynamique nouvelle de la *signification* s'ouvre avec Jean : circulaire (du Même à l'Autre), hétérogène (sens et affect), infinie (interprétation en jeu). Dans cette dynamique, le « don » du Fils au Père, la mort de Jésus, s'inscrit dans la confiance (le transport, l'amour). Elle relance l'infini du sens et de la vie, sans se figer ni en mort-satisfaction ni en pouvoir royal mortifère. Ce que Jésus précisément refuse.

On peut appeler cette circulation une traversée. Le « miracle » de la traversée de la mer par Jésus est en effet un des plus impressionnants. Mais cette traversée est inénarrable : la « barque touche terre » brusquement, et l'imagination seule est conviée à suivre la marche à pied de Jésus sur l'eau... Imaginaire, on peut dire que cette traversée est spirituelle.

De Jésus prestidigitateur, Jean fait en tout cas une intériorité chrétienne. Une histoire commence que balisent Plotin, les Pères de l'Église, Descartes, Hegel et tant d'autres. Et que l'incision freudienne permet, peut-être, d'aborder au plus près : de *dehors*. Pour métamorphoser le rite de l'assimilation eucharistique en une « épiphanie » du sujet.

Le roman adolescent*

Écrire à l'adolescence

Comme l'enfant, l'adolescent est une figure mythique de l'imaginaire. Elle permet de nous distancier de certaines de nos failles, clivages, dénis, ou simplement désirs. Elle nous les donne à voir, entendre, lire, en les réifiant dans la figure de quelqu'un qui n'a pas encore grandi.

Certaines époques furent amoureuses de l'enfance. Celle de Rousseau aspirait, à travers Émile, à la stabilité libérale d'un nouveau contrat social. L'époque de Freud et des premiers freudiens cherchait la connaissance, prudente mais assurée, des pervers polymorphes.

D'autres époques se reconnaissent volontiers dans l'ambiguïté des jeunes pages, ou picaros, ou délinquants, ou terroristes — de Casanova à Miloš Forman et à Mad Max... La nôtre semble être plus proche de ces dernières. Quels que soient les problèmes réels que posent les adolescents de notre temps, il apparaît, du point de vue que j'adopterai ici, que parler de l'« adolescent », et plus encore de

* *Adolescence*, 1986, *4*, 1, 13-28.

l'« écriture de l'adolescent », consiste à s'interroger sur le rôle de l'imaginaire dans le contre-transfert et sur son efficacité dans la cure pour le patient comme pour l'analyste.

J'entendrai par le terme « adolescent » moins une classe d'âge qu'une structure psychique ouverte. Comme les « systèmes ouverts » dont parle la biologie à propos des organismes vivants qui renouvellent leur identité dans l'interaction avec une autre, la structure adolescente s'ouvre au refoulé. Elle amorce en même temps une réorganisation psychique de l'individu grâce à un formidable assouplissement du surmoi. L'éveil de la prégénitalité s'ensuit, ainsi qu'une tentative de son intégration dans la génitalité. Après la stabilisation œdipienne de son identité subjective, l'adolescent remet en question ses identifications, ses capacités de parole et de symbolisation. La recherche d'un nouvel objet d'amour réactive la position dépressive et les tentatives maniaques de sa résolution — de la perversion aux toxicomanies et aux adhésions idéologiques et religieuses globales. Dans la mesure où la clé de voûte, l'Autre support de l'écriture, est le moi-idéal bien plus que l'idéal du moi, ces structures psychiques et l'écriture qui est leur corollaire obtiennent un aspect narcissique et pervers.

Comme il y a des personnalités *« comme si »*, il y a des personnalités qui sont des *« structures ouvertes »*. Elle intègrent le « comme si », mais aussi d'autres traits qui peuvent se manifester dans les structures perverses, sans qu'il y ait nécessairement des perversions précises. L'évolution de la famille moderne,

l'ambiguïsation des rôles sexuels et des rôles paren-
taux, le fléchissement des interdits religieux et moraux
sont parmi les facteurs qui ne structurent plus les
sujets autour d'une position ferme de l'interdit ou
de la loi. Les frontières entre les différences de sexe
ou d'identité, de réalité et de fantasme, d'acte et de
discours, etc., sont facilement traversées, sans qu'on
puisse parler de perversion ni de borderline. Ne
serait-ce que parce que ces « structures ouvertes » se
trouvent d'emblée en écho avec la fluidité ou l'in-
consistance de la société médiatique. Elles recourent
à la sublimation pour couvrir la plainte. L'adolescent
se trouve représenter *naturellement* cette structure
qu'on ne peut dire de « crise » qu'aux yeux d'une loi
idéale stable.

Essayons d'affiner la description de cette *structure
ouverte*. Insistons plutôt sur la valeur que peut y
prendre l'écriture. Celle-ci comporte au moins trois
registres :

1. *L'activité sémiologique productrice de signes
écrits*. Sous-tendue par son substrat linguistique,
l'écriture y adjoint cependant l'élément moteur :
maîtrise musculaire et anale, appropriation agressive
de l'autre mais aussi du corps propre, gratification
narcissique masturbatoire.

2. *La production d'une fiction romanesque*. Activité imaginaire, cette fiction emprunte aux codes de
représentation ou aux idéologies disponibles qui
filtrent les fantasmes personnels. Le « filtrage » peut
devenir une répression des contenus inconscients et
donner lieu à une écriture stéréotypée de clichés. Il
peut aussi permettre une réelle inscription des conte-

nus inconscients dans le langage et procurer à l'adolescent le sentiment d'utiliser, enfin et pour la première fois dans sa vie, un discours vivant, non vide, pas « comme si ». Plus réelle que le fantasme, la fiction produit une nouvelle identité vivante. Si un athée comme Maïakovski croyait à la résurrection, on peut penser que sa foi était soutenue par l'expérience de l'écriture.

3. *La dérobade à la sanction de l'autre.* Par son économie solitaire, l'écriture protège le sujet des affects phobiques. Si elle lui permet de réélaborer son espace psychique, elle le soustrait à l'épreuve de réalité. Le bénéfice psychique d'une telle soustraction est évident. Il n'est pas sans poser la question du rapport à la réalité dans l'expérience du sujet lui-même, et bien entendu dans la cure quand elle utilise ses textes.

J'évoquerai brièvement le cas d'une patiente de 18 ans, que je vois en psychothérapie une fois par semaine. Sans véritable élaboration fantasmatique, sujette à des délires et des passages à l'acte, elle aspire à être engagée dans la police et ne cesse de séduire toutes les variantes de gendarmes, de CRS, etc. Anne n'avait au début de son traitement d'autre discours que le récit de ce désir-délire et de ses passages à l'acte, sans aucune distance. Dans le transfert et en soulignant qu'elle aussi, comme moi, peut écrire d'amour, la patiente commence à faire des bandes dessinées représentant la vie des policiers et leurs aventures sexuelles. Petit à petit, les onomatopées cèdent aux bulles renfermant paroles et dialogues de plus en plus complexes. « Ces histoires avec les flics, c'est comme un rêve, un roman », dit-elle. A l'étape suivante, Anne s'imagine parolière de chansons d'amour, mais en anglais. On remarquera l'utilisation du dessin, puis de la langue étrangère, pour accéder à une représentation de plus en plus exacte des contenus inconscients. L'envoi de lettres à l'analyste se situe après, exprimant plus ouvertement la plainte et la douleur psychique. A l'intérieur des séances où elle apporte ses lettres et d'autres écrits, le discours d'Anne se modifie. Il se fait plus complexe, sa revendication moins immédiatement agressive, plus dépressive sans doute, mais par là même plus raffinée. L'écriture a pris la place des « forces de l'ordre ». Cette écriture « gardienne de la paix », provisoire certes, m'a semblé cependant permettre à Anne un répit pour s'approprier la mémoire de son passé.

Dans ce cas, mais aussi chez des adolescents qui n'ont pas la symptomatologie « borderline » d'Anne, je verrai l'écriture comme une pratique sémiotique qui facilite la réorganisation de l'espace psychique, avant la maturité idéalisée. L'imaginaire adolescent est essentiellement amoureux. Or l'objet amoureux, susceptible d'être perdu, réactive la position dépressive. A partir de cette position objectale, l'écriture adolescente (signe écrit + fantasme filtré par les codes imaginaires disponibles) reprend le processus d'apparition du symbole. Hanna Segal[1] l'attribue à la

---

1. *Cf.* « Notes on symbol formation », *International Journal of Psychoanalysis*, 1957, XXXVII, part. 6 ; trad. fr. in *Revue française de psychanalyse*, 1970, XXXIV, nº 4, 685-696.

position dépressive et elle la voit succéder aux
« équivalents symboliques » de la position para-
noïde. Avec ceci en plus que cette réactivation du
symbole, réactivation dépressive, s'accompagne pendant l'adolescence d'une élaboration fantasmatique
plus ou moins libre. Les fantasmes permettent un
ajustement des pulsions sous-jacentes *et des signes*
de la langue parlée ou écrite. En ce sens, l'activité
imaginaire et, plus encore, l'écriture imaginaire (par
la gratification narcissique et la protection phobique
qu'elle procure) donnent au sujet une chance d'élaborer un discours qui ne soit pas « vide », et qu'il
vit comme un discours authentique. J'ajouterai à la
position de Hanna Segal que, si l'écriture adolescente
se recueille dans une réactivation de la position
dépressive, c'est d'une position maniaque qu'elle se
soutient. Déni de la perte, triomphe du moi par le
fétiche du texte, l'écriture devient un complément
phallique essentiel. Sinon le phallus par excellence.
Elle s'appuie, pour cela même, sur une paternité
idéale.

Il se trouve que notre société ne prohibe pas une
telle affirmation phallique à l'adolescence. Au
contraire, l'adolescent a droit à l'imaginaire. C'est
par une invitation aux activités imaginaires que les
sociétés modernes remplacent, ou peut-être édulco-
rent, les rites initiatiques que d'autres sociétés imposent à leurs adolescents. Toujours est-il que l'adulte
n'y aura droit que comme lecteur ou spectateur de
romans, de films, de tableaux. Ou bien comme
artiste. D'ailleurs, qu'est-ce qui peut motiver une

personne à écrire, sinon le fait d'être une « structure ouverte » ?

L'écriture romanesque

L'écriture, au sens de l'élaboration d'un style, s'apparente donc au combat du sujet avec la schizophrénie ou avec la dépression. Sans se confondre avec elle, le genre romanesque lui-même est largement tributaire, dans ses personnages et dans la logique de ses actions, d'une économie « adolescente » de l'écriture. Dans cette optique, le roman serait l'œuvre d'un sujet-adolescent perpétuel. Témoin permanent de notre adolescence, il nous permettrait de retrouver cet état d'inachèvement, aussi dépressif que jubilatoire, auquel nous devons une partie du plaisir dit esthétique.

Plutôt que d'un clivage particulier chez l'écrivain, je parlerais d'une distance entre le moi et l'idéal du moi, le surmoi étant suspendu. Cependant, grâce à cette suspension, une *circulation* se fait entre les représentations d'un moi identifié à l'économie adolescente (dépression, projection, prégénitalité, narcissisme) et celle d'un idéal du moi. Elle permet à l'idéal du moi de témoigner, par déplacement et condensation, des conflits du moi.

Cette circulation est encore une structure ouverte. Mais elle se différencie de la structure ouverte de l'adolescence du fait que le moi-idéal qui dirige l'écriture adolescente est remplacé chez l'écrivain adulte par un idéal du moi beaucoup plus solide.

L'idéal du moi est chez l'homme fondé sur l'objet du désir de la mère, souvent le père de la mère (l'écrivain-homme écrit depuis la place de son grand-père maternel observant l'adolescent qu'il est). Chez l'écrivain femme, cet idéal du moi est soutenu par le père incestueux ou son équivalent. Cet ancrage de l'écriture féminine sur un père incestueux conduit à un éclatement dramatique de l'ambivalence (haine-amour) par rapport à la mère, plus lourd de dangers psychotiques pour la femme que pour l'homme.

Que le romancier prenne le rôle d'un adolescent représenté par un idéal du moi ; qu'il se reconnaisse dans l'adolescent ; qu'il soit un adolescent : le thème de l'adolescent dans le roman le démontre. Il nous apparaîtra comme une figure clef du genre romanesque en Occident.

Le page trahi devient traître.
L'ambivalence, valeur romanesque

Mozart a rendu immortelle la figure du page qui, Narcisse heureux, soupire, dans *Les Noces de Figaro*, la nuit, le jour, sans savoir si c'est d'amour. On n'a peut-être pas suffisamment souligné que les thèmes des premiers romans modernes, à la sortie du Moyen Age, s'élaborent dans les amours de page. De ces amours est faite la trame même de la psychologie romanesque.

On considère souvent que le premier roman en prose français, ni épopée ni chant courtois, est un texte d'Antoine de La Sale (né en 1385-1386, mort en 1460) intitulé « *Le Petit Jehan de Saintré* » (1456)[1]. Nous sommes en plein xvᵉ siècle, l'auteur est contemporain de la guerre de Cent Ans, de la bataille d'Orléans (1428) et de la mort de Jeanne d'Arc (1431). Une activité ecclésiastique fébrile atteste le bouleversement symbolique de l'époque : concile de Bâle (1431-1439), concile de Constance (1414-1418). Si ces événements n'entrent pas directement dans le texte, le roman atteste le passage du Moyen Age à la Renaissance : subsistance de discours médiévaux (en particulier, érudition) et apparition de nouveaux discours en lui. Ayant terminé ses premières études en Provence, A. de La Sale est d'abord page chez Louis II, roi de Sicile, dès l'âge de 14 ans. Vers 1442, il devient à la fois écrivain (il compile des textes historiques, géographiques, juridiques, éthiques, etc.) et précepteur (il écrit des manuels pour ses élèves). Puis, comme par une synthèse de sa propre histoire de page et de l'existence de ses élèves auxquels il consacre une littérature didactique, il crée le personnage de Jehan de Saintré.

Insistons d'abord sur le caractère inachevé, charnière, de ce premier romancier français, si peu habile qu'il laisse voir facilement les ficelles qui l'ont tissé : érudition classique, emprunts à la littérature courtoise, utilisation du dialogue théâtral apparaissent tels quels dans le texte romanesque. Ces stéréotypes révèlent un auteur encore peu sûr de son autorité, constamment en quête d'un discours maître. Ajoutons à ce trait adolescent une certaine ambiguïté

---

1. *Cf.* J. Kristeva, *Le Texte du roman*, Mouton, 1970.

dans le roman entre texte/théâtre/réalité : ainsi, chaque prise de parole est annoncée par un titre « Auteur » ou « Acteur » ou « Dame ». On peut lire dans ces indices une certaine distance vis-à-vis de la fiction (comme si l'auteur était conscient d'employer des artifices et voulait nous le montrer) et une réification du texte en spectacle, en acte (comme si l'auteur voulait nous faire voir ces créatures de parole sous la forme hallucinatoire ou réelle de corps véritables). L'écriture de ce premier romancier français ne renonce pas à l'efficacité du drame — du psychodrame — mais l'appelle par-delà l'exercice paisible de la lecture. Cependant, ce qui centre ce texte inaugural autour de la structure adolescente, c'est la relation très spécifique du petit page avec la Dame et son amant l'Abbé.

Le petit Jehan aime la Dame. Or la Dame tient un discours traître : elle dit une chose à Jehan, autre chose à la Cour et trahit son jeune soupirant avec l'Abbé. Le roman confronte le jeune héros avec une situation œdipienne « après-coup », pour qu'à l'adolescence le petit Jehan apprenne lui-même la duplicité. Son amour incestueux pour la Dame va se transformer en une identification imaginaire avec elle. Jehan se forgera au fur et à mesure un double langage : il va à la fois aimer et dédaigner la Dame et finira par la punir. Le récit s'achève là. Mais le roman continue sous la forme d'un résumé des aventures du héros jusqu'à sa mort.

L'intérêt de ce roman réside dans le triomphe de l'adolescent sur son objet incestueux, la Dame, par assimilation imaginaire du discours de celle-ci. Toute une révolution des mentalités se joue dans cette petite aventure. Avant le roman, le héros et le traître sont monovalents. Dans la *Chanson de Roland* et dans tous les *Cycles de la Table ronde*, ils se poursuivent d'une hostilité inconciliable et sans compromis possible. Roland et Ganelon n'ont rien de commun, ils s'excluent et il en va de même dans la tradition courtoise : la trahison déshonore les personnages et met fin au texte. Or, rien de tel avec notre adolescent et son univers. Enfant et guerrier, page et héros, trompé par la Dame mais vainqueur des soldats, soigné et trahi, amant de la Dame et aimé par le Roi ou par son frère d'armes Boucicault, jamais entièrement masculin, enfant-amant de la Dame, mais aussi camarade-ami de ses maîtres ou de son frère dont il partage également le lit — Saintré est l'androgyne accompli, le pervers innocent et justifié.

Il faut souligner que de cette ambivalence s'origine la psychologie. En effet, sans la feinte et la trahison, il n'y a pas de psychologie. L'ambivalence comme la psychologie sont synonymes du romanesque par opposition à l'épique ou au courtois. L'écrivain français du XVe siècle avait besoin — pour écrire la perte, la trahison — d'imaginer d'abord un entre-deux, une figure de l'inachèvement qui est aussi celle de tous les possibles, du « tout est possible ». Le page Jehan de Saintré triomphe sur la Dame et sur l'Abbé, pour que vive désormais un nouveau genre : le roman adolescent. L'écrivain comme l'adolescent est celui qui peut trahir ses parents — les perdre contre eux-mêmes — pour être libre. Si cela ne le grandit pas, quel incroyable assouplissement du surmoi ! Et quelle récompense pour le lecteur — cet enfant qui n'a pas la parole, mais n'aspire qu'à être adolescent !

Le XVIIIe siècle : de quel sexe ? ou comment se construire une vie psychique

Le psychanalyste a tendance à considérer l'espace psychique comme une intériorité dans laquelle, par un mouvement involutif, se recueillent les expériences du sujet. Le principe même de l'analyse, basée sur la parole et sur l'introspection, favorise sans doute une telle conception. Elle se donne comme modèle un fonctionnement idéal aboutissant (ou pouvant aboutir) à une intégration et à une élaboration complexifiée.

Or, pour l'historien de la littérature, il est clair que l'« intériorité psychique » (prévue par Plotin, explorée par la prière ou par la théologie) est une création imaginaire qui s'affirme magistralement dans le roman psychologique du XIXe siècle.

L'homme du XVIIe, au contraire, n'a pas de dedans. Du moins, il existe une représentation de l'homme du XVIIe siècle sans intériorité. Tout entier fidèle à l'inconstance baroque, versatile, changeant, cet individu sans intériorité, « homme sans nom » comme Tirso de Molina le dit de Don Juan, trouve sa meilleure image dans les spectacles baroques. Par ces représentations dites « de l'île enchantée », le chatoiement de l'eau et le faste du décor, souvent brûlé après la fête, indiquaient aux spectateurs que rien n'est vrai hors Dieu. Tout est « mise en scène », tout est « faire semblant ».

Deux siècles plus tard, les réalistes du XIXᵉ siècle ne comprennent plus cet espace psychique kaléidoscopique et artificiel. Ils essaient lourdement de l'apprivoiser en postulant qu'un tel ludisme, invraisemblable et insouciant, est une « seconde nature[1] » (!)...

Le passage de l'homme baroque, sans dedans ni dehors, à l'homme psychologique des romantiques, de Stendhal à George Sand, se fait au XVIIIᵉ siècle. Plus précisément, ce passage apparaît dans l'affirmation du genre romanesque lui-même, qui reprend les surprises, les coups de théâtre, ces travestissements invraisemblables et autres « passages à l'acte » propres au roman picaresque et au roman libertin, pour les subordonner à un autre ordre : ordre du « contrat social », ordre de l'individu « naturel », ordre de la composition romanesque. Fait remarquable : le personnage de l'adolescent sert de modèle dans cette involution de l'homme baroque « ni dedans ni dehors » vers l'homme psychologique du XIXᵉ siècle.

Des nombreuses questions constellées autour de l'adolescent au XVIIIᵉ siècle, je retiendrai l'interrogation sur l'identité sexuelle. A lire les romans de l'époque, on peut affirmer que c'est au XVIIIᵉ siècle que la question de la différence sexuelle comme problématique inachevée, sinon impossible à tran-

---

1. *Cf.* Jean Rousset, *L'Intérieur et l'Extérieur*, essai sur la poésie et sur le théâtre au XVIIᵉ siècle, José Corti, 1968.

cher, se pose explicitement[1]. *Émile* (1762), de Rousseau, postule, on s'en souvient, une indifférence des sexes à l'origine de la société, mais aussi au moment de sa perversion-perdition. Le but de l'éducateur sera essentiellement de différencier les sexes et les tâches, pour qu'Émile devienne précepteur et Sophie nourrice. Mais l'enfant est indifférencié : «Jusqu'à l'âge nubile, les enfants des deux sexes n'ont rien d'apparent qui les distingue ; même visage, même teint, même figure, même voix, tout est égal : les filles sont des enfants, les garçons sont des enfants, le même nom suffit à des êtres si semblables[2].» «L'enfant élevé selon son âge est seul ; il ne connaît d'attachement que ceux de l'habitude, il aime sa sœur comme sa montre, son ami comme son chien. Il ne sent d'aucun sexe, d'aucune espèce, l'homme et la femme lui sont également étrangers[3].» Pis encore, le risque d'indifférenciation perdure lorsque les identités sexuelles sont assumées : «Émile est homme et Sophie est femme ; voilà toute leur gloire. Dans la confusion des sexes qui règne entre nous, c'est presque un prodige d'être du sien[4].» Pour arriver à une identité sexuelle stable, l'enfant rousseauiste est soumis à un véritable voyage éducatif. Ces épreuves initiatiques ne sont pas les exploits

---

1. Les réflexions qui suivent s'appuient sur la thèse de Sylvie Lougarre-Bonniau, *Sexe, genre et filiation. Étude sur le roman et le théâtre au XVIIIᵉ siècle.* Université Paris VII, UFR Sciences des textes et documents, 1985.
2. *O.C.*, Pléiade, t. 4, p. 489.
3. *Id.*, p. 256.
4. *Id.*, p. 746.

rocambolesques des romans d'aventures, mais consistent à s'affronter au féminin pour mieux s'en prémunir et devenir ainsi autre, soi-même. Or, si tel est le but de l'éducateur, sa réalisation ne semble pas simple.

Un petit conte de Rousseau, *La Reine Fantasque* (1752), suivi de la *Lettre à d'Alembert sur les spectacles* (1758) qui met en garde contre le danger d'une féminisation généralisée (« ne voulant plus souffrir de séparation, faute de pouvoir se rendre homme, les femmes nous rendent femme »), se complaît à explorer les possibilités de confusion sexuelle. Confusion, et non plus a-sexualité infantile. Ce conte philosophique traite de l'hybridation sexuelle, du double et de la gémellité. Rousseau fait le pari d'écrire un récit « supportable et même gai, sans intrigue, sans amour et sans polissonnerie ». Mais, et nous sommes là au comble de la polissonnerie, il échoue car le conte retrace une étrange aventure. Des jumeaux, frère et sœur, se trouvent à la naissance, par mésentente et par dépit, posséder les attributs du sexe opposé. Cet imbroglio rentre dans l'ordre naturel car les enfants grandissant, l'adolescence venue, ne peuvent assumer leurs fonctions sociales sans une clarification. Loin d'être désérotisé, comme le souhaite paradoxalement l'auteur, le conte explore à fond l'ambiguïté sexuelle : le Prince Caprice est féminin à outrance et la Princesse Raison a les qualités d'un souverain. L'un et l'autre s'embrouillent dans une intrigue de volte-face et d'absurde, d'hybridation et de déraison. L'ambivalence est telle qu'aucun moyen logique ou pédagogique ne semble pouvoir y mettre fin. Seule la providence, un hasard, fait que les choses rentrent dans l'ordre. Rousseau, d'ailleurs, fait dire à plusieurs reprises à ses personnages que cet ordre lui paraît fort arbitraire : il faut vous « extravaguer », recommande-t-il en substance (« le meilleur moyen que vous ayez de guérir votre femme, c'est d'extravaguer avec elle », dit la fée Discrète au Roi) ; ou encore : « En dépit de ses bizarreries ou grâce à elles, tout se retrouva dans l'ordre naturel. » Rousseau hésite longtemps avant de publier cet éloge de la confusion des sexes qui dépend, au fond, des fantaisies de la mère et qui doit se résoudre providentiellement à la fin de l'adolescence. Couple gémellaire, couple hybride, couple potentiellement incestueux dans le désir de leur mère : « Au moins, je suis sûre qu'ils s'aimeront autant que possible. »

Homme et femme, frère et sœur, enfant et adulte, la figure de l'adolescent devient par la suite, chez Rousseau, une figure apparemment sans « polissonnerie ». On connaît l'idylle des sociétés rurales et incestueuses du Valais, peuplées d'adolescents ambigus (« sa voix se mue, ou plutôt il la perd ; il n'est ni enfant ni homme et ne peut prendre le ton d'aucun d'eux[1] », qui deviennent « mari et femme sans avoir cessé d'être frère et sœur[2] »). Rousseau apaise la perversion extravagante des jumeaux de *La Reine Fantasque* par le mirage d'un âge d'or.

Plus libertaire, Diderot fait du *Neveu de Rameau*

---

1. *Émile, O.C.,* p. 490.
2. *Essai sur l'origine des langues, O.C.,* p. 125.

(1773) et de *Jacques le Fataliste* (1777) les prototypes adolescents qui contestent la paternité, la normalité et la religion. Alors que chez Restif de La Bretonne, l'inceste généralisé, pour être la règle de la société paysanne et de la logique romanesque, prive l'adolescent de ses saillies et en fait un incestueux parmi d'autres.

Un dernier procédé d'intégration et de désintégration de la personnalité et de l'identité sexuelle par la figure de l'adolescent nous est offert dans un texte moins connu du XVIIIᵉ siècle : *Les Amours du chevalier de Faublas*, (1787-1790), de Jean-Baptiste Louvet.

Faublas excelle dans l'art du travestissement qui lui permet non seulement de changer de sexe à sa guise, mais d'accumuler les faux noms dans une polynomie qui dépasse largement celle de Stendhal. Fils du baron de Faublas, mais ayant perdu très tôt sa mère, ce jeune homme est sans identité. Il accumule les masques si frénétiquement qu'il semble jouir moins des inversions sexuelles que de la rapidité de ses trahisons qui le laissent sans culpabilité aucune. Le déguisement est son art, non son essence : il change de place comme dans les figures d'un ballet, se déplace entre maîtres et maîtresses, frères et sœurs. Telle une amphibie sexuelle, une chaîne d'apparences, il se nomme indifféremment Faublas, Blasfau, Mlle du Portail, chevalier de Florville (reprenant ainsi le pseudonyme que Mme de B., une de ses maîtresses, prend lorsqu'elle s'habille en homme). Il est le fils du baron, frère d'Adélaïde, puis fille du baron, sœur d'Adélaïde, fille de Portail puis son fils pour devenir frère de lui-même... A la recherche de quelle « mère morte » ? Ce déguisement vertigineux est un formidable paravent contre la folie. Il suffit en effet que deux de ses maîtresses meurent (comme sa mère), pour qu'il ne puisse plus *jouer* entre elles. Le jeu cessant, les masques tombent. Se découvre alors non pas la nudité, mais un vide, personne, la folie. En effet, Faublas, libre à la disparition de ses maîtresses, ne se précipite pas vers une épouse d'élection : sans ses simulacres qui lui permettaient d'aborder de fausses mères, il n'a pas lieu d'être. Très symptomatiquement, la folie de Faublas arrête la narration, et ce sont des lettres (des fragments, en somme) qui relatent sa déraison. Il faudra que le père remette les choses en place et s'impose à son fils pour que Faublas guérisse et qu'on entende le cri final : « Il est à nous. » Le travesti fou devient un vrai adolescent qui appartient aux siens.

Ambiguïté sexuelle, travestissement, polynomie : Faublas est un punk au XVIIIe siècle. Que cesse son jeu et la folie advient. Ce qui veut dire que la conscience s'affirme déjà selon laquelle le jeu baroque (Don Juan, Casanova) peut, et doit, cesser. Une intériorité s'ouvre désormais, qui est d'abord délire, chaos ou vide. Il faudra l'ordonner : par la mise en place des figures du père et de son complice le médecin, mais aussi par la mise en place du *discours romanesque*. Car, après les *lettres* qui rapportent le morcellement de la folie (mutisme, cris), le *récit* reprend en intégrant les événements psychiques. Aux travestissements succèdent... les récits de rêve, les rapprochements, les analogies. L'écriture se fait associative et interprétative. On notera de même que les passages à l'acte incestueux, chez Restif par exemple, sont racontés par un texte retors : rêves qui se répondent, signes, allusions, discours qui appellent leurs complémentaires, notamment entre *Le Paysan perverti* (1775) et *La Paysanne pervertie* (1784).

Que ce soit par l'extravagance de la perversion ou par la naturalité de celle-ci, l'adolescent du XVIIIe siècle apparaît comme un personnage clef. Emblème d'une subjectivité en crise, il est aussi la figure qui permet au romancier d'étaler le morcellement psychique jusqu'à la psychose et en même temps de le recueillir dans l'unité du roman. Polyvalente, l'interprétation romanesque crée une totalité qui contient tous les travestissements, tous les jeux. Quel qu'en soit le thème, le roman ultérieur prend le relais de cet univers adolescent : il est ambivalent, hybride, travesti, « baroque ». Le roman prolonge l'adolescent et remplace ses actes par un récit et des interprétations polymorphes, indécidables.

Pères et fils : du corps et du nom paternel

L'Adolescent, de Dostoïevski (1874-1875), souvent considéré comme un texte mineur du grand écrivain, se place entre des chefs-d'œuvre connus comme *Les Démons* et *Les Frères Karamazov*. De ce texte foisonnant, on retiendra l'intérêt de Dostoïevski, maintes fois confirmé par lui-même, pour l'adolescence et surtout sa façon de traiter la filiation d'Arkadi.

En 1874, Dostoïevski écrit dans ses *Carnets* : « Un roman sur les enfants, uniquement sur les enfants et sur un enfant-héros. » *Le Journal d'un écrivain*, plus tard, en 1876, précise ainsi le choix définitif : « comme preuve de sa pensée » prendre « un garçon déjà sorti de l'enfance : l'homme encore inachevé qui désire timidement et isolément faire au plus vite son premier pas dans la vie ». On notera : « comme preuve de sa pensée » d'écrivain, il faut choisir un héros adolescent. Plus encore, dans les notes de la genèse du roman, on suit l'identification de l'écrivain à l'adolescent, par l'avènement de la décision d'écrire à la première personne : « Un jeune homme offensé, avec une soif de se venger, un amour propre colossal », « L'Adolescent, confession d'un grand pécheur écrite par lui-même », « grave solution du problème : écrire en son propre nom. Commencer par le mot Je... Une confession extrêmement concise ».

Dostoïevski voit d'abord dans l'adolescent « un vrai type de rapace... La plus basse grossièreté alliée à la plus raffinée générosité... Et séduisant et repoussant ». Peu à peu, ces traits sont attribués au père d'Arkadi. Le roman décrit les aventures du comte Versilov, séducteur et athée, qui représente la haute société décadente mais non moins fascinante et qui est le père biologique de l'Adolescent. A côté de lui, une paternité sainte, toute symbolique : Makar Dolgorouki, le moujik, le père pour la loi. Il donne son nom au fils illégitime de sa femme, avant de se consacrer à un nomadisme mystique pour propager la parole du Christ sur la sainte terre de Russie. Dans ce contexte, à la fois historique et familial, l'adolescent a une « idée » : la puissance. Puissance de l'argent d'abord (il veut être riche comme Rothschild), puissance du triomphe sur les femmes et sur les inférieurs qu'apporte l'argent et, en fin de compte, « ce qui s'acquiert par la puissance et ne peut s'acquérir sans elle : la conscience, calme et solitaire, de sa force[1] ». Force toute symbolique, d'ailleurs, car l'adolescent ne veut pas du tout s'en servir : « Si seulement j'avais la puissance... je n'en aurais plus besoin ; je suis sûr que, de moi-même, de mon plein gré, j'occuperais partout la dernière place. » Et le voilà qui s'adonne à des rêveries : « Je serais comme un Rothschild qui ne mange qu'une tranche de pain et du jambon et je serais rassasié de ma conscience. » Cette affirmation symbolique du triomphe apparente la posture de l'adolescent au pouvoir de l'écrivain : « Et sachez-le, j'ai besoin de ma volonté vicieuse tout entière, uniquement pour me prouver à moi-même que j'ai la force d'y renoncer[2]. »

Une telle aspiration, mégalomaniaque jusque dans l'humilité, doit s'affronter à la figure paternelle dédoublée : le saint et le séducteur. Par rapport aux deux, l'adolescent adopte une attitude d'amour-haine : fasciné par la vie érotique et le scepticisme religieux de Versilov, mais aussi religieusement admiratif du renoncement mystique du paysan Dolgorouki. Il sera tour à tour la femme de Versilov et

---

1. F. M. Dostoïevski, *L'Adolescent*, Pléiade, 1956, p. 95.
2. *Ibid.*, p. 97.

l'alter ego de Dolgorouki, vivant toute la gamme de sa passion homosexuelle à l'égard d'un père insaisissable. Car, dans ce duo de pères, Arkadi n'est, au fond, jamais sûr d'en avoir un. Il y aurait, dans ce roman, comme deux « romans des origines » qui se combattent pour mettre définitivement en doute l'existence du père.

Cependant, ce rejet implicite du père par l'écrivain-adolescent s'accompagne d'un amour pour le père qui semble reproduire, de manière profane, l'appartenance à la fois corporelle et spirituelle du Christ à son Père. Le Fils séparé du Père aspire à le rejoindre dans la trinité où l'Esprit ne procède que du Père *(per filium)*. Ce thème fécond de la théologie orthodoxe russe diffère de la consubstantialité « égalitaire » selon le catholicisme qui fait procéder l'Esprit du Père *et* du Fils *(filioque)*. Pour l'orthodoxe Dostoïevski, tout se passe comme si l'adolescent ne recevait pas d'emblée, mais devait construire par son désir cette identification, libidinale autant que symbolique, avec la paternité. Une élaboration subtile de l'homosexualité s'ensuit, qui prend en compte toute l'ambivalence du rapport père-fils.

Dans son étude sur Dostoïevski, Freud définit trop rapidement l'écrivain « parricide[1] ». Il est possible, au contraire, de déchiffrer, jusque dans le symptôme

---

1. « Dostoïevski et le parricide » (1927), in *Résultats, Idées, Problèmes*, t. II, PUF, Paris, 1985, pp. 161-175. *Cf.* la discussion de cette thèse par Ph. Sollers, « Dostoïevski, Freud et la roulette », in *Théorie des exceptions*, Folio, Gallimard, 1986, pp. 57-74.

épileptique, l'expression préverbale d'une contradiction maintenue (haine *et* amour). Insoluble, elle coince le sujet dans une décharge motrice (comme elle peut conduire d'autres au passage à l'acte). L'élaboration romanesque par l'adolescent de ses démêlés avec le *corps et* le *nom* du père peut être interprétée comme une tentative d'analyser la relation obscure du jeune Dostoïevski à son propre père tyrannique. Tué par les moujiks révoltés selon une hypothèse, il semble avoir déclenché les premiers symptômes convulsifs qui furent réactivés, on le sait, par le traitement plus tyrannique encore du bagne. *Les Frères Karamazov* vont reprendre le thème du père et de la culpabilité, des frères et de l'homosexualité, la figure paternelle restant toujours le pivot du désir. Mais c'est dans *L'Adolescent* que cette problématique trouve son lieu naturel et son traitement direct, familial.

La séduction de l'informe et de l'immature

Lorsque le roman moderne se remet en cause, ou met en cause les valeurs, forcément paternelles, de la société forcément adulte, l'écrivain se dit explicitement séduit par l'adolescent ou par l'adolescente. Tel Nabokov et sa *Lolita* (1955), ou Gombrowicz avec son *Trans-atlantique* (1950) et sa *Pornographie* (1958). C'est peu dire que les écrivains retrouvent ainsi le moyen d'exhiber leur exhibitionnisme ou une homosexualité plus ou moins latents. Une identification du narrateur aves sa séductrice ou avec son séducteur se joue dans ces textes, et ce d'autant plus que les adolescents échappent aux catégories de la perversion codée. Ils s'imposent aux romanciers comme les métaphores de ce qui n'est pas encore formé : mirage du prélangage ou du corps indécis.

Ainsi Gombrowicz, tout en consacrant son œuvre à chercher des formes narratives adéquates à la fluidité de l'expérience jusqu'à son extinction dans l'aphasie ou dans l'absurde (*Cosmos*, 1964), peut écrire que « la Forme ne s'accorde pas avec l'essence de la vie[1] ». Il glorifie « l'informe et l'inférieur, l'immature, qui sont essentiellement particuliers à tout ce qui est jeune, c'est-à-dire à tout ce qui vit[2] ». Au monde des adultes, y compris des plus baroques (comme le pervers Gonzalo dans *Trans-atlantique*), il oppose le monde fascinant des adolescents : Ignace, Karol, Hénia. « Ma première tâche est, bien sûr, d'élever à la première place le terme mineur de garçon, d'adolescent : à tous les autels officiels, en ajoutant un autre où ériger le jeune dieu du pire, du moins bon, de l'inférieur, le "sans importance", mais fort de toute sa puissance inférieure[3]. » La pornographie écrite par l'écrivain emprunte dans ce but le jeu érotique des adolescents. Pas d'obscénité, de scandale ni même d'explicite. Suggestions, approximations, allusions aux rapprochements ou évitements. Rien que *des signes*. La pornographie des immatures comme celle des écrivains, pornographie

---

1. *Journal*, 1953-1956, Bourgois, 1981, p. 171.
2. *Id.*, p. 259.
3. *Id.*, p. 260.

adolescente, serait-elle l'effort de nommer, de faire apparaître un sens incertain à la frontière du mot et de la pulsion ?

La trahison envers le page et la trahison du page, la bisexualité et le travestissement, la filiation, les séducteurs immatures, n'épuisent certes pas les images et les conflits adolescents qui scandent les grands moments de la création romanesque. On pourrait y ajouter la littérature de « formation » du caractère qui, de Tristram Shandy à Julien Sorel et Bel Ami, retracent les liens intimes de l'adolescence et du roman. Toutefois, ces thèmes indiquent suffisamment combien la polyphonie du genre romanesque, son ambivalence, sa souplesse plus qu'œdipienne, quelque peu perverse, doivent à la structure ouverte-adolescente.

La représentation par l'écriture d'une structure essentiellement ouverte, inachevée, est-elle, pour le lecteur, autre chose qu'une drogue ? Plus proche de la catharsis, le roman propose cependant une certaine élaboration qui n'est pas sans rapport avec celle induite par le transfert et l'interprétation. Je l'appellerai *sémiotique*[1] : complice des processus primaires éveillés dans l'adolescence, reproduisant la dramaturgie des fantasmes adolescents, absorbant des stéréotypes, mais capable aussi de véritables

---

1. *Cf.* J. Kristeva, *La Révolution du langage poétique*, Le Seuil, 1973, chap. I.

inscriptions de contenus inconscients qui affleurent dans le préconscient adolescent. Cette élaboration sémiotique est le contenant (la forme), parfois simplement le miroir de la transition adolescente. La question peut par conséquent légitimement se poser : faut-il choisir entre envoyer un adolescent en analyse ou lui faire écrire des romans ? Ou encore les écrire ensemble ? Question peu sérieuse, question d'adolescente. Elle en entraîne une autre : l'analyste est-elle grand-mère ou adolescente ? Peut-être jamais l'une sans l'autre, si l'on veut rester à l'écoute d'une structure ouverte.

L'interrogation sur l'adolescent et l'écriture nous a conduits à la perversion et son rapport à l'écrit. Comment entendre la perversion avec empathie et sans complaisance : voilà ce que l'histoire de l'écriture romanesque peut nous dévoiler. L'analyste, averti que son « écoute bienveillante » n'est pas exempte d'une certaine perversion, peut continuer ce questionnement en y soumettant sa propre technique : la clôture du cadre ou ses assouplissements, l'utilisation ou non de signes différents de la parole, la prise en considération d'événements réels en dehors de leur portée transférentielle, etc. Voilà quelques-uns des problèmes techniques que pose à l'analyste la prise en considération de ces « structures ouvertes » que sont les adolescents. Et quelques autres.

La roue des sourires*

> « Je révèle aux hommes l'origine pre-
> mière, ou peut-être seconde, de la seconde
> origine de leur être. »
>
> *Léonard de Vinci.*

Vous vous glissez dans la lumière orange qui baigne les paupières de sainte Anne. Vous frôlez de cette clarté l'épaule de Marie et son sourire mysté-rieux de Joconde dansante. Vous descendez le long de son bras sensuel et solide qui sort Jésus d'entre les genoux et le dépose sur terre mais peut-être aussi le retient. Vous vous plongez dans ce vert d'eau vénitien qui coule avec le voile sur des cuisses et des jambes pleines de grâce. Vous vous arrêtez au visage joufflu et déjà espiègle de l'enfant-Dieu et à son prolongement, l'agneau — sa passion et sa résurrection.

Maintenant, vous faites demi-tour et, toujours dans le mouvement ébloui de la lumière réfléchie, vous retrouvez le visage de la mère-fille double, d'Anne et de Marie. Et vous recommencez, à l'infini, dans le tourniquet des reflets.

---

* *Le Nouvel Observateur*, n° 1013 (6-12 avril 1984) : pp. 92-93.

La Vierge, sainte Anne et l'Enfant Jésus.
Huile sur bois, 170 × 129 cm vers 1508-1510. Musée du Louvre, Paris.

Ainsi se feuillettent les pétales d'une énigmatique rose de joie. Ainsi êtes-vous bercé par un kaléidoscope de visages. Une histoire humaine est en train de naître sous vos yeux par la réflexion circulaire des regards d'une mère et de son fils. *Elle*, toujours double grâce au souvenir d'une caresse maternelle antérieure. *Lui*, déjà en fuite animale, érotique, vers la gloire.

L'homme moderne n'a plus de parole ni d'image pour célébrer cette préhistoire imaginaire de l'individu. Cependant, lorsque vous déborde la tendresse d'un rêve ou vous étiez à la fois elle et lui, peau à peine décollée, image à peine dépliée ; lorsqu'une féminité avoue son versant maternel de bord à bord, de corps à corps, de pli sur pli et de séparation exquise, muets devant les délicieux tourments de l'incertitude amoureuse ou narcissique, allez au Louvre voir ce Léonard.

Théologiquement, Vinci a condensé ici l'Immaculée Conception et l'Incarnation, dans le modèle déjà admis avant lui d'une « triple sainte Anne » (l'italien et l'allemand le disent mieux : *santa Anna Metterza, heilige Anna Selbdritt*). Entre le XIIIᵉ et le XVᵉ siècle, ce thème finit par s'imposer comme doublure et contrepoids de la Trinité classique Père-Fils-Saint-Esprit. Il fallait pour cela inventer une perspective à Marie, admettre sa conception immaculée par Anne (au titre d'une *praeredemptio*, dit Duns Scot) et approfondir du même coup la logique ternaire du christianisme ainsi que le traitement qu'elle fait subir au sacre d'une déesse-mère.

Hantée par le « Paradis » de Dante, la vision

La Vierge, sainte Anne et Jésus enfant.
Carton, Burlington House. Pierre noire, avec rehauts de blanc sur carton,
139 × 101cm,
1499-1501, National Gallery, Londres.

léonardienne d'une trinité au féminin est cependant une célébration humaniste du corps de Jésus issu de la chair irisée d'une Anne amoureusement lovée dans sa fille, Marie. Le Créateur, mais aussi le créateur peintre, serait un homme qui porte en lui la féminité lumineuse. Elle brille au front de l'agneau : promesse d'Apocalypse en même temps que de sourire universel. Pour l'homme renaissant, Jésus avait donc une sexualité, sublime, parce qu'il avait une mère ? Nous sommes ici au foyer de l'imaginaire occidental.

En greffant son roman autobiographique sur cette toile, Freud en a fait un nouvel objet de méditation. En réalité, aucun vautour[1], aucun milan ne semble ombrager ce vol mystique qui ne reste pas moins un culte à la maternité idéale absorbée par l'artiste. Si phallus il y a, il est peut-être ailleurs. Que font, en effet, Jésus et l'agneau ? Cette patte qui prolonge la jambe de l'enfant comme pour suggérer la continuité du bébé et de la bête ; ces poings fermement serrés sur l'érection des oreilles longues comme des cornes ; cet emboîtement de l'agneau dans l'entrejambe du

---

1. « Je semble, avait écrit Léonard de Vinci (1452-1519) avoir été destiné à m'occuper tout particulièrement du vautour, car, [...] étant encore au berceau, un vautour vint à moi, m'ouvrit la bouche avec sa queue et plusieurs fois me frappa avec cette queue entre les lèvres. » Freud, fort de ce « Souvenir d'enfance de Léonard de Vinci » [1927], trad. fr. Gallimard, 1983, p. 49, retrouve dans les draperies de la Vierge qui se penche vers l'Enfant la forme de ce vautour et analyse ce qui lui paraît être non pas véritable souvenir mais fantasme : s'y expliqueraient non seulement les rapports de Léonard de Vinci enfant avec sa mère mais son ultérieure homosexualité.

Christ... L'auto-érotisme de l'enfant et du créateur est-il le répondant de la jubilation maternelle ?

Je parie pourtant que le problème, pour Léonard, fut avant tout *plastique* : comment concilier le *cercle* avec le *triangle*. La tête de Marie reposant à angle droit sur l'épaule d'Anne. Les jambes de Marie qui peuvent être celles d'Anne et vice versa : deux triangles adossés l'un à l'autre et pivotant. L'angle du genou de Marie qui pointe dans l'ovale de ses bras. Les trois pieds du groupe dont le gauche, celui d'Anne, se reflète en miroir pour former le droit de Marie. La torsade du corps de Marie, enfin, qui, au cœur de la construction, emporte les angles dans une ellipse. Jusqu'à Jésus qui boucle la courbe en tournant la tête. Et l'agneau, ponctuant cette rétrovision.

Léonard cite Dante : « *Si l'on peut tirer d'un demi-cercle un triangle qui n'ait pas d'angle droit* » (« Paradis », XIII, 101). Et il précise : « *Tout corps placé parmi l'air lumineux circulairement se répand, pour emplir tout l'espace alentour d'innombrables simulacres de soi. Il apparaît tout dans le tout, et tout en chaque part* » (« Carnets »).

Le peintre écrivait pour être déchiffré en miroir. En écho à Plotin, peut-être. Contrairement au carton de Londres où l'index d'Anne signale l'origine céleste du groupe, la toile du Louvre représente la source de l'histoire chrétienne par miroitements réciproques. « *Au commencement* » était la réflexion des regards amoureux. Un enfant, deux mères : sans commencement ni fin, une roue de sourires.

Gloire, deuil et écriture[*]

(Lettre à un « romantique » sur Mme de Staël)

Je vous remercie, cher ami, d'avoir pensé à une
« non-spécialiste », à une « non-romantique » comme
moi pour me demander de donner mon sentiment
sur Mme de Staël. Le personnage m'intrigue, l'écrivain me semble trop prolixe. Les méditations héré-
roclites de cette femme au cœur d'une tourmente
historique ne me paraissent pas encore avoir révélé
leur secret et leur impact sur les modernes. Cependant, ce ne seront que des impressions, des hypothèses, des tâtonnements que je pourrai vous confier
à son sujet, et mon embarras est grand de m'immis-
cer dans un recueil de recherches savantes. Bien
entendu, j'ai relu l'œuvre : avec distraction, intensité
et empathie. Ces attributs pourraient s'appliquer
aussi bien à la prêtresse de Coppet, et ils trahissent
une identification inconsciente de ma part avec la
célèbre baronne. Identification que je récuse, cela va
sans dire, sur-le-champ.

Une intellectuelle — et Mme de Staël (1766-1817)

---

* Revue *Romantisme*, nº 68, 4ᵉ trimestre, 1988, pp. 7-14.

est la première de cette espèce inconfortable — n'est pas d'emblée un personnage sympathique. Tout lui est matière à raisonnement — de la Révolution au suicide, de la littérature à l'amour, du bonheur à la trahison, et j'en passe. Cette raisonneuse se complaît à alambiquer ses jugements (que de phrases surchargées, d'allusions savantes, de digressions érudites ou égotistes), avant d'arriver à la trouvaille qui fait mouche et traverse les siècles. Elle s'acharne à compliquer d'insipides imbroglios les intrigues sentimentales et déjà imprégnées de couleur locale de ses romans (que de projets moraux dans *Delphine*, que d'innocence homosexuelle et incestueuse sous le ciel chargé de culture italienne dans *Corinne*!). Elle se veut de surcroît la plus accomplie des amoureuses, c'est-à-dire la plus douloureuse. Et pour finir, à moins que ce ne soit pour commencer, elle prétend tout simplement s'établir dans la gloire dont elle regrette cependant le goût amer !

Dans quel but, tout cela ? Pour mieux dompter son destinataire, autrement dit son amant d'abord, le public ensuite, et le Monde pour finir, car Mme de Staël est cosmopolite. Mais surtout, et elle l'avoue, pour combler le « vide » d'une vie qu'on croyait pourtant trop bien remplie.

Je ne dirai pas, comme les misogynes, que Mme de Staël déploie sa pensée pour compenser son peu de charme objectif, ou simplement le doute qui la dévorerait de ne pas en avoir assez. Personnellement, je trouve que Germaine Necker, épouse de Staël, ne manque pas de séduction jusque dans ses grands yeux écarquillés de curiosité, jusqu'à ses bras un peu trop ronds et voraces trahissant la violence de son esprit, et même dans son avidité d'amasser la culture mondiale, de préférence allemande, et d'épater, au-delà de son père (qu'elle prend pour « l'homme de son temps qui a recueilli le plus de gloire *[sic]*, et qui en trouvera le plus dans la justice impartiale des siècles, que je craignais surtout d'approcher *[sic]* » *(De l'influence des passions[1])*, tout ce que l'Europe comptait d'hommes célèbres ou simplement attirants. Certes, je ne suis pas un homme pour percevoir les inconvénients d'une telle profusion ni les risques de ce Niagara passionnel et verbal. Cependant, je crois qu'à la place de Goethe — si j'ose penser à une telle substitution — j'aurais moins songé à éviter à tout prix la visite de la voyageuse française qu'à la faire rire de ses naïvetés et de ses envolées si peu classiques, si méchamment romantiques.

Germaine de Staël est une intellectuelle parce que, d'abord, elle n'est plus une dame d'esprit et de goût comme l'étaient les illustres épistolières et romancières qui l'avaient précédée depuis le XVIIᵉ siècle et jusqu'à la Révolution. Elle n'est pas encore une spécialiste, une érudite, comme le seront les femmes de tête vers la fin du XIXᵉ siècle. Très loin de la grâce rhétorique de Mme de Sévigné, elle n'a pas non plus — malgré ses capacités mathématiques — l'engouement scientifique monovalent d'une Émilie du Châtelet, et encore moins le génie rigoureux d'une Sophie

---

1. Les œuvres de Mme de Staël sont citées dans l'édition des *Œuvres complètes* de 1836.

Kovalevskaïa ou d'une Marie Curie. Même en restant dans les humanités, vous conviendrez qu'elle n'est pas habitée par le souci de vérité expérimentale comme le sera une Melanie Klein, mais plutôt par cet esprit d'engagement qui peut transformer la sécheresse philosophique en une Simone de Beauvoir aux côtés d'un Sartre. La fille de Necker aurait été peut-être moins fougueuse si elle avait rencontré un homme à la mesure de sa pensée passionnée, plutôt que le terne M. de Staël, le beau Narbonne, le flexible Rocca et même le célèbre mais si modéré et inconstant Benjamin Constant. Mais tout cela, ce ne sont que des allusions et des suppositions que j'avance. Ne serait-ce qu'en raison du genre rhétorique quelque peu désinvolte de la « lettre ».

Entre deux modes de l'intelligence féminine, comme elle se trouve entre l'Ancien et le Nouveau Régime, Mme de Staël représente la curiosité encyclopédique. Elle touche à tout, intuitionne même si elle ne se prive pas de connaître, et surtout sait porter sur la place publique (de plus en plus agrandie par les événements) une méditation ardue, habituellement réservée aux clercs. Cette passionnée est déjà une femme des médias, j'y reviendrai. Pour l'instant, je voudrais vous convaincre qu'elle est *comme* une Encyclopédiste. A propos, il n'y avait pas de femmes parmi les illustres philosophes. Les messieurs illuminés avaient des amies libertines, confidentes, complices, cultivées voire très savantes, mais jamais d'égales quant à l'ambition à l'universalité qui était la leur... Germaine de Staël fut une Encyclopédiste, je dirais, attardée. Elle vient dans la foulée de

Montesquieu et de Voltaire, dont on repère la trace dans ses écrits sur les institutions politiques et littéraires. Mais, ayant affronté la Terreur, cette femme pousse le triomphalisme de la pensée qui continue à lui paraître naturelle à l'homme (la femme comprise) vers les zones privées des passions, du deuil ou simplement de l'incertitude envers autrui, sans pour autant se départir de ses allures conquérantes même quand elle scrute ses propres larmes et défaites. Une hystérique guerrière qui gouverne sa dépression permanente comme elle essaie de gouverner les hommes, avec plus ou moins de doigté et de succès ?

Il fallait, en tout cas, être une femme pour accomplir cette transition entre l'homme social ou naturel *et* l'homme douloureux et prétentieux. Mais il fallait aussi rester maîtresse femme pour ne pas basculer dans la lamentation mélancolique si proche, si menaçante pour le deuxième sexe, et la juguler constamment par la poigne du raisonnement. Lequel, de ce voisinage avec la détresse dite désormais romantique, s'en trouve non pas amoindri mais enflé. La théorie est une contemplation de la dépression qui nous en protège. Les intellectuelles qui vont suivre en connaîtront l'expérience, Mme de Staël l'inaugure.

D'en faire ainsi l'ancêtre d'une lignée ô combien problématique, celle des intellectuelles, des femmes qui vivent de leurs pensées et écritures (Mme de Staël bâtit par elle-même et pour elle-même son personnage avec une remarquable indépendance par rapport à son ascendance et à sa fortune, dont l'importance l'aide mais ne l'éclipse pas), ne m'empêche pas de constater que personne ne la lit aujourd'hui. A l'exception de vous et de vos collègues, j'entends bien. Des nombreuses pages qu'a laissées sa plume gourmande, seule survit la fameuse boutade : « La gloire est le deuil éclatant du bonheur. »

Il est sans doute injuste que le reste soit si méconnu. Mais la sentence, bien entendu discutable (personnellement je ne le partage pas, j'aurais employé d'autres termes, mais c'est une autre histoire), est *très forte*. Sans aller jusqu'à dire que cela suffit, j'assume la facilité de soutenir que toute Mme de Staël est dans cette phrase. Car, entre les deux pôles de la *gloire* et du *deuil*, qui résument sa vie et son époque, le *bonheur* de cette femme passe par les dédales de multiples passions et déceptions. Simplement pour qu'elle puisse les *écrire*. Voilà pourquoi cette romantique est une vraie moderne : je veux dire que son romantisme affectif fut le laboratoire d'une exaltation de *l'écriture pour elle-même*, par-delà le contenu passionnel ardemment cultivé. La notion de gloire dont Mme de Staël ausculte les subtilités résume cette appartenance à l'empire de l'écriture, et à lui seul, à travers la passion revendiquée de la passion. Avec Germaine de Staël, la *gloire de l'écriture* succède — via la célébration du malheur — à la *Déesse Raison*.

En effet, rien ne se situe plus haut, pour Mme de Staël, que la gloire. Elle la fait descendre de son ciel théologique et, en s'appropriant ses attributs phalliques (« Gloria Patri et Filio et Spiritui Sancto »), elle les enracine dans l'opinion que les autres se font de nos mérites : dans la bonne image flatteuse que nous renvoie le public. Cette amoureuse soucieuse de plaire est une psychologue et une sociologue. En effet, émanation du narcissisme et de l'idéal du moi (pardonnez-moi ce langage d'une autre époque), la gloire est pour Germaine de Staël éminemment « primitive » et nécessairement « sociale ».

> « De toutes les passions dont le cœur humain est suceptible, il n'en est point qui ait un caractère aussi imposant que l'amour de la gloire : on peut trouver la trace de ses mouvements dans la nature primitive de l'homme mais ce n'est qu'au milieu de la société que ce sentiment acquiert sa véritable force. Pour mériter le nom de passion, il faut qu'il absorbe toutes les autres affections de l'âme, et ses plaisirs comme ses peines n'appartiennent qu'au développement entier de sa puissance[1]. »

Et encore : « [...] le plus beau des principes qui puisse mouvoir notre âme est l'amour de la gloire[2]. » Certes, il s'agit d'une « célébrité relative » et « on en appelle toujours à l'univers et à la postérité pour confirmer le don d'une si auguste couronne ». Mais quel débordement de « jouissance enivrante que de remplir l'univers de son nom, d'exister tellement au-delà de soi, qu'il soit possible de se faire illusion et sur l'espace et sur la durée de la vie, et de se croire quelques-uns des attributs métaphysiques de l'in-

---

1. *De l'influence des passions*, section première.
2. *Ibid.*

fini[1] ». Sous la plume d'un homme, un tel aveu serait peu probant, voire mégalomaniaque. Dans l'extase de notre sainte Thérèse laïque, nous assistons à une magistrale légitimation et revendication du narcissisme féminin banalement voué au miroir seul. Mais aussi et au-delà, du narcissisme universel. Celle qui écrit ces lignes se dit vivre devant les « acclamations de la foule [qui] remuent l'âme » ; modestie oblige, elle n'est pas moins tout entière vouée aux autres, donc au « peuple » : « [...] que de grands événements se développent au dedans de vous, et commandent, au nom du peuple, qui compte sur vos lumières, la plus vive attention à vos propres pensées[2]. » Consciente cependant de l'existence de *diverses* gloires, celle des *écrits* et celle des *actions* notamment militaires, l'auteur accorde naturellement un intérêt soutenu aux premières. Proche des « plaisirs solitaires », cette célébrité de l'écriture est cependant « rarement contemporaine ». Insatiable demeure l'amour d'une telle gloire qui laisse notre fine psychologue sur une sensation de faim, de douleur et d'envie : « Comme il n'y a jamais rien de suffisant dans les plaisirs de cette gloire, l'âme ne peut être remplie que par leur attente, ceux qu'elle obtient ne servant qu'à la rapprocher de ceux qu'elle désire[3]. »

Je n'allongerai pas davantage le rappel de cette connaissance peu commune des composantes de la gloire, dont témoigne Mme de Staël, ici et dans

---

1. *Ibid.*
2. *Ibid.*
3. *Ibid.*

d'autres textes. Je soulignerai seulement ce qui me
frappe : la simultanéité de l'analyse psychologique
avec les observations historiques. Le « règne de la
terreur », dit-elle dès l'introduction, la conduit à
comparer les avantages des monarchies et des républiques par rapport à la gloire. Séduite par les
républiques, soucieuse cependant des valeurs personnelles mais aussi des qualités sociales de la noblesse,
Mme de Staël manifeste une des premières inquié-
tudes contemporaines face à la tyrannie de l'opinion
publique : « [...] rien n'est plus difficile que de savoir
jusqu'à quel point il faut se livrer à la popularité, en
jouissant de distinctions impopulaires. Il est presque
impossible de connaître toujours avec certitude le
degré d'empressement qu'il faut montrer à l'opinion
générale[1]. »

Rappelons que notre démocrate ne connaît ni le
totalitarisme ni l'emprise médiatique. On est encore
loin de Hanna Arendt, et pourtant un fil est déjà
lancé entre les deux philosophes par-delà les siècles.
Parallèlement à la Terreur, Mme de Staël observe
ce qu'il faut bien appeler les « nouveaux médias »
de l'époque : elle est sensible, après l'invention de
l'imprimerie, à la « liberté de la presse » et à la
« multiplicité des journaux ». Source de liberté et
d'information nécessaire et indispensable, ces phénomènes qui « rendent publique chaque jour la
pensée de la veille » font aussi qu'il est « presque
impossible qu'il existe dans un tel pays ce qu'on

---

1. *Ibid.*

appelle de la gloire[1] ». Plus de « maîtres à penser »,
déjà ! L'auteur continue :

> « [...] il y a de l'estime, parce que l'estime ne détruit
> pas l'égalité, et que celui qui l'accorde, juge au lieu
> de s'abandonner ; mais l'enthousiasme pour les
> hommes est banni [...] aujourd'hui, celui qui veut se
> distinguer est en guerre avec l'amour-propre de tous.
> [...] Enfin, chaque découverte des sciences, en enri-
> chissant la masse, domine l'empire individuel de
> l'homme[2]. »

Ce processus a beau être indispensable et béné-
fique au grand nombre : l'écrivain ne peut cacher sa
désolation. Un des premiers *réquisitoires* s'ébauche
ici des *démocraties nivelantes*, même si la suite du
texte a la prudence de récuser l'appétit de gloire au
nom d'une valeur jugée ici suprême, le bonheur.
« [...] la félicité de l'homme lui est plus nécessaire
que sa vie, puisqu'il se tue pour échapper à la
douleur [...] la passion de la gloire, comme tous les
sentiments, doit être jugée par son influence sur le
bonheur[3]. »
Cependant, cette religion du bonheur n'est maintenue que pour mieux faire apparaître son impossibilité :

> « Le bonheur, tel que l'homme le conçoit, c'est ce
> qui est *impossible* [je souligne] en tout genre ; et le

---

1. *Ibid.*
2. *Ibid.*
3. *Ibid.*

bonheur, tel qu'on peut l'obtenir, [...] ne s'acquiert que par l'étude de tous les moyens les plus sûrs pour éviter les grandes peines. C'est à la recherche de ce but que ce livre est destiné[1]. »

Plus de gloire donc, et rien que de la peine à éviter à la place du bonheur hypothétiquement souhaité. Vous avez dit... « guillotine » ? En effet, le terrible couperet provoque chez Mme de Staël ce qu'elle appelle son « culte sacré du malheur » *(Réflexions sur le procès de la Reine)*. On ne saurait réduire ce goût pour la mélancolie à une seule détermination historique, fût-elle exorbitante. Cependant, lorsque Mme de Staël implore la grâce pour Marie-Antoinette, j'ai bien la certitude que dans sa plaidoirie se nouent l'orgueil blessé de l'humaniste qui abhorre le massacre, le courroux de l'aristocrate devant la sauvagerie de l'opinion commune, et la révolte d'une « féministe » bien avant la lettre, insurgée contre l'oppression des femmes. Tout cela suffit largement à soutenir, sinon à provoquer, un certain attachement au malheur. Germaine de Staël plaide l'innocence de la Reine, sa féminité, son étrangeté, sa maternité. Elle soutient qu'à partir d'un grade élevé la chute est plus douloureuse. En définitive, ce sont toutes les femmes, dans leur faiblesse sociale et dans leur fragilité de mères, qu'elle considère bafouées par ce sacrifice. Ainsi :

« Arbitres de la vie de la reine, je veux parler

---

1. *Ibid.* (Introduction).

selon vos désirs ; je veux vous implorer ; soyez justes, soyez généreux envers Marie-Antoinette ; mais soyez aussi jaloux de sa gloire [sic] : en l'immolant, vous la conservez à jamais[1]. »

« Je reviens à vous, femmes immolées toutes dans une mère si tendre, immolées toutes par l'attentat qui serait commis sur la faiblesse, par l'anéantissement de la pitié ; c'en est fait de votre empire si la férocité règne, c'en est fait de votre destinée si les pleurs coulent en vain. Défendez la reine par toutes les armes de la nature[2]. »

Même face au supplice, la pensée de la gloire ne quitte pas Mme de Staël. Mais ce sont la faiblesse et la douleur féminines, férocement balayées par la tyrannie révolutionnaire, qui lui semblent supérieures.

Ainsi, tandis que la Terreur et l'« opinion » essaient d'abolir la gloire et rendent impossible le bonheur, le *malheur* choit au fond de ce vase alchimique qu'est la psychologie romantique constituée par Mme de Staël — documentaliste d'une histoire déchirante. Il est le seul élément susceptible de rejoindre la gloire. Et c'est bien lui qu'elle va distiller dans ses essais et ses romans.

Une haute exigence morale, un surmoi sévère, commandent cette dépendance par rapport au malheur en créant la culpabilité. « On a demandé à Richardson, écrit Mme de Staël, pourquoi il aurait

---

1. *Ibid.*
2. *Ibid.*

rendu Clarisse si malheureuse : *"C'est,* répondit-il, *parce que je n'ai jamais pu lui pardonner d'avoir quitté la maison de son père*[1]*."* » (Le propos ne manque pas d'intérêt si on l'applique à Germaine Necker.) « Je pourrais ainsi dire, avec vérité, continue la romancière, que je n'ai pas dans mon roman pardonné à Delphine de s'être livrée à son sentiment pour un homme marié, quoique ce sentiment soit resté pur. » La contrainte sociale exercée à l'encontre des femmes ajoute sa part dans cette destination à la souffrance : « [...] j'ai voulu montrer aussi ce qui peut être condamnable dans la rigueur que la société exerce contre elle[2]. »

Tout cela converge et contribue à révéler, aux yeux de l'auteur, une essence humaine plus affective que raisonnable : « Enfin, je crois, il existe dans le monde une classe de personnes qui souffrent et jouissent uniquement par les affections du cœur, et dont l'existence toute intérieure est à peine comprise par le commun des hommes[3]. » Plus radicalement encore et de manière franchement mélancolique, elle décèle sous les passions ambitieuses et religieuses « le vide de la vie[4] ». Enfin, par l'expression qu'elle attribue à une de ses héroïnes, Corinne, dans le roman du même nom, Mme de Staël semble revendiquer le caractère dépressif de son génie :

---

1. « Quelques réflexions sur le but moral de *Delphine.* »
2. *Ibid.*
3. *Ibid.*
4. *Ibid.*

> « Malheureuse ! Mon génie, s'il subsiste encore, se fait sentir seulement par la force de ma douleur ; c'est sous les traits d'une puissance ennemie qu'on peut encore le reconnaître[1]. »

Cependant, que le moderne ne s'y méprenne pas : il ne s'agit pas là d'une pathologie. Le malheur ainsi conçu est indice de mérite, il désigne une âme d'élite. Tout l'effort de la pensée de cette première *militante du libéralisme* qu'est Mme de Staël consiste à préserver les différences. Farouche ennemie des démocraties uniformisantes, elle ne recommande l'égalité, qui par ailleurs la séduit, que conjuguée avec le souci de *classer* non pas des distinctions féodales arbitraires, mais les « différences d'éducation » et toutes autres preuves du « mérite personnel ».

> « La pureté du langage, la noblesse de l'expression, l'image de la fierté de l'âme, sont nécessaires surtout dans un État fondé sur des bases démocratiques... Lorsque le pouvoir ne repose que sur la supposition du mérite personnel, quel intérêt ne doit-on pas mettre à conserver à ce mérite tous ses caractères extérieurs[2]. »

Dans cet ordre d'idées et en conséquence, si la mélancolie n'est pas tout à fait ni à elle toute seule une « gloire », elle est assurément un bien parce qu'elle y conduit. Pourquoi ? Parce que Mme de

---

1. *Corinne*, chapitre v.
2. *De la littérature*. Discours préliminaire : « De la littérature dans ses rapports avec la liberté. »

Staël la considère comme un fruit de la liberté qui, de surcroît, contribue à l'excellence des lettres. L'exemple de l'Angleterre le démontre :

> « On se demande pourquoi les Anglais, qui sont heureux par leur gouvernement et leurs mœurs, ont une imagination beaucoup plus mélancolique que ne l'était celle des Français. C'est que la liberté et la vertu, ces deux grands résultats de la raison humaine, exigent de la méditation ; et la méditation conduit nécessairement à des objets sérieux[1]. »

D'une autre manière et parallèlement, la prospérité que Mme de Staël prédit à l'Allemagne serait le résultat d'un meilleur usage, fondé sur le mérite sentimental et « performant », dirait-on aujourd'hui, des Lumières françaises.

Cependant, de tous les mérites, celui des lettres brille de sa noblesse car il arrime le malheur à la gloire. Plus encore, par les temps qui courent, la seule gloire possible sera celle des lettres capables d'exposer les passions et, entre toutes, le malheur pour parvenir à les dominer. Mme de Staël en arrive ainsi à la promotion du style au rang d'« une des puissances d'un État libre » :

> « [...] car le style ne consiste point seulement dans les tournures grammaticales : il tient au fond des idées, à la nature de l'esprit ; il n'est point une simple forme... La convenance, la noblesse, la pureté du langage ajoutent beaucoup, dans tous les pays, et

---

1. *De la littérature*, 1re partie, chapitre XV.

particulièrement dans un pays où l'égalité politique est établie, à la considération de ceux qui nous gouvernent. *La vraie dignité du langage est le meilleur moyen de prononcer toutes les distances morales, d'inspirer un respect qui améliore celui qui l'éprouve. Le talent d'écrire peut devenir l'une des puissances d'un État libre*[1]. »

Cette méditation n'a-t-elle pas guidé les plus marquants des hommes d'État français ? Elle devrait rester un critère probant pour ce qu'on appelle une « qualité humaine » dans une démocratie qui nécessairement relativise quand elle n'abolit pas les valeurs.

Cependant, tout en contribuant à créer la dignité des lettres au même titre que des hommes, la femme de lettres est plus exposée qu'ils ne le sont aux malheurs de la gloire. Elle vit la gloire elle-même comme un malheur. Et Mme de Staël de se livrer à ce vibrant et toujours actuel, hélas, aveu de la souffrance qui se cache sous l'apparence invulnérable de l'intellectuelle. Qui soupçonne la douleur de cette guerrière blessée, quand elle est la première à cacher sa susceptibilité sous le masque de la maîtrise, jusqu'à promouvoir la souffrance au rang de suprême vertu ?

« [...] les guerriers voient le casque, la lance, le panache étincelant, ils attaquent avec violence, et dès les premiers coups ils atteignent au cœur. »

En réalité, la femme de lettres

---

1. *Id.*, 2e partie, chapitre VII, *je souligne*.

« promène sa singulière existence, comme les *Parias de l'Inde* [je souligne], entre toutes les classes dont elle ne peut être, toutes les classes qui la considèrent comme devant exister par elle seule : objet de la curiosité, peut-être de l'envie, et ne méritant en effet que la pitié[1]. »

On a dit que Mme de Staël a été parmi les premiers, avec Montesquieu, Voltaire, Condorcet et André Chénier, à envisager les institutions politiques comme causes des belles-lettres des nations considérées. Il me semble plutôt qu'elle pense les institutions politiques comme autant de *styles* comparables à l'art de l'écriture. Si la politique lui paraît perfectible — programme combien nécessaire pour sortir la France du chaos révolutionnaire —, c'est parce que les mœurs politiques seraient à l'image des constructions et des usages littéraires que le talent essaie toujours de raffiner. Mais voilà que le souci de gloire réapparaît. Avec lui, le constat de la fragilité de l'écrivain confondue sans doute avec celle de la femme.

> « Les premiers pas qu'on fait dans l'espoir d'atteindre à la réputation sont pleins de charmes, on est satisfaite de s'entendre nommer, d'obtenir un rang dans l'opinion, d'être placée sur une ligne à part ; mais si l'on y parvient, quelle solitude, quel effroi n'éprouve-t-on pas ! On veut rentrer dans l'association commune, il n'est plus temps. On peut aisément perdre le peu d'éclat qu'on avait acquis,

---

1. *Id.*, chapitre IV, « Des femmes qui cultivent les lettres ».

mais ce n'est plus possible de trouver l'accueil bienveillant qu'obtiendrait l'être ignoré[1]. »

Et pourtant, c'est par cet exercice solitaire de la douleur écrite que Mme de Staël continuera inlassablement à viser l'horizon, à jamais insatisfaisant et cependant toujours éclatant, de la gloire due aux lettres. Ses passions amoureuses (Narbonne, Ribbing, Constant, O'Donnell, Prosper de Barante, François de Pange, John Rocca...), ses ruptures, déceptions, blessures infligées par des femmes rivales et par des amants infidèles donnent matière à une fiction romantique. Germaine de Staël l'a vécue et sa biographie nous la livre.

Mais, à suivre la force avec laquelle elle étale et traverse ses déboires, on se persuade que ce sont là des conditions indispensables pour... écrire. Toutes ces lamentations et revendications, qui finissent par agacer les plus complaisants des amants, ne sont pas un véritable masochisme mélancolique qui embrasse la douleur comme unique objet d'amour. A peine sont-elles des autopunitions névrotiques de la part d'une fille, très, très morale qui ambitionne à se sentir sans autre autorité que celle, paternelle, qu'elle a abritée dans sa propre personne. Avec tout ce chapelet d'amants, Germaine de Staël n'est pas une libertine — les délices érotiques ne retiennent pas l'attention de sa plume, et quant à leur « réalité » qu'on dit problématique, les témoins sont toujours médisants... Ce qui l'exalte, cependant, c'est la maî-

---

1. *De la littérature*, conclusion.

trise de l'espace psychique — qui s'étend de la souffrance au pathos — par des mots, des phrases, des jugements, des constructions logiques et romanesques. Pour cette gloire-là, limitée mais éternelle, l'auteur ne cesse de multiplier les prétextes de douleurs passionnelles.

La sensibilité romantique serait-elle le marchepied d'un culte de l'écriture ? La promotion d'un nouveau sacré ? Terreur, morts, non-sens de l'opinion communautaire, vide de la vie : soit. Il reste à survivre. Par l'écriture. Mais désormais l'écrit n'est plus une créature secondaire que la Création divine domine en la rendant subtile, modeste ou, plus insolemment, ironique. L'écrit devient l'immanence de la transcendance. Il est l'autel dans lequel se réfugie une religiosité ébranlée, douteuse mais tenace, flattée autant que terrifiée par l'opinion, cherchant à jouir seule à la vue des autres. Mme de Staël appelle cet enthousiasme une gloire : c'est le moteur de son écriture, qui fait consister sa vie.

A cette « gloire » nous ne croyons plus, je vous l'accorde. Même pas à « ça ». Seulement, quand quelqu'un veut écrire, « ça » réapparaît. Subrepticement. Par intermittence. Et Mme de Staël nous devient de nouveau étrangement proche.

Bien à vous.

Joyce « the Gracehoper » ou le retour d'Orphée*

Perversion ou sublimation

Je ne vous apprendrai pas combien éprouvante, douloureuse, absurde et hilarante est la tentative de parler de l'œuvre joycienne. La critique littéraire, ou ce qu'il en reste, demeure fascinée par la rapidité de ce mouvement imaginaire. Accumulation des représentations, enchaînement, déplacement, disparition ou dissolution avec une vitesse qui, dans *Finnegans Wake*, portera atteinte à l'identité du signe verbal, mais qui déjà dans *Ulysse* séduit ou déconcerte. Le jugement hésite à classer ce maelström d'images dans le *symptôme* ou bien dans sa *traversée*, dans sa dépense qui s'apparenterait à une fête sacrée défiant l'autel du sens.

Je considère Joyce comme l'anti-Mallarmé par excellence : il écrit contre le poète, tout contre et ailleurs. Comme Mallarmé, il aurait pu dire : « J'ai

---

* Adresse prononcée devant The International James Joyce Symposium, Francfort, 11-16 juin 1984, *L'Infini* n° 8, automne 1984, pp. 3-13.

senti des symptômes très inquiétants causés par le seul acte d'écrire. » Mais contrairement au maître de la rue de Rome, il ne se contente pas de saturer ce symptôme ni d'explorer la puissance formelle en mélangeant la musique et les lettres, en faisant basculer l'infini de sens en un néant de sens. Il analyse le *symptôme* de l'écriture dans sa dimension intrapsychique qui réside dans la capacité de l'être parlant à *s'identifier*. Avec un autre sujet ou objet, partie ou trait. L'identification travaille l'imaginaire et l'inquiétante aventure de l'homme dans le sens : voilà ce que révèle la littérature avec ses personnages, son vraisemblable, ses catharsis et tant d'autres *topoi* répertoriés désormais par la théorie littéraire classique et moins classique. Mais c'est à Joyce que revient le redoutable avantage d'avoir mimé, connu et fait connaître (par un savoir qui peut-être s'ignore comme tel mais qui n'en est pas moins sacrément opérant), les détails de l'identification qui préside à la genèse de l'imaginaire qu'est la fiction.

Quelques questions surgissent immanquablement au seuil de ma réflexion. — Qu'est-ce qu'un analyste entend par « identification » et en quoi ce processus psychique universel préside-t-il à l'imaginaire ? Pourquoi Joyce était-il particulièrement favorisé à affronter cet aspect précis de la fonction imaginaire ? Et enfin, quels thèmes et quels procédés de son œuvre démontrent cette hypothèse critique ?

L'identification à une *relation* ou à un *objet* (mère, père ou tels ou tels de leurs aspects) est un transfert de mon corps et de mon appareil psychique en gestation, donc inachevés, mobiles, fluides dans un *autre* dont la fixité est pour moi un repère et déjà une représentation. C'est de me prendre pour eux, de devenir comme eux — notez la portée métaphorique de ce transport, le verbe grec dit *métaphorein* — que je deviens Un, un sujet capable de représentations préverbales et verbales. Cette identification évoque l'assimilation orale et la fusion amoureuse. Elle est, en effet, possible grâce à l'amour qu'on me porte, que je porte à l'autre. Elle est coextensive à cet amour. Entendez l'amour au sens de l'*éros* grec, violent, destructeur mais aussi platoniquement ascendant vers l'Idéal ; ainsi qu'au sens de l'*agapê* chrétienne qui descend sur moi de la part de l'autre et que je n'ai même pas à mériter.

Le catholicisme de Joyce[1], son expérience profonde de la religion trinitaire jusqu'à sa dérision, l'a confronté avec son centre qu'est l'*eucharistie* — rite par excellence de l'identification avec le corps de Dieu, pivot de toutes les autres identifications, y compris de la profusion artistique favorisée par le catholicisme. Il est probable que le contexte culturel catholique, intensément assimilé par Joyce, ait rencontré un accident biographique mettant en danger son identité, et lui ait permis de concentrer son écriture sur ce substrat identificatoire du fonctionnement psychique si magistralement mis au centre de la dernière des religions.

---

1. *Cf.* Robert Boyle, S. J., *James Joyce* Pauline Vision, South Univ. Press, 1978, et J. L. Houdebine, « Joyce, littérature et religion », *Tel Quel*, 89 et *Excès de langage*, Denoël, 1984, pp. 211-250.

Les multiples insistances de Joyce « the Graceho-per » sur la transsubstantation ou sur l'hérésie d'Arius, ainsi que sur la consubstantialité du père et du fils dans *Hamlet* de Shakespeare, mais aussi entre Shakespeare, son père, son fils Hamnet et sur l'œuvre entière du dramaturge en tant que filiation réelle, traduisent de manière appuyée l'obsession joycienne par le thème de l'eucharistie. On se rappelle la condensation entre « trinité » et « transsubstanta-tion » dans le mot-valise « contransmagnificandjew-bangtantiality »... Plus indirectement, l'oralité de Bloom, dégustateur avide des foies, gésiers et autres entrailles de bêtes ; l'assimilation vertigineuse du savoir par Mulligan ou Stephen ; le repas qui consti-tue la scène de rencontre entre Stephen et Bloom, et qui va jusqu'à la proposition d'échange sexuel de femme entre eux ; mais aussi l'assimilation par le narrateur du personnage de Molly dont le monologue final, tous ces phénomènes indiquent le déplacement et la réalisation dans les thèmes narratifs ainsi que dans la dynamique même de la fiction, du secret de l'identification. Toutefois, ce sera dans les deux variantes de l'expérience amoureuse — dans l'*agapê* de Stephen Dedalus et dans l'*éros* de Léopold Bloom[1] — que je verrai la réalisation la plus pertinente et analytiquement la plus juste, du mouvement iden-tificatoire propre à l'expérience artistique.

---

1. A propos d'éros et agapê, *cf.* Anders Nygren, *Éros et Agapê*, 1936, tr. fr. Aubier, et notre interprétation analytique de cette distinction in *Histoires d'amour* (1983), Folios « Essais », Gallimard, 1985.

La mise à nu de l'identification intrapsychique dans un texte littéraire peut être interprétée comme un « retour du refoulé » : nous refoulons les processus qui ont présidé à la constitution de notre espace psychique, et c'est seulement par un franchissement du refoulement ou par une modification de sa barrière que ce refoulé se manifeste. A ce titre, la présence massive de thèmes ou de procédés narratifs identificatoires peut être considérée comme un symptôme. C'est donc bien l'identification proliférante, instable, problématique qui devient le symptôme par excellence de l'acte d'écrire dont parlait Mallarmé. Mais Joyce le sait, d'un savoir peut-être inconscient ou en tout cas d'un savoir irradié par la nescience théologique. De ce fait, il retourne le symptôme, le déverse, et revendique sa logique profonde comme une nécessité de notre vie quotidienne. — Nous avons besoin d'identifications multiples, plastiques, polymorphes et polyphoniques. Et si l'eucharistie a perdu le pouvoir envoûtant qui nous en donnait l'occasion, eh bien il nous reste au moins deux voies : lisons la littérature et essayons de réinventer l'amour. L'expérience amoureuse et l'expérience artistique, aspects solidaires du processus identificatoire, sont nos seules façons de préserver notre espace psychique en tant que « système vivant ». C'est-à-dire ouvert à l'autre, capable d'adaptation et de changement.

Une telle intégration du polymorphisme ou de la perversion accompagne une pratique de la langue qui ne se limite pas au calcul, fût-il vertigineux, de « signifiants purs ». Elle intègre les représentations pré- ou transverbales qui jouent sur une vaste gamme sémiotique, du geste aux couleurs et aux sons. Elle fait de l'usage de la langue non pas un exercice logique formel, mais un théâtre rituel, une liturgie carnavalisée.

Ce voisinage avec la psychose (du fait de la manipulation des mots comme s'ils étaient des choses), débordé par un polymorphisme identificatoire si extraordinaire dans sa diversité, serait-il dû à une ultime identification avec une mère archaïque ? Avec cette autorité suprême où se réfugie l'identité plastique du narrateur défiant obstinément la loi du père garante de toute identité normée ? C. G. Jung semble le croire, lorsqu'il affirme que Joyce « connaît l'âme féminine comme s'il était la grand-mère du diable ». Drôle de grand-mère cependant, qui prend les allures d'un juif sensuel (Bloom) et dont la jouissance phallique, sans ignorer de véritables transvasements dans les corps féminins (la masturbation de Bloom face à Gertie), est aspirée, en définitive, par le pouvoir du texte. Par l'imposition sacrée du nom propre.

Ou bien Joyce serait-il un « saint homme » qui aurait retourné comme un gant le symptôme pervers de l'identification avec la femme, et aurait fait surgir, à la place de la castration, la saillie du style — comme le laisse entendre Lacan[1] ?

Je dirais plutôt que Joyce réussit là où Orphée échoue. Son aventure représente la version moderne, post-chrétienne, du mythe grec. Il est interdit au

---

1. *Ornicar ?* nᵒ 7, 1976, pp. 3-18 ; et nᵒ 9, 1977, pp. 32-40.

héros artiste de voir quelque chose : de chercher Eurydice en enfer, de se retourner sur le mystère féminin. S'il le fait, Orphée perd son aimée, et cet amour impossible se paie par un sacrifice (il est déchiqueté par les ménades), mais aussi par une immortalité (il survit dispersé dans ses chants). Au contraire, Dedalus-Bloom ne détourne pas son regard de la nuit infernale qui engloutit Eurydice, sans pour autant disparaître lui-même. Pas plus que Joyce, malgré les difficultés de son existence, ne sacrifie son être social au mythe de l'artiste maudit, mais persiste à mener ironiquement sa barque à travers femmes mécènes et protectrices des lettres. Seule, et tragiquement, la folie de Lucia témoigne, peut-être, des métamorphoses ludiques d'un père qui ne tient pas en place. Mais l'odyssée joycienne vers la patrie de l'œuvre ne lui évite pas, au contraire, de se retourner vers le secret invisible de la féminité dont Freud disait qu'elle était la part inaccessible de la personnalité chez les deux sexes. Le narrateur la regarde, son Eurydice-Molly, insolent, agressif, obscène : on pense aux lettres scatologiques de Joyce à Nora[1]. Il la tire de l'enfer passionnel en lui attribuant ce chant-monologue final qui doit beaucoup aux lettres de Nora elle-même[2].

Certains on cru déceler, dans cette fin d'*Ulysse*,

---

1. *Cf.* J. Joyce, *Œuvres*, Pléiade, éditée par J. Aubert, 1982, Lettres de 1909, pp. 1258-1289.

2. Les lettres de Joyce y font allusion, mais celles de Nora ne sont pas retrouvées. *Cf.* Brenda Maddox, *Nora. La vérité sur les rapports de Nora et James Joyce*, Albin Michel, 1990.

une reconnaissance ou au contraire une censure de la sexualité féminine. Il s'agit plutôt de l'artiste homme, gorgé d'une ultime appropriation-identification, qui nous restitue une ménade avalée par Orphée[1]. Ainsi seulement Dedalus-Bloom accomplit la plénitude de son texte-corps, et peut enfin nous lâcher son texte comme s'il était son corps, sa transsubstantation. « Ceci est mon corps », semble dire le narrateur dont on se souviendra, à partir de *Finnegans Wake*, des identifications avec HCE. Tandis que le lecteur, telles les bacchantes, assimile à travers les signes du texte la présence réelle d'une sexualité masculine complexe. Sans refoulement aucun. Nous sommes en présence des conditions nécessaires à l'énigmatique sublimation : le texte écluse mais ne réprime pas la libido et exerce ainsi sa fonction cathartique sur le lecteur. Cette levée du refoulement sublimée explique aussi l'agacement, la gêne, l'envoûtement et en définitive la reddition du lecteur. Tout est à voir et toutes les places sont à prendre. Il ne manque rien, rien n'est caché qui ne saurait être effectivement présent. L'enfer de la passion, le démoniaque féminin, se résorbent dans les thèmes comme dans le langage, pour devenir comédie ou dérision. Le secret personnel peut être gardé. Pas la réserve de sentiments qui nourrit la

---

1. « [...] un homme capable d'écrire à ce point une femme de l'intérieur renverse les annales de la psychologie » (Philippe Sollers, « La voix de Joyce », in *Théorie des exceptions*, Folio Essais, 1986, p. 103).

vie psychologique. Elle sera résorbée dans l'ubiquité d'une écriture identificatoire, avide et continue.

De l'identification. Éros et agapê

Le terme psychanalytique d'*identification* recouvre diverses stations dans le processus de subjectivation : identification narcissique, identification hystérique, identification projective... Si j'admets que je ne suis jamais idéalement Un sous la Loi de l'Autre, toute mon aventure psychique est faite d'identifications ratées, d'autonomies impossibles, où viennent se loger le narcissisme, la perversion, l'aliénation. Malgré sa polyvalence, le terme d'identification est à maintenir dans la pratique et la théorie analytique au moins pour deux raisons. D'abord, quelles que soient les variantes de l'identification, le générique d'« identification » suppose la tendance propre à l'être parlant de s'assimiler symboliquement et réellement une entité séparée de lui. Notons que deux processus de représentation sont requis dans cette dynamique : verbal et trans- ou préverbal. En outre, l'identification opère dans le contre-transfert comme vecteur de savoir et d'interprétation de l'autre.

Pour l'économie de l'écriture, et plus spécifiquement chez Joyce, la problématique de l'identification déplace l'accent du complexe d'Œdipe (dont plusieurs auteurs ont signalé le peu de pertinence pour un Joyce attiré moins par les Grecs meurtriers comme Œdipe ou Oreste que par les errants comme

Télémaque ou Ulysse[1]), vers une autre aventure intrapsychique, antérieure et transversale à l'œdipe, et qui échappe aux étiquettes des « structures », en dernière instance psychiatriques.

Entendons donc par identification ce mouvement par lequel le sujet advient dans la mesure où il se fait un avec un autre, identique à lui. Je ne dis pas qu'il se modèle *comme* l'autre, ce qui serait le propre de l'incertitude plastique de la comparaison. Au contraire, transféré à l'Autre, dans l'identification « je » fait Un avec lui par toute la gamme du symbolique, de l'imaginaire et du réel. Freud évoque l'intensité d'une *Einfühlung*, d'une empathie propre à certains états amoureux, hypnotiques ou mystiques. Il signale également que l'*identification primaire* du sujet se fait avec une forme primitive qu'il appelle un « père de la préhistoire individuelle » *(Vater der Persönlichen Vorzeit)* et qui posséderait les attributs sexuels des deux parents. Notons ce moment pour y revenir avec Joyce.

Dans la pratique analytique contemporaine, l'arrivée en analyse de patients narcissiques, borderlines ou psychosomatiques, interpelle plus massivement qu'auparavant l'*Einfühlung* de l'analyste — cette identification transverbale qui remonte aux identifications primaires — comme moment fondamental de la cure. Le refoulement problématique de ces nouveaux patients (mais ne l'est-il pas chez les artistes ?) fait circuler les représentations verbales

---

1. *Cf.* R. Ellman, *The Consciousness of Joyce*, Faber & Faber, 1977.

jusqu'aux représentants psychiques de la pulsion : en effet, le transfert provoque aussi bien le verbe que l'affect de l'analyste. Pour conduire ma parole au lieu psychique où ma patiente fait des crises convulsives, par exemple, je dois l'accompagner *en affect* dans sa souffrance, avant de faire un saut dans le *langage* des signes et donner un nom à notre affect commun resté pour un temps innommable. Se joue alors une aventure proche de la *métaphore* au sens baudelairien de « métamorphose mystique », et non pas de la comparaison. Or, c'est bien ce mouvement qui est la condition *sine qua non* de l'avènement du sujet. Il s'agit d'une métaphore qui serait un *transport* des représentants pulsionnels et des représentations verbales au lieu d'un autre qui me fait être Un avec lui : corps et âme. La réduplication narcissique (je répète maman, ce qui n'est pas encore une métaphore identificatoire stabilisée mais une simple répétition) ou bien l'identification projective (je ne veux pas savoir que je la hais, donc elle me déteste) sont des éléments d'une série qui va s'achever (provisoirement, jamais complètement) dans ce mouvement métaphorique d'identification avec le Père imaginaire, que Freud appelle une « identification primaire ». Comme dans l'agapê chrétienne, cette identification nous vient d'en haut, d'un tiers (qui pour l'analyste est l'œuvre de l'amour maternel pour un tiers), mais l'enfant n'a pas à l'élaborer. Délices et apaisement, dette fantomatique et but ultime de l'existence : telle sera l'agapê filiale joycienne, à en croire ses Hamlet, Shakespeare, Bloom, Rudy, Dedalus...

La dominante des représentants pulsionnels sur les représentants verbaux reste plus grande dans l'identification narcissique et dans l'identification projective. Mais elle demeure sous-jacente à toute identification. Car dans sa *logique* l'identification est toujours *instabilité* et *mouvement* («un ensemble flou»), alors que dans son *économie* elle est *ambiguë*: symbolique *et* réelle. L'identification est une «trans-corporation». Au moment fructueux de la cure, mon corps est le corps de mon patient, au symptôme près : source de ma fatigue, de ma jouvence aussi, de ma renaissance. Par l'interprétation ou la verbalisation que notre relation enrichit chez lui, je remplace le symptôme dont il se plaint. Cela mis à part — et c'est fondamental —, nous sommes logés à la même enseigne identificatoire, dans le transfert comme dans le contre-transfert.

Nous voilà conduits, dans cette agapê analytique et artistique, de l'identification à la transsubstantation. Le père est-il consubstantiel au fils, ou bien le fils est-il seulement à l'image du père ? L'eucharistie est-elle le corps réel du Christ auquel je m'identifie en l'absorbant, ou seulement une représentation? Ou encore, comme le dit très logiquement la très janséniste *Logique* de Port-Royal, était-elle *avant* un pain et un vin et *maintenant* le corps du Christ ? Je ne vous présenterai pas les détails de cette discussion qui déchire la chrétienté jusqu'au concile de Trente (1545-1563), et qui est au cœur cependant de notre interrogation sur la portée psychique de l'identification. Je l'aborderai par deux biais laïques : Joyce évidemment, mais avant lui Galilée.

Vous ne vous étonnerez pas d'apprendre que ce débat sur la transsubstantation a été ranimé et, en fait, périmé par la science moderne et notamment par Galilée[1]. L'héliocentrisme copernicien de Galilée, que l'Église vient enfin de reconnaître, ne semble pas avoir été la pièce majeure du procès qui lui a été fait, mais bien sa conception de la matière où l'on a deviné (notamment dans son *Saggiatore*, 1623) un atomiste. Or, si toute matière est identiquement atomique, il est évident qu'il ne peut plus y avoir de transsubstantation pourtant définitivement établie comme dogme par le concile de Trente en 1551. Bien entendu, aucune science physique ne pouvait démontrer la portée *symbolique-et-réelle* de l'identification. La science ne pouvait, au mieux, que la reléguer dans la subjectivité : vous « imaginez » que vous êtes identique à X... Il fallait attendre un Freud, Galilée de l'inconscient, pour revendiquer d'une nouvelle façon la valeur *réelle* de l'identification symbolique, jusqu'aux modifications somatiques.

Explorateur hardi des mêmes paysages psychiques, l'artiste cependant déverse ou dépense le symptôme identificatoire en discours original : en style. Ni subjugué comme le croyant ni converti aux somatoses comme l'hystérique, parfois aussi bien l'un que l'autre, il ne cesse de produire des identifications multiples. Mais il les parle. Hypothèse : parce qu'il est plus agrippé que quiconque au « père de la préhistoire individuelle ». Contrairement au mythe bien répandu de l'artiste soumis au désir de sa mère,

---

1. *Cf.* Pietro Redondi, *Galileo Eretico*, Einaudi, 1983.

ou plutôt pour se défendre contre ce désir, il se prend... non pas pour le phallus de la mère, mais pour le fantôme tiers auquel la mère aspire. Une version aimante du Tiers, un père pré-œdipien « qui vous a aimé le premier » (disent les Évangiles), conglomérat des deux sexes (suggère Freud)... « Dieu est Agapê »...

Les transsubstantations du « childman »

Dans *Ulysse*, Joyce fait d'importantes allusions à la transsubstantation. L'hérésie d'Arius l'intrigue : condamnée au concile de Nicée (325) pour avoir mis en doute la consubstantialité du Père et du Fils, elle préfigure les grands schismes de l'Église (orthodoxie, protestantisme). Ainsi : « ... Arius bataillant toute sa vie contre la consubstantialité du Père et du Fils[1] » ; « Est-ce lui donc la divine substance en laquelle Père et Fils sont consubstantiels. Où est ce pauvre cher Arius pour argumenter ?... Malchanceux hérésiarque[2]. » La réflexion de Stephen sur Hamlet et son lien au père fantôme est sans doute le passage le plus saisissant, parce qu'il condense l'obsession joycienne du mystère christique avec sa croissante conviction de l'écriture comme résurrection. Loin d'être un « lofty impersonal power », l'auteur est naturellement tributaire de sa biographie pour la vie

1. *Ulysse,* trad. fr., Gallimard, Folio (1929, renouvelée en 1957), tome I, p. 34.
2. *Ibid.,* p. 57.

de ses œuvres (d'où l'importance qu'il accorde à la mort du père et du fils de Shakespeare pour l'écriture de Hamlet dans les conférences de Trieste). Mais surtout il survit physiquement dans ses œuvres qui sont sa véritable filiation. L'idée d'une osmose non seulement symbolique mais aussi réelle s'impose chez Joyce entre créateur et créé, père et fils, amant et aimé.

Qu'on puisse y voir une résorption de l'homosexualité n'est que secondaire par rapport au résultat le plus étonnant d'une telle opération, à savoir : *le style*. Si le style est un symptôme dans le langage, son évidement en sainteté dérisoire, en neutralité légère, en dépense à perte (« erigenating from next to nothing », *Finnegans Wake*) du corps et du sens, proviendrait de cette transfusion entre deux entités (père-fils). Certes fantasmatique au départ, elle assure la souplesse réelle et infinie du sujet de l'écriture, son incroyable cabotinage, sa perversion aspirée par la souffrance adorée du père, sa capacité quasi illimitée de résurrections imaginaires. Toujours à la place de ce père mis à mort (comme le Christ, mais aussi comme le roi de Danemark). Personnage domestiqué et attendrissant dans ses aspects d'homme sans qualité (comme l'ingénieur Dedalus) ou plus encore par ses faiblesses charnelles (comme Bloom qui proposera, on le sait, sa paternité ambiguë et frustrée à Stephen). Stephen le dit admirablement, à propos de Hamlet : « Un père, dit Stephen, luttant contre le découragement, est un mal nécessaire. Il [Shakespeare] écrivit la pièce pendant les mois qui suivirent la mort de son père [...]. Le cadavre de

John Shakespeare ne se promène pas dans la nuit. Il va pourrissant d'heure en heure. Il repose, déchargé de paternité, ayant transmis à son fils cet état mystique [...]. La paternité, en tant qu'engendrement conscient, n'existe pas pour l'homme. C'était un état mystique, une transmission apostolique, du seul générateur au seul engendré. Sur ce mystère, et non sur la madone [voilà la dénégation!] que l'astuce italienne jeta en pâture aux foules de l'Occident, l'Église est fondée et fondée inébranlablement parce que fondée, comme le monde, macro et microcosme, sur le vide. Sur l'incertitude, sur l'improbabilité. *Amor matris*, génitif objectif et subjectif, peut être la seule chose vraie dans cette vie. On peut envisager la paternité comme une fiction légale. Est-il père aimé comme tel par son fils, fils comme tel par son père[1]? »

Joyce suit patiemment les homologies entre le père mort, l'auteur Shakespeare et sa transmutation, à travers l'art, de l'état de spectre en son propre fils qui est le texte. « C'est le spectre le roi, un roi qui n'est pas roi, et l'acteur qui est Shakespeare qui a étudié Hamlet pendant toutes les années de sa vie qui ne furent pas vanité dans le but de jouer le rôle du spectre. Il dit les phrases de ce rôle à Burbage, le jeune acteur qui lui fait face de l'autre côté du transparent, l'appelant par son nom : *"Hamlet, je suis l'esprit de ton père"*, lui enjoignant de l'écouter. C'est à un fils qu'il parle, le fils de son âme, le prince, le jeune Hamlet, et au fils de sa chair,

---

1. *Ibid.*, p. 209.

Hamnet Shakespeare, qui est mort à Stratford afin que vécût à jamais celui qui portait son nom.

« Est-il possible que cet acteur, Shakespeare, spectre par l'absence, et sous la chemise de fer du Danois enterré, spectre par la mort, disant ses propres paroles au prénom de son propre fils (si Hamnet Shakespeare eût vécu il aurait été le jumeau du prince Hamlet), est-il possible, je voudrais le savoir, est-ce probable qu'il n'eût pas tiré ou tout au moins prévu la conclusion logique de ces prémisses : vous êtes le fils dépossédé, je suis le père assassiné ; votre mère est la reine coupable, Anne Shakespeare, née Hathaway[1] ? »

Le père meurt pour que vive le fils. Le fils meurt pour que le père s'incarne dans son œuvre et devienne son propre fils. Dans ce labyrinthe en effet dédalien, chercher la femme. L'agapê chrétienne des trans-substantations s'opposait à l'éros grec. Avant de le sublimer en quête mystique du bien et du beau par la bouche de Diotime dans le *Banquet* ou dans la deuxième partie du *Phèdre*, Platon décrit l'amour comme un psychodrame violent : sadomasochisme meurtrier entre l'amant et l'aimé que le philosophe n'hésite pas à comparer au loup et à l'agneau. Cette histoire est-elle vraiment perdue ? L'avalement amoureux du père qui conclut l'acte de l'identification eucharistique ne doit pas dissimuler la violence de l'agressivité sous-jacente. Une agressivité contre lui, ou plutôt contre son corps, pour autant qu'il est *Le corps*. Car le corps du père porte la mémoire du

---

1. *Ibid.*, pp. 272-273.

corps maternel qui fut un corps enveloppe du temps de la symbiose archaïque entre le moi et ses attributs narcissiques. D'imaginer la déchéance ou simplement la sexualité — faille, jouissance, péché — du corps paternel me débarrasse de ma dépendance du corps maternel. En plus, une telle imagination-transposition fait de ma propre débilité de néotène... le sort d'un autre : ce n'est pas moi, c'est lui le malade, le passionné, le sacrifié... Lui, le père[1].

Cependant, dans le fantasme, et à l'intérieur du mouvement de l'identification idéalisatrice avec le père, c'est la mère qui prend les foudres du rejet. En somme, l'identification en tant que transfert hétérogène (corps *et* sens, métaphore-métamorphose mystique) au lieu du père, commence par me poser dans l'improbable et l'incertain : dans le sens. Mais c'est de me séparer de l'*amor matris* (génitif subjectif et objectif) que j'entre dans la fiction légale qui constitue mon identité de sujet. Toutefois, cette séparation érotique infinie d'avec le corps maternel est la matrice de mon érotisme — doublure constante de mes identifications agapéennes.

L'érotisme de Stephen est sournoisement mobilisé autour de sa mère dont il croit volontiers qu'il peut être la cause de la mort (qui fait mourir une mère : le fils ou le cancer ?). C'est à elle que s'adresse la

---

1. « Question de paternité. En quoi [Joyce] suscite beaucoup d'érudits, mais peu d'enthousiasme. Les mères se sentent excédées, les pères dénudés, les filles multipliées, les fils désaxés [...] Joyce, c'est l'anti-Schreber », écrit Philippe Sollers, « Joyce et Cⁱᵉ », in *Théories des exceptions*, pp. 87 et 95.

passion haineuse de Stephen : « La mâcheuse de cadavre ! Tête crue, os sanglants[1]. »

La mère de Stephen est présentée dans les râles de son agonie, mais son discours ne reste pas moins passionnel et suscite la passion, négative, du fils : « Seigneur, à cause de moi, ayez pitié de Stephen ! », supplie-t-elle. — « Indicible était mon angoisse, tandis que j'expirais d'amour ; de douleur et de détresse sur le Calvaire », « Stephen : *Nothung ! Il brandit sa canne à deux mains et fracasse la suspension*[2]. »

En brouillant les pistes entre Stephen-agapê et Bloom-éros, de sorte qu'aucun personnage ne devienne jamais le symbole d'une seule passion, Joyce confie plutôt à Bloom la quête d'un amour filial : le fils de sa chair mort à 11 jours sera remplacé par une filiation toute symbolique et dépendante d'une intensité surphysique, par Stephen. Toutefois, c'est Bloom qui incarne l'érotisme. Même si sa complaisance pour l'adultère de Molly trahit une passion homosexuelle, le corps de la femme (de la jeune fille à l'accouchée en passant bien entendu par l'épouse) suscite son auto-érotisme et toutes les variantes de sa libido hétérosexuelle. C'est Bloom aussi, et non Stephen, que Joyce choisit pour qu'il représente sa propre expérience amoureuse en 1904. C'est lui qui fait la célèbre apologie de l'amour, à propos d'un *chant d'amour* : « Les mots ? La musique ? Non : ce qui est derrière. Bloom bouclait,

---

1. *Ulysse*, t. II, p. 271.
2. *Ibid.*

débouchait, nouait et dénouait. Bloom. Un flot de chaud lolo, lichelape le secret s'épanchait pour s'épandre en musique, en désir, sombre à déguster, insinuant. La tâter, la tapoter, la tripoter, la tenir sous. Tiens ! Pores dilateurs qui se dilatent. Tiens ! Le jouir, le sentir, la tiédeur, le. Tiens ! Faire par-dessus les écluses gicler les jets. Flot, jet, flux, jet de joie, coup de bélier. Ça y est ! Langue de l'amour[1]. » Ou, de manière plus dérisoire, à propos de l'*incertitude* et de la dérobade de l'objet d'amour : « L'amour aime aimer l'amour [...] Vous aimez une personne. Et cette personne aime une autre personne parce que tout le monde aime quelqu'un, mais Dieu, lui aime tout le monde[2]. » Par ailleurs, la variante chrétienne de l'amour est évoquée ironiquement et attribuée au « révérend Père Amour », « pasteur quelque part dans l'intérieur[3] ».

L'expérience de l'artiste conjoint les deux formes d'amour qui sont deux variantes de l'identification : l'une symbolique paternelle, l'autre pulsionnelle maternelle. Elle le conduit à identifier son psychisme avec ses personnages et leurs aventures, « consub-stantiellement ». Le finale du texte par le monologue de Molly représente au mieux ce transvasement, à la fois passionnel (par identification-reduplication avec la femme aimée) et symbolique (par assimila-tion de sa parole), qui caractérise la genèse de tout personnage littéraire, et que suggérait déjà « Madame

---

1. *Ulysse,* t. I, p. 385.
2. *Ibid.,* p. 481.
3. *Ibid.,* p. 352.

Bovary, c'est moi » de Flaubert. Ce finale nous fait mieux comprendre l'épisode de la naissance du bébé — ou de l'œuvre d'art ? — dans *Les Bœufs du soleil*. La répétition en miroir, narcissique, de la puissance fertile maternelle est indéniable dans le fantasme du créateur. Mais elle n'est possible que par le déplacement de cette reduplication passionnelle dans les mots, grâce à une identification paternelle, agapéenne. Celle-ci est indiquée, de manière laïque et ironique, dans la scène où Bloom et Stephen se regardent dans un miroir et voient le visage imberbe de Shakespeare « rigid in facial paralysis ». Dérision du fantôme du père, image de son ambivalence (à la fois sublime et impotent), cette scène indique combien nécessaire à l'artiste est l'idéalisation d'une figure paternelle. A condition qu'elle soit instable (pour avoir une identité à refaire sans cesse) et rigide (pour la compléter en lui apportant la vie du corps maternel par mimétisme avec lui). D'éros à agapê, la circulation doit se faire en permanence. Elle garantit, en surface, une certaine androgynie. Mais aussi la croyance dans la *vie* des *signes* ainsi que la réduction de la *vie* au *texte*...

Ce « childman » ou « manchild » est donc un avide assimilateur de ses deux parents. Si Joyce était réticent à se reconnaître dans le complexe d'Œdipe (il avait lu avant 1915 Freud et Jung), c'est que son secret n'est pas l'œdipe classique, mais une flexibilité de l'identification que seuls le narcissisme et la psychose vont imposer, plus tard, à l'intérêt des analyses. Parricide et matricide (« woman killer », dit Nora Barnacle mais aussi l'épouse de Richard dans *Les Exilés*), certes. Mais non pas au sens d'une agressivité érotique franche adressée au père ou, de manière plus projective, à la mère. Il s'agit plutôt d'une assimilation *narcissique-et-amoureuse* : capter les pôles externes du narcissisme dans l'identité fluide d'un sujet inconstant, sans intériorité autre que ses possibilités d'assimilation (de personnes, de textes, de mémoire...). Ni dedans ni dehors, mais transfert permanent de l'un à l'autre.

Joyce note, en 1916, un rêve de Nora : on joue une nouvelle pièce de Shakespeare, Shakespeare est présent, il y a deux fantômes dans la pièce, elle a peur que Lucia ne soit effrayée. Joyce ne commente pas la présence des deux fantômes. Il note que Lucia c'est « herself in little », alors que la peur est peut-être due à « that either subsequent honours or the future development of my mind or art or its extravagant excursions into forbidden territory may bring inrest into her life ». La gloire, le développement de l'esprit ou de l'art de Joyce, par leur incursion dans un territoire interdit, peuvent-ils inquiéter la vie d'une femme, lui faire peur ? — Impassible, légèrement bornée, gratifiée d'être l'épouse ou perversement complice, Nora ne semble pas s'en ressentir. La petite, par contre, et quelles que soient les causes biologiques de son mal-être, témoigne dans sa folie que les identifications indéfinis du père se paient : qu'elles sont irrecevables par une autre identité en voie de constitution. Le lecteur, lui-même menacé, terrifié parfois, s'en sort par la catharsis, et en dissociant le réel de l'imaginaire : après tout, Joyce ce n'est pas papa, c'est un nom, c'est un texte... merveilleux.

Joyce pensait nommer son héros Orphée plutôt que Dedalus. Il a eu sans doute raison de choisir un nom qui insiste sur la complexité labyrinthique du discours et de la vie psychique, et qui évoque aussi la technicité contemporaine. Pourtant, l'homme moderne a beau être plus proche de l'ingénieur que du poète, il semble bien qu'un *complexe d'Orphée* — ou plutôt un Orphée sans complexe — serait le moteur profond de cette économie énigmatique qu'on appelle, à l'encontre du refoulement, une sublimation. Ni Œdipe ni Oreste, ni simple amant ni simple meurtrier de sa mère ou de son père, Orphée, Stephen-Bloom, agapê-éros, défie Apollon-Shakespeare et absorbe Eurydice-Molly. Liquidation, liquéfaction du féminin et du masculin dans la coulée d'un style. Il ne s'arrête à aucune identité : ni personnelle, ni sexuelle, ni idéologique. Il les connaît toutes. Un Orphée judéo-chrétien ?

Malade, Joyce ? Ou ésotérique ? Ou post-moderne ? Les questions ne manquent pas de se poser encore. Pourtant, son symptôme et son obscurité, jusque dans leurs dédales les plus abstrus, ont le mérite de poser la question cruciale du post-modernisme : l'identification, la représentation. Sans les éliminer, comme le fera l'accélération vertigineuse de *Finnegans Wake* ou l'avant-garde poétique ultérieure, *Ulysse* nous met face à l'espace même où coagule, dans le langage, une image prête à basculer dans la chair *et* dans le sens. Les thèmes d'*Ulysse* illustrent parfaitement cette incandescence de l'espace imaginaire qui, en raison de sa bidimensionnalité (corps *et* signification) en raison de sa transcorporéité, dispute la place du sacré. N'était-ce pas là l'ambition ultime de Joyce, que tant de « littérature » nous fait parfois oublier ?

Les secrets d'une analyste*

Trois foyers du désir psychanalytique

Voici une biographie qui échappe aux deux impératifs dramatiques souvent implicites à ce genre : le cri de détresse et l'appel à la gloire. La sobriété sténographique ou médicale du style, son émotion fugace et éduquée, la mémoire fidèle et parfois oublieuse de ce face-à-face d'une grande dame de la psychanalyse avec elle-même laissent au lecteur le sentiment que le texte a la nécessité implacable du *momento mori* en même temps que la fraîcheur d'une rêverie adolescente.

On peut se demander si la fonction de psychanalyste est compatible avec ce reste de nos passions qu'est l'autobiographie. N'est-il pas nécessaire que l'analyste s'implique, biographie comprise, dans la seule écoute de chaque patient et écrive une autobiographie, secrète parce que métamorphosée, dans chacune de ses interprétations ? Il reste sans doute des « chutes » dans cette opération si mystérieuse-

---

* Préface à Hélène Deutsch, *Autobiographie*, Mercure de France, 1986.

ment absorbante qu'est le travail analytique. Mais ces échappées semblent, plus logiquement, devoir alimenter une fiction littéraire ou une construction théorique plutôt que l'aspiration à désigner une vérité factuelle ultime. Ne sommes-nous pas, analystes, toujours entre deux discours, au moins ? Comment prétendre saisir le « propre » de son histoire sinon dans le mouvement d'une nouvelle analyse, ou auto-analyse, qui jette forcément un soupçon sur la vérité des précédentes ?

Et pourtant, je lis avec une entière sympathie l'*Autobiographie* d'Hélène Deutsch. Cette collaboratrice de Freud — qu'elle a lu dès 1908, dont elle a été l'analysante en 1918, qui a dirigé l'Institut de psychanalyse de Vienne et qui est devenue, à partir de 1934, une des figures maîtresses du mouvement analytique américain — se demande en somme, au bout de ce parcours, quelle fut la réserve de sa pratique analytique, quels furent les foyers majeurs qui ont propulsé, et secrètement entretenu, son désir d'analyste. Elle s'interroge sur le socle — certains diront inanalysé, inanalysable — à partir duquel ont surgi sa parole interprétative et son activité organisatrice. Quel est cet autre de la psychanalyse, dont elle s'est sans doute dégagée, mais qui, en la constituant, et en l'accompagnant tout au long de sa carrière, fut le mobile profond de son discours, la condition de son oreille interne et de son sens du vrai ?

Trois voies dégagées par le livre ont mené Hélène Deutsch à son aventure. Il semble que leur importance dépasse le cas individuel pour obtenir une valeur peut-être générale dans la genèse du discours psychanalytique. Il s'agit de la Révolution, des femmes et de l'art.

La Révolution d'abord. Née à Przemyśl, en Galicie, Pologne, en 1884, la petite Hala Rosenbach appartient à une famille juive libérale et assimilée, du côté paternel surtout. Son père, Wilhelm Rosenbach, juriste éminent et maître en droit international, jouit d'une notoriété et d'une « responsabilité nationale » qu'on confie rarement à un juif. « Je m'indentifiais généralement davantage aux souffrances d'une Pologne réduite à l'esclavage qu'à mon milieu juif. » Son premier amant, à l'image de ce père idéal, est un homme marié de seize ans plus âgé qu'elle, Herman Lieberman, inspiré par les idéaux de la Révolution française et ébranlé par les événements en Russie, militant et dirigeant socialiste. Elle participera à sa passion politique et le suivra au Congrès socialiste international de Stockholm en 1910 où elle rencontrera Rosa Luxemburg. Sa découverte de Freud sera vécue comme une continuation de l'esprit de révolution et de libération. Dans une Europe déchirée par les haines sociales, religieuses et raciales, une Europe qui se croit renouvelée par les idées de la révolution bourgeoise et du socialisme, une femme juive qui rompt les attaches avec la tradition se trouve naturellement insérée dans le mouvement psychanalytique qui lui semble accomplir cet esprit laïque, libertaire et révolutionnaire. « La psychanalyse fut ma dernière et plus profonde révolution ; et Freud, considéré à juste titre comme un conservateur dans le domaine social et politique, fut pour moi le plus grand révolutionnaire du siècle. »

Ainsi donc, non seulement dans l'histoire des idées mais à travers la biographie de ses fondateurs (H. Deutsch en est un exemple paroxystique mais non unique), la psychanalyse s'affirme comme l'achèvement de la rationalité progressiste. Elle apparaît aussi comme son éthique. Hala trouve sa liberté de femme et sa réalisation professionnelle en abandonnant la ferveur politique à laquelle l'avait soudée son amour de jeune fille.

Nombre de références à la « femme virile révolutionnaire » dans *La Psychologie des femmes*[1] témoignent de la sympathie, mais surtout du détachement, d'Hélène Deutsch vis-à-vis de ce comportement. On lira aussi, dans « *L'Imposteur* » par exemple, que les fausses personnalités, les « personnalités "comme si" » auraient pu éviter (ou cacher ?) leur psychopathologie si elles avaient trouvé les « circonstances favorables » de l'action politique : « Comme tant de héros de guerre ou de révolution, (l'imposteur) aurait pu mettre sa pathologie au service d'une carrière glorieuse[2]. » Entendons : la psychanalyse, au contraire, offre une autre voie qui est la dissolution de l'imposture et une chance de bâtir une véritable relation de désir et d'amour avec un autre. Tel me paraît être le message implicite de l'acharnement d'Hélène Deutsch à pénétrer dans l'omniprésence de l'impos-

---

1. *La Psychologie des femmes*, Presses Universitaires de France, 1949.
2. *La Psychanalyse des névroses*, Payot, 1970, p. 275.

ture qu'elle dit découvrir jusqu'en elle-même :
« Depuis que je m'intéresse à l'imposteur, il me
poursuit partout. Je le trouve parmi mes amis et
mes relations aussi bien qu'en moi-même[1]. »

Cette traversée de la militance politique (dont elle
préservera cependant toute sa vie l'efficacité organisatrice) s'accompagne d'une autre revendication. Celle-
ci est également inscrite dans les luttes politiques du
siècle, mais la psychanalyse espère l'éclairer de sa
lumière décapante : la revendication d'être femme.
On doit à H. Deutsch deux volumes d'une *Psychologie des femmes* dont son *Autobiographie* révèle
l'enracinement dans sa propre expérience. La plus
jeune des trois sœurs, Hala, se sent étrangère à sa
mère, elle se considère mal aimée d'elle et la rejette
à son tour pour bâtir une relation privilégiée avec
son père. A la puberté, cette idéalisation éclate
comme il se doit en libération sexuelle. Les lecteurs
de ces souvenirs autobiographiques pourront se rapporter aux pages très neutres de *La Psychologie des
femmes* où cette situation a été promue au rang de
généralité psychique sans allusion autobiographique :
« Dans bien des cas [...], la relation avec le père est
très tendre, *surtout si la fillette est la plus jeune* (nous
soulignons) ou l'une des plus jeunes parmi plusieurs
filles. Elle perd en grandissant sa position privilégiée
et elle est traitée comme ses sœurs. Elle se venge de
cette infidélité par l'infidélité : "tous les hommes au
lieu d'un homme unique". Elle s'abaisse à ce rôle
sexuel qu'elle assignait auparavant à sa mère. Ce

---

1. *Ibid.*, p. 285.

rejet du père au cours de la puberté est une cause très fréquente non seulement d'imagination mais de réactions vindicatives dont le contenu masochiste révèle le sentiment anciennement refoulé pour le père[1]. » Ou encore, sous la signature de la très tendre et dévouée Mme Félix Deutsch, cette belle description de l'amour de la fille pour son père qui s'éclaire par l'autobiographie de l'ex-Mlle Rosenbach, toujours fidèle admiratrice de son père et de son double Herman Lieberman : « Elle voit d'abord en son père un homme remarquable qui mériterait un meilleur destin, une victime de la mère prosaïque qui lui a imposé la triste tâche de gagner de l'argent. Elle, sa petite fille, lui conviendrait bien mieux, encore qu'il soit obligé de renoncer à elle. Dans de nombreux cas, le premier objet d'amour d'une femme psychiquement saine, objet auquel elle restera souvent attachée toute sa vie, est un homme marié qui répond à son amour mais qui ne peut briser ses anciens liens. Un tel homme reproduit la situation du père. L'imagination de son désir douloureux, et les souffrances que la femme partage avec lui, nourrissent souvent mieux un attachement fidèle qu'un heureux accomplissement[2]. »

Hélène Deutsch considère que la première révolution de sa vie a été « ma libération de la tyrannie de ma mère ». Elle insiste, avec violence, sur les deux composantes pour elle essentielles et solidaires de la psychologie féminine : le masochisme et le

---

1. *La Psychologie des femmes*, tome I, p. 225.
2. *Ibid.*, p. 175.

narcissisme. Sa sympathie pour le mouvement féministe de son temps ne l'empêche pas de maintenir
jusqu'au bout sa théorie du doublet masochisme-
narcissisme déterminant la féminité. Notons cependant qu'elle essaie d'extraire le terme « masochisme » de la pathologie et en particulier de la
perversion. Elle y décèle d'abord une inhibition
naturelle dans le développement psychique de la
femme que le père renforce par son amour ainsi que
par son rejet de la petite fille. Elle voit cette tendance
s'actualiser dans l'organisation de la libido féminine
non pas en une véritable passivité, mais en une
« activité vers l'intérieur » — dedans de la maison,
du corps, de la vie intérieure. Dans cette perspective,
Hélène Deutsch transforme le concept de *symptôme
masochique* en une *organisation masochique* de la
personnalité. Celle-ci est expliquée comme une
conséquence de la contrainte biologique (vagin inaccessible et passif, souffrance du coït et de l'accouchement) mais aussi sociale. On aperçoit aisément ce
qui est gagné par une telle neutralisation ou « natu-
ralisation » de la notion de masochisme. Cependant,
en écartant totalement le plaisir pervers (père-vers ?)
d'une telle conception de l'organisation de la personnalité, on perd une dynamique essentielle de la
sexualité féminine. Cette perspective semble par
ailleurs négliger les déterminations symboliques de
la jouissance féminine.

Dans ce contexte, le narcissisme est l'élément qui
sert de contrepoids à la tendance masochique et va
jusqu'à assurer le triomphe sur elle. Structure ambi-
valente sinon dédoublée, la femme le serait parce

qu'en elle se réalise le destin ambigu propre à l'humain d'être un *individu* qui appartient cependant à l'*espèce*. La femme-individu cherche le plaisir. La femme procréatrice, qui assure la pérennité de l'espèce, endure la souffrance et ne peut la supporter que si celle-ci devient la source d'un certain plaisir. Ce consentement inconscient à la souffrance rend la femme particulièrement adaptable et sociable, estime Hélène Deutsch. A la lecture de ses textes (biographie et théorie confondues), on a le sentiment, non pas d'un hymne à la capitulation féminine, comme il a été souvent dit, mais d'une lucidité de conquérante qui dit la vérité de tant de femmes de ce siècle. En effet, l'*Autobiographie* montre en détails succincts que mener de front la carrière professionnelle et la marternité — à ces thèmes est consacré tout le deuxième volume de *La Psychologie des femmes* — confronte nécessairement une femme à l'alchimie subtile du masochisme-narcissisme. Hélène Deutsch prévoyait déjà que les nouvelles techniques de procréation et d'accouchement pourraient changer cette réalité psychique féminine.

Enfin, un dernier foyer maintient vivant pendant près d'un siècle son désir d'analyse : l'art. L'*Autobiographie* est parsemée de références à Proust, Flaubert, Gide, l'art italien ou l'antiquité grecque.

La fascination de Freud pour les artistes qui l'auraient précédé dans la découverte de l'inconscient n'explique pas entièrement cet accompagnement constant par l'art, plus intense encore dans la vieillesse lorsque cesse la pratique analytique. L'art aide-t-il à ne pas mourir de la vérité dont nous submerge la souffrance des paroles qui nous sont adressées ? J'aimerais penser plutôt qu'Hélène Deutsch n'a pas cherché dans le beau seulement une évasion : une dénégation ou un antidote à l'abjection. Elle y a déchiffré un de ses discours possibles : des expressions de notre intenable condition d'êtres parlants qui peuvent aller au bout de la nuit tout en le disant avec le plaisir, perdre le sens de la vie tout en appelant le désir des autres. Hélène Deutsch se ressource à la fontaine dangereuse du narcissisme et de la sublimation dont elle fut aussi une des premières exploratrices.

« Comme si »

Des nombreuses contributions qu'elle a laissées à la pensée analytique, son exploration des affections narcissiques me paraît des plus puissantes. Bien avant l'analyse désormais avancée des « borderlines » ou des « faux-selfs », Hélène Deutsch parle, dès 1934, de « personnalités "comme si"[1] ». Son auscultation du narcissisme féminin lui a sans doute permis de modifier le concept de « schizophrénie » et de proposer, à partir de sa refonte, la notion

---

1. « Some forms of emotional disturbances and their relationship to schizophrenia » (1934), repris dans *La Psychanalyse des névroses. Cf.* sur cette notion, introduite par H. Deutsch, Joseph Weiss, « Clinical and theoretical aspects of "as if" characters », in *Journal of the American psychoanalytic Association*, 1966, vol. 14, n° 3, pp. 569-590, et Nathaniel Ross, « The "as if" concept », *ibid.*, vol. 15, n° 1, pp. 59-82.

élargie de « personnalités "comme si" ». Leurs troubles affectifs rappellent la schizophrénie, sans s'y confondre. « La psychanalyse dévoile que chez l'individu "comme si" ce n'est plus un acte de refoulement, mais une perte réelle de l'investissement d'objet. La relation apparemment normale avec le monde correspond à l'esprit d'*imitation* de l'enfant et c'est l'expression de l'identification avec le milieu environnant, un mimétisme qui aboutit à une adaptation apparemment bonne au monde de la réalité, malgré l'absence d'investissement d'objet[1]. » Alors que les objets auxquels s'identifie l'hystérique sont puissamment investis par sa libido, même si le refoulement frappe cet investissement et conduit à l'absence d'angoisse qui peut être une issue des conflits, au contraire « chez les patients "comme si" une insuffisance précoce dans le développement de l'affect réduit le conflit intérieur en provoquant un appauvrissement de la personnalité totale qui ne se produit pas dans l'hystérie » (...). « Chez les patients "comme si", les objets sont maintenus à l'extérieur et tous les conflits sont menés jusqu'au bout en relation avec eux. Le conflit avec le surmoi est ainsi évité car dans chaque geste et dans chaque acte le moi "comme si" se subordonne par identification aux désirs et aux ordres d'une autorité qui n'a jamais été introjectée[2]. » Hélène Deutsch analyse avec finesse des hommes et des femmes qui donnent l'impression d'être vides, absents, froids, en dessous de leurs agissements ou amours

---

1. *La Psychanalyse des névroses*, p. 225.
2. *Ibid.*

apparemment dévoués. Ces pages, qu'on ne pourrait s'empêcher de lire en contrepoint à maints aveux autobiographiques, annoncent brillamment le « faux-self » de Winnicott[1].

La frigidité — langage de la dépression

Après une analyse avec Freud dont elle nous dit, hélas, peu de chose (par exemple que la patiente apportait du lait destiné à la femme et à la famille de son analyste) et dont elle qualifie la fin d'« abrupte », Hélène Deutsch devient l'analysante de Karl Abraham à Berlin, en 1924. Elle y rencontre Mélanie Klein, analysante d'Abraham également et dont elle reconnaît, avec précaution, l'originalité, pour lui préférer cependant une autre « fille de son père » — Mlle Anna Freud. Avec beaucoup de clairvoyance et non sans quelque ironie, Hélène Deutsch analyse ses identifications avec les femmes illustres du mouvement révolutionnaire (Rosa Luxemburg, Angelica Balabanoff), ou analytique (Anna Freud surtout, mais aussi Marie Bonaparte, Jeanne Lampl-de Groot, etc.). Elle reste cependant assez discrète sur ses agressivités, jalousies ou

---

1. *Cf.* D. W. Winnicott, « Distorsion du moi en fonction du vrai et faux self » (1960), *in Processus de maturation chez l'enfant*, Payot, 1970, ch. IX, pp. 115-132. On rapportera aussi les idées d'H. Deutsch à la théorie de l'Ego chez H. Hartman, où le Soi est défini comme pôle d'investissement narcissique (*cf.* H. Hartman, « Comments on the psychoanalytic Theory of the Ego » (1950) in *Essays on Ego Psychology* (1964).

incompatibilités avec les « sœurs rivales » (Lou Salomé, Mélanie Klein, Karen Horney). Il semble que ce quadrille mi-amoureux mi-guerrier des femmes autour de Freud entre elles ait obtenu, pour notre auteur, un sens réellement personnel plus tard. Grand-mère, Hélène Deutsch parle à nouveau de son adoration pour ses sœurs aînées, qui ont pris la place de la mère rejetante et rejetée. Enfin, elle analyse les liens qu'elle entretient avec sa belle-fille et sa petite-belle-fille. Les trois femmes de cette dernière configuration sont narcissiquement penchées sur le fils ou petit-fils — objet ultime d'amour et d'angoisse, amorce de leur masochisme-narcissisme... Et Hélène Deutsch, cette fois en position de mère aînée, de dire s'effacer — non sans humour — au profit de la plus jeune qu'elle n'est plus... « Barbara, ma petite-belle-fille... »

Analyste de Victor Tausk, intriguée par Ferenczi, analysante admirative d'Abraham qui a développé les premières études sur la dépression, Hélène Deutsch rencontre le soubassement mélancolique de certaines névroses, en particulier chez les femmes. Son itinéraire dans la psychologie des femmes l'a conduite à s'interroger, mais dans un langage anatomique et physiologique, sur la souffrance et la tristesse féminines comme source éventuelle de plaisir ou au contraire comme inhibition fondamentale de la jouissance féminine. Par-delà le masochisme, elle insiste sur ce qui apparaît bien comme une dépression féminine de base. Elle l'analyse essentiellement autour des événements psychiques de la maternité (grossesse, accouchement, allaitement). Enfin, elle semble associer la dépression féminine à la frigidité en leur assignant comme cause ultime le destin biologique du vagin d'être le réceptacle de l'angoisse de mort. « ... L'organe sexuel primitif de la femme, le clitoris, est le récepteur des peurs de la castration. Le vagin est le récepteur de l'angoisse la plus profonde, c'est-à-dire la mort, qui accompagne la maternité et qui est mobilisée pendant la grossesse et l'accouchement. C'est cette angoisse qui semble empêcher les réactions sexuelles dans la partie vaginale de l'organe de la femme[1]. »

S'il était possible de traduire ce constat d'Hélène Deutsch dans un autre cadre théorique, je dirais que (quels que soient les fondements anatomiques de ce processus) une femme enferme par le *fantasme* au-dedans de son corps un objet inaccessible. Fantasmatiquement, ce dedans est, en dernière instance, le vagin. Ou « le vagin loué à l'anus » selon Lou Salomé. L'objet dont il s'agit est une mauvaise mère que la femme emprisonne pour ne pas la perdre, pour la dominer ou pour la mettre à mort, éventuellement en se tuant soi-même dans un corps à corps mélancolique entre femmes. Cette fantasmatique de la femme frigide avec la mauvaise mère épouse la dynamique de la dépression dans laquelle le sujet déprimé intègre celui ou celle qu'il hait pour ne pas le (ou la) perdre. Et, en le (la) tuant, il se tue.

Dans la relation sexuelle, deux jouissances semblent possibles pour une femme. D'une part, la jouissance

1. « La frigidité chez les femmes » (1960) in *La Psychanalyse des névroses*, p. 305.

phallique — compétition ou identification avec le pouvoir symbolique du partenaire — qui mobilise le clitoris. D'autre part, une *autre jouissance* que le fantasme imagine et réalise en visant plus au fond l'espace psychique, mais aussi l'espace du corps. Cette autre jouissance exige que soit littéralement liquéfié l'objet mélancolique qui obstrue le dedans psychique et corporel. Qui peut le faire ? Un partenaire imaginé capable d'être un plus-que-mère. — Il pourrait dissoudre la mère emprisonnée en moi, en me donnant ce qu'elle a pu ou n'a pas pu me donner. Tout en se maintenant cependant à une place différente, il serait celui qui peut me procurer le don majeur qu'elle n'a jamais pu m'offrir — une nouvelle vie. Ce partenaire n'est pas le père idéalement gratifiant sa fille ni l'étalon symbolique que la femme s'efforce d'atteindre dans une compétition virile. Avec lui, le dedans féminin (l'espace psychique et, au niveau corporel, l'association vagin-anus) peut cesser d'être la crypte qui englobe la morte et qui conditionne la frigidité. En mettant à mort la mère mortifère en moi, le partenaire sexuel obtient les charmes d'un donateur de vie, d'un « plus-que-mère » précisément. Sans être une mère phallique, il réalise une réparation de la mère à travers une violence phallique qui détruit le mauvais mais aussi donne et gratifie. La jouissance dite vaginale qui s'ensuit est symboliquement dépendante, on le voit, d'un rapport à l'Autre qui n'est plus imaginé dans une surenchère phallique, mais comme reconstituant de l'objet narcissique et comme capable d'assurer son déplacement *en dehors*. L'homme fait jouir en donnant un enfant et en devenant lui-même le trait d'union entre le lien mère-enfant et le pouvoir symbolique.

Rien ne dit que cette autre jouissance soit absolument nécessaire pour l'accomplissement psychique d'une femme. Très souvent, la compensation phallique, professionnelle ou maternelle, ou bien le plaisir clitoridien sont le voile plus ou moins étanche de la frigidité. Pourtant, si hommes et femmes accordent une valeur quasi sacrée à la jouissance autre, c'est peut-être parce qu'elle est le langage du corps féminin qui a triomphé provisoirement sur la dépression. C'est un triomphe sur la mort. Il ne s'agit certes pas du destin ultime de l'individu, mais de la mort imaginaire dont l'être humain prématuré est l'enjeu permanent si sa mère l'abandonne, le néglige ou ne le comprend pas. Dans le fantasme féminin, cette jouissance suppose le triomphe sur la mère mortifère, pour que le dedans devienne source de gratification et de vie psychique, tout en étant éventuellement source de vie biologique. Les pages d'Hélène Deutsch sur la maternité, ainsi que les marques discrètes qu'elle donne dans son *Autobiographie* sur ses démêlés avec sa propre mère et enfin sur sa vie d'épouse et de mère m'apparaissent comme une des réalisations possibles de cette hypothèse théorique.

Une « *structure ouverte* » : *l'adolescente*

La vieille dame se découvre, en fin de parcours, une éternelle adolescente. « Mais je sens que ma période de *Sturm und Drang* qui déborde largement sur mes années de maturité est encore vivante en moi et refuse de s'éteindre [...] Je découvre encore en moi des amours et des extases, et ces sentiments sont enracinés dans mon adolescence. » Hélène Deutsch, qui a suivi beaucoup d'adolescents, sait que le « Sturm und Drang » de l'adolescence est moins une tranche d'âge qu'une structure que j'appelle « structure ouverte[1] ». S'il est vrai que le terme a été employé pour désigner l'organisme vivant qui ne vit que de se renouveler grâce à son ouverture vers l'environnement ou vers une autre structure, il existe des êtres parlants qui possèdent cette propriété au niveau psychique. Par un formidable assouplissement du surmoi qui se produit en effet chez la plupart d'entre nous à l'âge de l'adolescence, il s'effectue chez eux une circulation des représentations entre les divers registres psychiques (par exemple : pulsions-inscriptions primaires-inscriptions secondaires). Il en résulte une capacité d'instaurer des transferts fréquents et créatifs avec d'autres personnes, objets ou systèmes symboliques. Cette ouverture transférentielle et ce réaménagement de la dynamique psychique rendent les sujets en question particulièrement aptes aux « amours et extases »,

---

1. *Cf.* ici-même, « Le roman adolescent », pp. 203-228.

comme le dit Hélène Deutsch. Les femmes, à l'évidence, sont souvent capables de cette plasticité transférentielle et de cette dynamique adolescente. Certains sujets atteignent aussi l'élaboration symbolique et la transmission créatrice d'une telle particularité : ce sont les artistes. Une domestication de la perversion s'ensuit qui, appuyée sur un père idéal, permet de s'adapter aux autres en donnant le maximum de soi-même dans une jouissance optimale.

Je suis persuadée qu'une telle spécificité est la condition nécessaire pour devenir analyste. L'autobiographie d'Hélène Deutsch permet de découvrir comment une femme a pu élaborer, conserver et entretenir cette « structure ouverte ». Elle lui a trouvé le discours adéquat au sein des péripéties dramatiques de notre siècle et à travers les aléas éprouvants de sa vie de nomade sereine.

Hélène Deutsch est morte presque centenaire en 1982.

Le temps des femmes*

Nationales et Européennes

La nation — rêve et réalité du XIXe siècle. Elle semble avoir atteint son apogée et ses limites avec la crise de 1929 et l'apocalypse national-socialiste. On a vu s'effondrer les piliers qui la constituaient : l'homogénéité économique, la tradition historique, l'unité linguistique. Menée au nom de valeurs nationales, la Seconde Guerre mondiale a mis fin à la réalité nationale pour n'en faire qu'une illusion maintenue désormais dans un but idéologique ou étroitement politique. Même si des renaissances nationales et nationalistes sont à espérer ou à craindre, la cohérence aussi bien sociale que philosophique de la nation a atteint ses limites.

La recherche d'une *homogénéité* économique a fait place à l'*interdépendance* (quand ce n'est pas à la soumission aux grandes puissances économiques). Parallèlement, la tradition *historique* et l'unité *linguistique* se sont refondues dans un dénominateur à la fois plus vaste et plus profond qu'on peut appeler

* Revue *34/44*, Université Paris VII, n° 5, 1979, pp. 5-19.

un « *dénominateur symbolique* » : la mémoire culturelle et religieuse forgée par une histoire et une géographie intriquées. Cette mémoire-là génère des territoires nationaux gouvernés par la confrontation encore en usage mais en perte de vitesse entre les partis politiques. Pourtant, le « dénominateur symbolique » commun fait apparaître, par-delà la mondialisation et l'uniformisation économique, des particularités supérieures à la nation et qui épousent *parfois* les frontières d'un continent.

Un nouvel ensemble social se constitue ainsi, supérieur à la nation, dans lequel, loin de perdre ses traits, celle-ci les retrouve et les accentue. Mais dans une temporalité paradoxale : une sorte de « futur antérieur », où le passé le plus refoulé, transnational, confère un visage particulier à l'uniformité programmée. Car la mémoire dont il s'agit, le dénominateur symbolique commun, concerne la réponse que des groupes humains, unis par leur terre et dans le temps, ont donnée, non pas aux problèmes de *production* de biens matériels (domaine de l'économie et des rapports humains qu'elle implique, la politique), mais de *re-production*, de survie de l'espèce, de vie et de mort, de corps, de sexe, de symbole. S'il est vrai, par exemple, que l'Europe représente un tel ensemble socio-culturel, son existence tient davantage à ce « dénominateur symbolique » manifesté dans son art, sa philosophie, ses religions, qu'à son profil économique. La dépendance de ce dernier vis-à-vis de la mémoire collective est certaine, mais ses caractéristiques se modifient rapidement sous la pression de ses partenaires mondiaux.

On comprend facilement qu'un tel ensemble social possède une *solidité* enracinée dans le mode de reproduction et ses représentations, par lesquelles l'espèce biologique s'articule à son humanité tributaire du temps. Mais il revêt aussi une *fragilité*, car le dénominateur symbolique ne peut plus prétendre à l'universalité et subit les influences et les attaques d'autres mémoires socio-culturelles. Ainsi, à peine constituée, l'Europe se voit sollicitée à se reconnaître dans les constructions culturelles, artistiques, philosophiques, religieuses propres à d'autres ensembles supranationaux. Cela semble naturel lorsqu'il s'agit d'entités que l'histoire a pu rapprocher (Europe et Amérique du Nord, ou Europe et Amérique latine), par exemple. Mais le phénomène se produit aussi lorsque l'universalité de ce dénominateur symbolique met en résonance des modes de production et de reproduction apparemment opposés (Europe et monde arabe, Europe et Inde ou Europe et Chine).

Bref, avec des ensembles socio-culturels du type « Europe », nous sommes en permanence devant une double problématique : celle de l'*identité* qui s'est constituée par la sédimentation historique, et celle de la *perte d'identité* produite par une connexion de mémoires qui échappe à l'histoire pour rencontrer l'anthropologie. En d'autres termes, nous sommes affrontés à deux dimensions temporelles : le temps d'une histoire linéaire, *cursive*, et le temps d'une autre histoire, un autre temps donc, *monumental* (les termes sont de Nietzsche), qui englobe dans des entités encore plus grandes ces ensembles socio-culturels supranationaux.

Dans un organisme socio-culturel de ce type, j'aimerais attirer l'attention sur certaines formations qui me semblent en résumer la dynamique. Il s'agit de groupes socio-culturels, c'est-à-dire définis par leur place dans la production. Mais il sont surtout définis par leur rôle dans le mode de reproduction et ses représentations. Car, tout en portant les traits spécifiques de la formation socio-culturelle en question, ils sont en *diagonale* par rapport à elle et la relient aux autres formations socio-culturelles. Je pense en particulier à des groupes socio-culturels qu'on définit rapidement comme des classes d'âge (par exemple « les jeunes en Europe ») ou comme des divisions sexuelles (par exemple « les femmes en Europe »), etc. Il est évident que les « jeunes » ou les « femmes » en Europe ont une particularité bien à eux. Il n'est pas moins évident que ce qui les définit comme « jeunes » ou « femmes » les met immédiatement en diagonale par rapport à leur « origine » européenne et révèle leurs connivences avec les mêmes catégories en Amérique du Nord ou en Chine, entre autres. Pour autant qu'ils appartiennent aussi à « l'histoire monumentale », ils ne seront pas seulement « jeunes » ou « femmes » d'Europe. Ils répercuteront, de manière bien entendu spécifique, les traits universaux qui sont ceux de leur place structurale dans la reproduction et ses représentations.

Je voudrais, dans les pages qui suivent, situer la problématique des femmes en Europe dans une interrogation sur le temps : celui dont le mouvement féministe hérite, celui que son apparition modifie. Il s'agira, ensuite, de dégager deux phases, ou deux générations de femmes : tout en étant immédiatement universalistes et cosmopolites par leurs exigences, elles sont distinctes. La première reste davantage déterminée par une problématique nationale, tandis que la seconde, plus déterminée par le « dénominateur symbolique », est européenne et transeuropéenne. Enfin, j'essaierai de faire apparaître, aussi bien par les problèmes abordés que par le type d'analyse que je propose, ce qui, dans un domaine désormais d'une généralité mondiale, reste une proposition européenne. Ou, du moins, ce qui sera la proposition d'une Européenne.

Quel temps ?

« Father's time, mother's species », disait Joyce. C'est en effet à *l'espace générateur* de notre espèce humaine que l'on pense en évoquant le nom et le destin des femmes, davantage qu'au *temps*, au devenir ou à l'histoire. Les sciences modernes de la subjectivité, de sa généalogie ou de ses accidents, confirment cette division qui peut être le résultat d'une conjoncture socio-historique. Freud, à l'écoute des rêves et des fantasmes de ses patients, pensait que « l'hystérie était liée au lieu[1]. » Les études

---

1. S. Freud et C. G. Jung, *Correspondance*, t. I, Gallimard, 1975, p. 87.

ultérieures sur l'apprentissage de la fonction symbolique par les enfants démontrent que la permanence et la qualité de l'amour maternel conditionnent l'apparition des premiers repères spatiaux. Ceux-ci induisent d'abord le rire enfantin, ensuite toute la gamme des manifestations symboliques menant au signe et à la syntaxe[1]. Pour leur part, l'anti-psychiatrie et la psychanalyse appliquée au traitement des psychoses ne procèdent-elles pas, avant de doter le patient de capacités de transfert et de communication, à l'aménagement de nouveaux lieux, substituts gratifiants et réparateurs d'anciennes défaillances de l'espace maternel ? On pourrait multiplier les exemples. Ils convergeront tous vers cette problématique de l'espace que maintes religions à résurgences matriarcales attribuent à « la femme ». Platon, résumant à l'intérieur de son propre système les atomistes de l'Antiquité, l'avait désignée par l'aporie de la *chora* : espace matriciel, nourricier, innommable, antérieur à l'Un, à Dieu et, par conséquent, défiant la métaphysique[2].

---

1. *Cf.* R. Spitz, *La Première Année de la vie de l'enfant*, PUF, 1958 ; Winnicott, *Jeu et réalité*, Gallimard, 1975 ; J. Kristeva « Nom de lieu » in *Polylogue*, Seuil, 1977, pp. 469-491.
2. Platon, *Timée* § 52 : « Une place indéfiniment ; il ne peut subir la destruction, mais il fournit un siège à toutes choses qui ont un devenir, lui-même étant saisissable, en dehors de toute sensation, au moyen d'une sorte de raisonnement bâtard ; à peine entre-t-il en créance ; c'est lui précisément qui nous fait rêver quand nous l'apercevons, et affirmer comme une nécessité que tout ce qui est doit être quelque part, en un lieu déterminé... » *Cf.* J. Kristeva *La Révolution du langage poétique*, Seuil, 1975, p. 23 *sqq.*

Quant au temps, la subjectivité féminine semble lui donner une mesure spécifique qui, de ses multiples modalités connues par l'histoire des civilisations, retient essentiellement la *répétition* et *l'éternité*. D'un côté : cycles, gestation, éternel retour d'un rythme biologique accordé à celui de la nature. Sa stéréotypie peut choquer ; sa régularité à l'unisson avec ce qui est vécu comme un temps extra-subjectif, un temps cosmique, est l'occasion d'éblouissements, de jouissances innommables. De l'autre : une temporalité massive, sans faille et sans fuite. Elle a si peu à voir avec le temps linéaire que le nom même de temporalité ne lui convient pas. Englobante et infinie comme l'espace imaginaire, elle fait penser au Kronos de la mythologie d'Hésiode qui, fils incestueux, couvrait de sa présense compacte toute l'étendue de Gaia pour la séparer d'Ouranos le père. Ou bien aux mythes de résurrection qui, dans toutes les croyances, perpétuent la trace d'un culte maternel, jusqu'à son élaboration la plus récente, la chrétienne. Pour elle, le corps de la Vierge Mère ne meurt pas mais passe, dans le même temps, d'un espace dans l'autre, par dormition (selon les orthodoxes), ou par assomption (selon les catholiques[1]).

Ces deux types de temporalités, cyclique et massive, sont traditionnellement liées à la subjectivité féminine pour autant qu'elle est pensée comme nécessairement maternelle. N'oublions pas toutefois qu'on retrouve la répétition et l'éternité comme

---

1. *Cf.* J. Kristeva « Héréthique de l'amour », in *Histoires d'amour*, pp. 295-327.

conceptions fondamentales du temps dans de nombreuses expériences, en particulier mystiques[1]. Quand les courants du féminisme moderne s'y reconnaissent, ils ne sont donc pas foncièrement incompatibles avec des valeurs « masculines ».

En revanche, c'est par rapport à une certaine conception du temps seulement que la subjectivité féminine semble faire problème. Il s'agit du temps comme projet, téléologie, déroulement linéaire et prospectif : le temps du départ, du cheminement et de l'arrivée, le temps de l'histoire. Que cette temporalité-là soit inhérente aux valeurs logiques et ontologiques d'une civilisation donnée a été largement démontré. Qu'elle explicite une rupture, une attente ou une angoisse que d'autres temporalités cachent, on peut le supposer. Ce temps est celui du langage comme énonciation de phrases (syntagme nominal et syntagme verbal ; topic-comment ; début-fin). Il se soutient de sa butée, la mort. Un temps d'obsessionnel, dirait le psychanalyste, reconnaissant dans la maîtrise de ce temps soucieux la véritable structure de l'esclave. L'hystérique qui, lui ou elle, souffre de réminiscences se reconnaîtrait plutôt dans les modalités temporelles antérieures, la cyclique, la monumentale. Cette antinomie de structures psychiques devient néanmoins, à l'intérieur d'une civilisation, une antinomie entre groupes sociaux et entre idéologies. En effet, les positions radicales de certaines féministes rejoignent le discours de groupes marginaux à inspiration spirituelle ou mystique et,

---

1. *Cf.* H.-Ch. Puech, *La Gnose et le temps*, Gallimard, 1977.

curieusement, des préoccupations scientifiques récentes. N'est-il pas vrai que la problématique d'un temps indissociable de l'espace, d'un espace-temps en expansion infinie ou bien rythmé par des accidents et des catastrophes, préoccupe aussi bien la science de l'espace que la génétique? Et que, d'une autre façon, la révolution des médias qui s'annonce avec le stockage et la reproduction de l'information implique une idée de temps congelé ou explosant selon les hasards des demandes? Un temps qui fait retour mais immaîtrisable, débordant inexorablement son sujet et ne laissant à ceux qui l'approuvent que deux préoccupations : qui aura le pouvoir sur l'origine (la programmation) et sur la fin (l'utilisation)?

Le lecteur aura été frappé par la fluctuation du terme de référence : mère, femme, hystérique... La cohérence apparente que revêt le terme de « femme » dans l'idéologie actuelle, en dehors de son effet « masse » ou « choc », efface les différences entre les fonctions ou structures qui agissent sous ce mot. Le moment est peut-être venu de faire apparaître précisément la *multiplicité* des visages et des préoccupations féminines. Du croisement de ces différences, il est important que surgisse de manière plus précise, moins publicitaire, mais plus vraie la *différence fondamentale* entre les deux sexes. Le féminisme a eu l'énorme mérite de la rendre douloureuse, c'est-à-dire productrice de surprise et de vie symbolique dans une civilisation qui, en dehors de la Bourse et des guerres, ne fait que s'ennuyer.

On ne peut pas parler d'Europe ni de « femmes

en Europe », sans évoquer dans quelle histoire se situe cette réalité socio-culturelle. Il est vrai qu'une sensibilité féminine s'est fait jour depuis déjà un siècle. Mais il y a fort à parier qu'en introduisant sa notion de temps, elle ne s'accorde pas avec l'idée d'une « Europe éternelle » et peut-être même pas avec celle d'une « Europe moderne ». Elle chercherait plutôt, à travers le passé et le présent européens et avec eux, comme à travers et avec l'ensemble « Europe » en tant qu'il est le dépôt d'une mémoire, sa temporalité propre, trans-européenne. On peut observer en tout cas, de la part des mouvements féministes en Europe, trois attitudes à l'égard de cette conception de la temporalité linéaire qu'on qualifie facilement de masculine et qui est aussi bien civilisationnelle qu'obsessionnelle.

Deux générations

A ses débuts, combat des suffragettes ou de féministes existentialistes, le mouvement féminin aspire à se faire une place dans le temps linéaire comme temps du projet et de l'histoire. En ce sens et tout en étant d'emblée universaliste, le mouvement s'enracine profondément dans la vie socio-politique des nations. Les revendications politiques des femmes, les luttes pour l'égalité des salaires et des fonctions, pour la prise du pouvoir dans les institutions sociales au même titre que les hommes, le rejet des attributs féminins ou maternels jugés incompatibles avec l'insertion dans cette histoire-là, relèvent de cette *logique d'identification* avec les valeurs non pas idéologiques (celles-ci sont combattues à juste titre comme réactionnaires) mais logiques et ontologiques de la rationalité propre à la nation et à l'État. Il n'est pas nécessaire d'énumérer les bénéfices que cette logique d'identification et ce combat revendicatif ont apportés et apportent encore aux femmes (avortement, contraception, égalité de salaire, reconnaissance professionnelle, etc.). Ils ont ou vont avoir des effets plus importants encore que ceux de la révolution industrielle. Universaliste dans sa démarche, ce courant du féminisme *globalise* les problèmes des femmes de différents milieux, âges, civilisations ou simplement de différentes structures psychiques, sous l'étiquette de La Femme Universelle. Dans son orbe, une considération sur les *générations* de femmes ne saurait se concevoir que comme une succession, une progression pour l'accomplissement du programme donné par les fondatrices.

Une seconde phase est liée à des femmes venues au féminisme après mai 1968, avec une expérience esthétique ou psychanalytique. On assiste à un refus quasi global de la temporalité linéaire et à une méfiance exacerbée à l'égard de la politique. Il est vrai que ce courant plus récent du féminisme se réfère à ses fondatrices et que la lutte pour la reconnaissance socio-culturelle des femmes est nécessairement sa préoccupation majeure. Mais il se pense *qualitativement* différent de la première génération. Intéressées essentiellement par la *spécificité* de la psychologie féminine et ses réalisations symboliques, ces femmes cherchent à donner un langage

aux expériences corporelles et intersubjectives laissées muettes par la culture antérieure. Artistes ou
écrivains, elles s'engagent dans une véritable exploration de la *dynamique des signes*. Leur exploration
s'apparente, du moins dans ses aspirations, aux
grands projets de bouleversement esthétique et religieux. Désigner cette expérience comme celle d'une
nouvelle génération ne signifie pas seulement que
d'autres problèmes se sont ajoutés aux revendications d'identité socio-politique des débuts. A exiger
la reconnaissance d'une singularité irréductible et
éclatée en elle-même, plurielle, fluide, non identique
en quelque sorte, le féminisme actuel se situe hors
du temps linéaire des identités qui communiquent
par projection et revendication. Il renoue avec une
mémoire archaïque (mythique) aussi bien qu'avec la
temporalité cyclique ou monumentale des « margi-
nalismes ». Ce n'est sans doute pas un hasard si la
problématique européenne et transeuropéenne s'est
imposée comme telle en même temps que cette
nouvelle phase du féminisme.

Quels processus ou événements d'ordre socio-
politique ont provoqué cette mutation ? Quels en
sont les problèmes : les apports ainsi que les impasses ?

Socialisme et freudisme

On peut soutenir que cette nouvelle génération de
femmes se manifeste de manière plus nette en
Europe occidentale qu'aux États-Unis, en raison
d'une véritable *coupure* dans les relations sociales et

dans les mentalités, produite par le socialisme et par le freudisme. Le *socialisme*, tout en subissant actuellement une crise profonde comme idéologie égalitaire, impose aux gouvernements et partis de tout bord d'élargir la solidarité dans la distribution des biens ainsi que dans l'accès à la culture. Le *freudisme*, en tant que levier interne au champ social, interroge l'égalitarisme en posant la question de la différence sexuelle et de la singularité des sujets, irréductibles les uns aux autres.

Le socialisme occidental, secoué à ses débuts par les exigences égalitaires ou différentielles de ses femmes (Flora Tristan), a vite écarté celles qui aspiraient à la reconnaissance d'une spécificité du rôle féminin dans la société et la culture. Il n'a retenu, dans l'esprit égalitaire et universaliste de l'humanisme des Lumières, que l'idée d'une nécessaire identité entre les deux sexes comme seul et unique moyen de la libération du « deuxième sexe ». Nous ne discuterons pas ici le fait que cet « idéal d'égalité » est loin d'être appliqué dans la pratique des mouvements et partis d'inspiration socialiste. C'est, en partie, de la révolte contre cette situation qu'est née la nouvelle génération des femmes en Europe occidentale après mai 1968. Disons seulement qu'en théorie, et en pratique, dans les pays de l'Europe de l'Est, l'idéologie socialiste, fondée sur une conception de l'être humain déterminée par sa situation dans la *production* et les rapports de production, ne tenait pas compte de la place de cet être humain dans la *reproduction* et dans *l'ordre symbolique*. Par conséquent, le caractère spécifique des femmes ne pouvait que lui apparaître inessentiel, sinon inexistant, dans l'esprit totalisant voire totalitaire de cette idéologie[1]. On commence à s'apercevoir que le même traitement égalitaire et censurant a été imposé, par l'humanisme des Lumières et jusqu'au socialisme, aux spécificités religieuses. En particulier aux Juifs[2].

Les acquis de cette attitude sont néanmoins capitaux pour les femmes. J'en prendrai comme exemple le changement du destin féminin dans les ex-pays socialistes de l'Est européen. On pourrait dire, en exagérant à peine, que les revendications des suffragettes et des féministes existentialistes y ont été en grande partie réalisées. Il est vrai que trois des grandes exigences du féminisme fondateur ont été accomplies malgré les errances et les bévues, dans les pays de l'Est : l'égalité économique, politique et professionnelle. La quatrième, l'égalité sexuelle, qui implique la permissivité des rapports sexuels, l'avortement et la contraception, reste frappée de tabous par l'éthique marxisante ainsi que par la raison d'État. C'est donc cette quatrième égalité qui fait problème et apparaît *essentielle* pour le combat de la nouvelle génération. Mais, simultanément, et en conséquence de cet accomplissement socialiste, qui

---

1. *Cf.* D. Desanti, « L'autre sexe des bolcheviks », *Tel Quel* n° 76, 1978 ; J. Kristeva, *Des Chinoises*, Éd. des femmes, 1975 (Urizen Books, 1977).
2. *Cf.* Arthur Hertzberg, *The French Enlightenment and the Jews*, Columbia University Press, 1968 ; *Les Juifs et la Révolution française*, dirigé par B. Blumenkranz et A. Soboul, Éd. Privat, 1976.

est en réalité une déception, ce n'est plus dans une recherche d'égalité que le combat s'engage désormais. Il revendique la différence, la spécifité. A ce point précis du parcours, la nouvelle génération rencontre la question que nous avons appelée *symbolique*. La différence sexuelle, biologique, physiologique et relative à la reproduction, traduit une différence dans le rapport des sujets au contrat symbolique qu'est le contrat social. Il s'agit de spécifier la différence entre les hommes et les femmes, dans leur relation au pouvoir, au langage, au sens. La pointe la plus fine de la subversion féministe apportée par la nouvelle génération se situe désormais sur ce terrain. Elle conjugue le sexuel et le symbolique, pour essayer d'y trouver ce qui caractérise le féminin d'abord, et chaque femme pour finir.

La saturation de l'idéologie socialiste, l'épuisement de son programme pour un nouveau contrat social passent la main au... freudisme. Je n'ignore pas que des militantes ont vu en Freud le pénible phallocrate d'une Vienne pudibonde et décadente, qui s'imagine les femmes comme des sous-hommes, des hommes castrés.

Castrés ou sujets au langage

Avant de dépasser Freud pour proposer une vision plus juste des femmes, essayons d'abord de comprendre sa notion de castration. Le fondateur de la psychanalyse constate une *angoisse* ou une *peur* de castration et une *envie* collérative de pénis : toutes des formations *imaginaires* propres aux *discours* des névrosés des *deux sexes,* hommes et femmes. Une lecture attentive de Freud, dépassant son biologisme et son mécanicisme de l'époque, nous permet d'aller plus loin. D'abord, comme le présupposé de la « scène primitive », le fantasme de castration avec son corrélat d'envie du pénis sont des *hypothèses,* des *a priori* propres à la théorie elle-même. Ils représentent des nécessités logiques à placer à l'« origine » pour expliquer ce qui n'arrête pas de fonctionner dans le discours névrotique. En d'autres termes, le discours névrotique, d'homme et de femme, ne se comprend dans sa logique propre que si l'on admet ses causes fondamentales : le fantasme de scène primitive et de castration. Et cela même si rien ne les présentifie dans la réalité elle-même. La réalité de la castration est aussi réelle que l'hypothèse d'une explosion qui aura été, selon l'astrophysique moderne, à l'origine de l'Univers. Mais nous sommes infiniment moins choqués quand ce type de démarche intellectuelle concerne la manière inanimée que quand il s'applique à notre propre subjectivité et au mécanisme fondamental de notre pensée épistémophilique.

D'autre part, certains textes de Freud (*L'Interprétation des rêves* mais surtout ceux de la deuxième topique, *La Métapsychologie* en particulier) et ses prolongements récents (notamment Lacan) laissent entendre que la castration est la construction imaginaire qui s'étaie d'un mécanisme psychique constituant le champ symbolique et tout être qui s'y inscrit. Il s'agit de l'avènement du signe et de la syntaxe, c'est-à-dire du langage comme *séparation* d'avec un état de plaisir fusionnel, pour que l'instauration d'un *réseau articulé* de *différences*, se référant à des objets séparés d'un sujet, constitue le *sens*. Cette opération logique de séparation (que la psychologie enfantine et la psycho-linguistique confirment) préconditionnant l'enchaînement syntaxique du langage est le sort commun des deux sexes, hommes et femmes. Que certaines relations bio-familiales conduisent des femmes (notamment les hystériques) à dénier cette séparation et le langage qui s'ensuit, tandis que des hommes (notamment des obsessionnels) les magnifient et, terrifiés, tentent de les maîtriser : voilà ce que dit la découverte freudienne sur ce point.

L'écoute analytique démontre que le pénis devient, dans le fantasme, le référent majeur de cette opération de séparation et donne son plein sens au *manque* ou au *désir* qui constitue le sujet lorsque celui-ci s'inclut dans l'ordre du langage. Pour que cette opération constitutive du symbolique et du social puisse apparaître dans sa vérité, et qu'elle soit entendue par *les deux sexes*, il serait juste d'y inscrire aussi toute la série de privations et d'exclusions qui accompagnent l'angoisse de perdre le pénis, et qui imposent la perte de la complétude et de la totalité. La castration apparaît alors comme l'ensemble des « coupures » indispensables à l'avènement symbolique.

Vivre le sacrifice

Qu'elles soient conscientes ou non des mutations qui ont produit ou accompagné leur éveil, la question qui se pose aux femmes aujourd'hui peut être formulée ainsi : *quelle est notre place dans le contrat social ?* Ce contrat, loin d'être celui des hommes égaux, est fondé sur une relation, somme toute sacrificielle, de séparation et d'articulation de différences produisant ainsi un sens communicable. Dès lors, quelle est notre place dans cet ordre du sacrifice et/ou du langage ? Ne voulant plus en être exclues ou ne nous contentant plus de la fonction qui nous a été toujours attribuée d'entretenir, d'aménager, de faire durer ce contrat socio-symbolique (mères, épouses, infirmières, médecins, institutrices...), comment pourrions-nous y manifester notre place, léguée par la tradition et que nous voulons transformer ?

Il est difficile d'évaluer ce qui, dans le rapport des femmes au symbolique tel qu'il se manifeste maintenant, relève d'une conjoncture socio-historique (idéologie patriarcale, chrétienne, humaniste, socialiste, etc.) ou d'une structure. Nous ne pourrons parler que d'une structure observée dans un contexte socio-historique, celui de la civilisation chrétienne occidentale et ses ramifications laïques. A l'intérieur de cette structure psycho-symbolique, les femmes se sentent comme les laissées-pour-compte du langage et du lien social. Elles n'y trouvent pas les affects, pas plus que les significations des relations qu'elles entretiennent avec la nature, leurs corps, celui de l'enfant, d'une autre femme, ou d'un homme. Cette frustration, qui n'est pas étrangère à certains hommes, devient l'essentiel de la nouvelle idéologie féministe. Il paraît, par conséquent, difficile sinon impossible aux femmes d'adhérer à cette logique sacrificielle de séparation et d'enchaînement syntaxique, qui fonde le langage et le code social. On aboutit au rejet du symbolique vécu comme un rejet de la fonction paternelle, et qui génère des psychoses.

A partir de ce constat, certaines essaient d'apporter un nouveau regard — nouveaux objets, nouvelles analyses — à l'intérieur des sciences humaines exploratrices du symbolique : anthropologie, psychanalyse, linguistique[1]. D'autres, plus subjectives, tentent, dans le sillage de l'art contemporain, de modifier la langue et les autres codes d'expression par un style plus proche du corps, de l'émotion. Je ne parle pas ici d'un langage de femmes[2], dont l'existence syntaxique est problématique et dont l'apparente spécificité lexicale est peut-être davantage le produit d'un marginalisme social que d'une différence sexuelle. Je ne parle pas non plus de la qualité esthétique des

---

1. Ces travaux sont périodiquement publiés dans diverses revues d'intellectuelles dont une des plus prestigieuses est *Signs*, Chicago Univ. Press. Signalons aussi le numéro spécial de la *Revue des sciences humaines*, Lille-III, 1977, n° 4 « Écriture, féminité, féminisme » ; et *Le Doctrinal de sapience*, n° 3, 1977 (Éd. Solin), « Les femmes et la philosophie ».

2. *Cf.* à propos des recherches linguistiques sur le « langage féminin », R. Lakoff, *Language and Women's Place*, 1974 ; M. R. Key, *Male/Female Language*, 1973 ; A.-M. Houdebine, « Les femmes et la langue » in *Tel Quel,* n° 74, 1977.

productions féminines : la plupart répètent un romantisme plus ou moins euphorique ou déprimé, et mettent en scène une explosion du moi en manque de gratification narcissique. Je retiens que la préoccupation majeure de la nouvelle génération féminine est devenue le contrat socio-symbolique comme contrat sacrificiel.

Les anthropologues et les sociologues, depuis un siècle, ne cessent d'insister sur la société-sacrifice que révèlent les pensées sauvages, les guerres, les discours de rêves, ou les grands écrivains. Ils reformulent et analysent ainsi la question métaphysique du *mal*. Si la société est bien fondée sur un meurtre commis en commun, c'est en assumant la castration fondatrice du contrat social et symbolique que les êtres humains diffèrent le meurtre. Ils (le) symbolisent et se donnent une chance de transformer le chaos maléfique en ordre socio-symbolique optimal.

De leur côté, les femmes affirment aujourd'hui que ce contrat sacrificiel, elles l'éprouvent à leur corps défendant. A partir de là, elles tentent une révolte qui a pour elles le sens d'une résurrection. Mais, pour l'ensemble social, cette révolte est un refus. Elle peut nous conduire à la violence entre les sexes : haine meurtrière, éclatement du couple, de la famille. Ou bien à une innovation culturelle. Et probablement les deux à la fois. Mais l'enjeu est là, et il est épocal. En luttant contre le mal, on reproduit le mal, cette fois-ci au cœur du lien social (homme-femme).

La terreur du pouvoir ou le pouvoir du terrorisme

Dans les ex-pays socialistes d'abord (U.R.S.S., Chine, etc.), et de manière de plus en plus sensible dans les démocraties occidentales sous la poussée des mouvements féministes, les femmes accèdent aux postes de commandes dans l'exécutif, l'industrie, la culture. Les inégalités, les dévalorisations, les sous-estimations, les persécutions même ont beau sévir encore, le combat contre elles est un combat contre des archaïsmes. La cause n'en est pas moins entendue, le principe est admis, il reste à briser les résistances. En ce sens, ce combat-là, tout en étant encore une des préoccupations fondamentales de la nouvelle génération, n'est pas à proprement parler son problème. Par rapport au *pouvoir*, son problème pourrait, en revanche, se résumer ainsi : que se passe-t-il lorsque les femmes accèdent au pouvoir et s'identifient à lui ? Que se passe-t-il lorsque, au contraire, elles le refusent mais créent une société parallèle, un contre-pouvoir, du club d'idées au commando de choc ?

L'assomption des femmes dans le pouvoir exécutif, industriel, culturel, n'a pas modifié la nature de ce pouvoir. On le voit clairement à l'Est. Les femmes promues aux postes de commandes et qui obtiennent brusquement des avantages économiques aussi bien que narcissiques refusés durant des millénaires deviennent les piliers des régimes en place, les gardiennes du statu quo, les protectrices les plus zélées de l'ordre établi[1]. Cette identification des femmes avec un pouvoir antérieurement ressenti comme frustrant, oppressif ou inaccessible, a été souvent utilisée par les régimes totalitaires : les nationaux-socialistes allemands et la junte chilienne en sont des exemples[2]. Qu'il s'agisse là d'un contre-investissement de type paranoïaque d'un ordre symbolique initialement dénié est peut-être une explication de ce phénomène troublant. Elle n'empêche pas sa propagation massive sur la planète, sous des formes plus douces que celles totalitaires évoquées plus haut. Mais toutes vont dans le sens du nivellement, de la stabilité, du conformisme, au prix d'un écrasement des exceptions, des expériences, des hasards.

Certains regretteront que l'essor d'un mouvement libertaire comme le féminisme aboutisse à la consolidation du conformisme ; d'autres s'en réjouiront et en tireront profit. Les campagnes électorales, la vie des partis politiques, ne cessent de parier sur cette dernière tendance. L'expérience prouve que, très vite, même les initiatives contestataires ou novatrices des femmes aspirées par le pouvoir (quand elles ne s'y soumettent pas d'emblée) sont virées au compte de l'appareil. La supposée démocratisation des institutions par l'entrée en elles de femmes se

---

1. *Cf.* J. Kristeva, *Des Chinoises.*
2. *Cf.* M.-A. Macciocchi, *Éléments pour une analyse du fascisme*, 10/18, 1976 ; Michèle Mattelart. « Le coup d'État au féminin », in *Les Temps modernes*, janv. 1975.

solde le plus souvent par la fabrication de quelques
« chefs » au féminin.

Plus radicaux, les courants féministes refusent le
pouvoir existant et font du deuxième sexe une
contre-société. Une société féminine se constitue,
sorte d'alter ego de la société officielle, dans laquelle
se réfugient les espoirs de plaisir. Contre le contrat
socio-symbolique sacrificiel et frustrant : la contre-
société imaginée harmonieuse, sans interdits, libre
et jouissive. Dans nos sociétés modernes sans au-
delà, la contre-société reste le seul refuge de la
jouissance car elle est précisément une a-topie, lieu
soustrait à la loi, écluse de l'utopie.

Comme toute société, la contre-société se fonde
sur l'expulsion d'un exclu. Le bouc émissaire chargé
du mal en purge ainsi la communauté constituée[1]
qui ne se met plus en cause. Les mouvements
revendicatifs modernes ont souvent réitéré ce modèle
en désignant un coupable pour se préserver des
critiques : l'étranger, le capital, l'autre religion, l'autre
sexe. Le féminisme ne devint-il pas, au bout de cette
logique, un sexisme inversé ? Les différents margi-
nalismes, de sexe, d'âge, de religion, d'ethnie, d'idéologie représentent, dans le monde moderne, un
refuge de l'espérance, la transcendance laïcisée. Mais
avec les femmes, et pour autant que s'accroît le
nombre de celles qui s'intéressent à leur différence,

---

1. Les principes d'une « anthropologie victimaire » sont
développés par R. Girard in *La Violence et le sacré*, Grasset,
1972, et surtout dans *Des choses cachées depuis la fondation du
monde*, Grasset, 1978.

quoique sous des formes moins spectaculaires qu'il y a quelques années, le problème de la contre-société devient massif : celle-ci occupe ni plus ni moins que « la moitié du ciel ».

Les mouvements revendicatifs, le féminisme y compris, ne sont pas « initialement libertaires » et seulement ultérieurement dogmatiques. Ils ne retombent pas dans les ornières des modèles combattus par la malice de quelque déviation interne ou manipulation externe. La logique même du contre-pouvoir et de la contre-société génère, par sa structure même, son essence d'être un simulacre de la société ou du pouvoir combattus. Le féminisme moderne n'aura été (dans cette optique sans doute trop hégélienne) qu'un moment dans l'interminable procès de l'avènement d'une conscience sur l'implacable violence (séparation, castration) qui constitue *tout* contrat symbolique.

On a déjà relevé le nombre important de femmes dans les groupes terroristes (commandos palestiniens, bande à Baader, brigades rouges, etc.) L'exploitation féminine est encore trop grande, et les préjugés traditionnels contre elles trop violents pour qu'on puisse envisager avec suffisamment de distance ce phénomène. Mais on peut dire d'ores et déjà qu'il est produit par une dénégation du contrat socio-symbolique et son contre-investissement. Ce mécanisme de type paranoïaque est à la base de tout engagement politique et peut générer différentes attitudes civilisatrices. Mais lorsqu'une femme est trop brutalement écartée ; lorsqu'elle ressent ses affects de femme ou sa condition d'être social ignorés par un discours et un pouvoir en exercice, depuis sa famille jusqu'aux institutions sociales, elle peut, par contre-investissement de cette violence subie, s'en faire l'agent « possédé ». Elle combat sa frustration avec des armes qui paraissent disproportionnées mais qui ne le sont pas par rapport à la souffrance narcissique d'où elles s'originent. Forcément oppositionnelle aux régimes des démocraties bourgeoises en place, cette violence terroriste se donne comme programme de libération un ordre plus répressif, plus sacrificiel encore que celui qu'elle combat. En effet, ce n'est pas contre des régimes totalitaires que ces groupes terroristes à participation féminine se manifestent, mais contre des régimes libéraux en expansion démocratique. La mobilisation se fait au nom d'une *nation*, d'un *groupe* opprimé, d'une *essence* humaine imaginée bonne et saine. C'est le fantasme d'une complétude archaïque qu'un ordre *arbitraire*, *abstrait* et pour cela même *mauvais*, serait venu perturber. Accusé d'être oppressif, n'est-ce pas plutôt d'être trop faible qu'on lui reproche ? De ne pas faire le poids devant une substance imaginée pure et bonne mais désormais perdue, à laquelle la femme marginalisée aspire ?

L'ordre social est sacrificiel, constate l'anthropologie, mais le sacrifice arrête la violence et enchaîne un ordre (prière ou paix sociale). De le refuser, on s'expose à l'explosion de la prétendue bonne substance qui se déchaîne, sans frein, sans loi ni droit, comme un arbitraire absolu.

Consécutives à la crise du monothéisme, les révolutions, depuis deux siècles, le fascisme et le stalinisme plus récemment, ont mis tragiquement en scène cette logique de la bonne volonté opprimée s'achevant dans le massacre. Les femmes sont-elles plus aptes que d'autres catégories sociales à verser dans la machine implacable du terrorisme ? On peut se contenter de signaler que depuis l'aube du féminisme, et même avant lui, des femmes hors du commun se manifestent souvent par le meurtre, le complot, l'attentat. La dette éternelle à la mère rend une femme plus vulnérable dans l'ordre symbolique, plus fragile quand elle en souffre, plus virulente quand elle s'en défend. Si l'archétype de la croyance dans une substance bonne et saine propre aux utopies est la croyance dans la toute-puissance d'une mère archaïque, pleine, totale, englobante, sans frustration, sans séparation, sans coupure productrice de symbolisme (sans castration), on comprend qu'il est impossible de désarmorcer les violences mobilisées sans mettre en cause précisément ce mythe de la mère archaïque. L'envahissement des mouvements féminins par la paranoïa[1] a été noté, et on connaît la scandaleuse phrase de Lacan : « La Femme n'existe pas. » Elle n'existe pas en effet comme *La* détentrice d'une plénitude mythique, puissance suprême, sur laquelle s'appuie la terreur du pouvoir et le terrorisme en tant que désir de pouvoir. Mais quelle force de subversion ! quel jeu avec le feu !

---

1. *Cf.* Micheline Enriquez, « Fantasmes paranoïaques : différences des sexes, homosexualité, loi du père » in *Topiques*, n° 13, 1974.

Créatures et créatrices

Le désir d'être mère, tenu pour aliénant ou réactionnaire par la génération féministe antérieure, n'est pas devenu un drapeau pour la génération actuelle. Mais le nombre des femmes augmente qui considèrent leur maternité comme compatible avec leur vie professionnelle (certaines améliorations des conditions de vie en sont aussi à l'origine : augmentation des crèches et des maternelles, participation plus active des hommes aux lourdes charges de la mère, etc.). De surcroît, elles la trouvent indispensable à la complexité de l'expérience féminine, avec ses joies et ses peines. Cette tendance a son extrême : les mères lesbiennes, ou certaines mères célibataires, qui refusent la valeur paternelle. On peut y voir une des formes les plus violentes de ce rejet du symbolique dont nous parlions plus haut, et une des divinisations les plus ferventes de la puissance maternelle. Hegel distinguait un droit féminin (familial et religieux) d'une loi masculine (de cité et politique). Nos sociétés connaissent bien les us et les abus de cette loi masculine, mais force est de reconnaître que le droit féminin se signale pour l'instant par un blanc. Si ces pratiques de maternité sans père étaient appelées à se généraliser, il est indispensable d'en élaborer la législation, pour freiner la violence dont l'objet est aussi bien l'enfant que l'homme. Les femmes sont-elles capables de ce souci psychologique et juridique ? Voilà une des grandes questions que rencontre la nouvelle génération féminine. Y compris et surtout quand elle refuse de se les poser, saisie par la même rage contre un ordre et sa loi dont on s'estime la victime.

Face à cette situation, il semble évident — et les groupes féministes s'en rendent de plus en plus compte, lorsqu'ils essaient d'élargir leur audience —, que le refus de la maternité ne peut pas être une politique générale. La majorité des femmes aujourd'hui trouve sa vocation dans la mise au monde d'un enfant. A quoi correspond ce désir de maternité ? Voilà une question pour la nouvelle génération, que la précédente avait interdite. Faute de lui répondre, l'idéologie féministe laisse la voie aux résurgences religieuses qui ont de quoi satisfaire les angoisses, les souffrances et les espoirs des mères. Si on ne peut accepter que partiellement l'affirmation freudienne selon laquelle le désir d'enfant est un désir de pénis et, en ce sens, un substitut de la puissance phallique et symbolique, on doit aussi prêter une oreille attentive aux paroles des femmes modernes sur cette expérience. La grossesse est une épreuve radicale : dédoublement du corps, séparation et coexistence du moi et d'un autre, d'une nature et d'une conscience, d'une physiologie et d'une parole. Cette mise en cause fondamentale de l'identité s'accompagne d'un fantasme de totalité — complétude narcissique. La grossesse est une sorte de psychose instituée, socialisée, naturelle. L'arrivée de l'enfant, en revanche, induit sa mère dans les labyrinthes d'une expérience peu commune : l'amour pour un autre. Non pas pour soi, ni pour un être identique, encore moins pour un autre avec lequel

« je » fusionne (passion amoureuse ou sexuelle). Mais lent, difficile et délicieux apprentissage de l'attention, de la douceur, de l'oubli de soi. Accomplir ce trajet sans masochisme et sans annihilation de la personnalité affective, intellectuelle, professionnelle — tel semble être l'enjeu d'une maternité déculpabilisée. Elle devient, au sens fort du terme, une création. Pour l'instant, négligée.

Cependant, c'est dans l'aspiration à la création artistique et en particulier littéraire que se manifeste maintenant le désir d'affirmation féminine. Pourquoi la littérature ?

Est-ce parce que, en face des normes sociales, elle déploie une savoir et parfois la vérité sur un univers refoulé, secret, inconscient ? Qu'elle redouble ainsi le contrat social en révélant son non-dit, son inquiétante étrangeté ? Que de l'ordre abstrait et frustrant des signes sociaux, des mots de la communication courante, elle fait un jeu, espace de fantaisie et de plaisir ? Flaubert disait : « Madame Bovary c'est moi. » Maintenant certaines femmes imaginent : Flaubert c'est moi. Cette prétention ne trahit pas seulement une identification à la puissance imaginaire. Elle témoigne aussi du désir des femmes de soulever le poids sacrificiel du contrat social. Et de nourrir nos sociétés d'un discours plus souple, plus libre, sachant nommer ce qui n'a pas encore été objet de circulation communautaire : les énigmes du corps, les joies secrètes, les hontes, les haines du deuxième sexe...

Aussi l'écriture féminine attire-t-elle, ces derniers temps, le maximum d'attention de la part aussi bien des « spécialistes » que des médias. Les écueils, sur son trajet, ne sont pourtant pas mineurs. Ne lit-on pas des rejets dérisoires de la « littérature des hommes », dont les livres sont pourtant les « patrons » de maints écrits féminins ? Ne vend-on pas, grâce au label féministe, de nombreux ouvrages dont les jérémiades naïves ou le romantisme de bazar auraient été, sans cela, rejetés ? Ne trouve-t-on pas, sous la plume d'écrivains femmes, des attaques fantasmatiques contre le Langage et le Signe accusés d'être les supports ultimes du pouvoir phallocrate ? Au nom d'un corps privé de sens et dont la vérité ne serait que « gestuelle » ou « musicale » ?

Pourtant, quels que soient les résultats discutables de la production féminine, le symptôme est là : les femmes écrivent. Et l'attente se fait lourde : qu'écriront-elles de nouveau ?

Au nom du Père, du Fils... Et de la Femme ?

Ces quelques manifestations propres à la nouvelle génération féminine en Europe démontrent qu'elle se situe au lieu même de la crise religieuse de notre civilisation.

J'appelle religion la nécessité fantasmatique des êtres parlants de se donner une *représentation* (animale, féminine, masculine, parentale, etc.) à la place de ce qui les constitue comme tels : la symbolicité. Le féminisme actuel semble précisément constituer une telle *représentation* qui vient suppléer aux frus-

trations imposées aux femmes par la tradition chrétienne et sa variante laïque humaniste. Que cette
nouvelle idéologie ait des affinités avec des croyances
dites matriarcales ne doit pas cacher sa nouveauté
radicale. Elle fait partie du courant anti-sacrificiel
qui anime notre culture. Dans sa protestation contre
les contraintes, elle ne s'expose pas moins aux
risques de la violence et du terrorisme. A ce niveau
de radicalisme, c'est le principe même de la socialité
qui est mis en cause.

Pour certains penseurs contemporains, on le sait,
la modernité serait la première époque dans l'histoire
de l'humanité où l'homme essaie de vivre sans
religion. Le féminisme, dans sa forme actuelle, n'est-
il pas en train d'en devenir une ?

Ou, au contraire, arrivera-t-il à se défaire de sa
croyance en La Femme, Son pouvoir, Son écriture,
pour faire apparaître la singularité de chaque femme,
ses multiplicités, ses langages pluriels : à perte d'horizon, à perte de vue, à perte de foi ?

Facteur de rassemblement ultime ? Ou facteur
d'analyse ?

Support imaginaire dans une ère technocratique
frustrant les narcissismes ? Ou instruments à la
mesure de ce temps où cosmos, atomes et cellules,
nos véritables contemporains, appellent à la constitution d'une subjectivité fluide et libre ?

Une autre génération, c'est un autre espace

Une distance peut être désormais prise par rapport aux deux générations féminines précédentes. Cela implique qu'une *troisième* est en train de prendre corps, en tout cas en Europe. Je n'ai pas en vue une nouvelle classe d'âge (quoique son importance ne soit pas à sous-estimer) ni un autre « mouvement des masses féminines » qui succéderait à la seconde génération. Le sens que revêt ici le terme « génération » implique en fin de compte moins une chronologie qu'un espace *signifiant*, un espace mental, corporel et désirant.

Pour cette troisième génération que je revendique — que j'imagine ? —, la dichotomie homme/femme en tant qu'opposition de deux entités rivales paraît *appartenir à la métaphysique*. Que veut dire « identité », et même « identité sexuelle », dans un espace théorique et scientifique où la notion même d'identité est remise en cause[1] ? Je n'insinue pas simplement une bisexualité qui, le plus souvent, trahit l'aspiration à la totalité, à un effacement de la différence. J'entends d'abord une dédramatisation de la « lutte à mort » entre les deux. Non pas au nom de leur réconciliation — le féminisme a eu au moins le mérite de faire apparaître ce qu'il y a d'irréductible et même de meurtrier dans le contrat social. Mais pour que sa violence opère avec le

---

1. *Cf.* Le séminaire sur l'*Identité*, dirigé par Cl. Lévi-Strauss, Grasset, 1977.

maximum d'intransigeance à l'intérieur de l'identité personnelle et sexuelle elle-même, et non par le rejet de l'autre.

Il en découle des risques pour l'équilibre personnel et pour l'équilibre social constitués par l'homéostase des forces agressives propres aux groupes sociaux, nationaux, religieux, politiques. Pourtant, n'est-ce pas l'insupportable tension sous-jacente à cet « équilibre » qui conduit ceux qui en souffrent à s'en détacher, à chercher un autre réglage de la *différence* ?

Je vois s'amorcer, sous les dehors d'une indifférence vis-à-vis du militantisme de la première ainsi que de la seconde génération, un retrait à l'égard du sexisme.

A l'exception des revendications homosexuelles, masculines et féminines, le sexe s'impose de moins en moins comme un centre de l'intérêt subjectif. Cette désexualisation va jusqu'à mettre en cause, par-delà l'humanisme, l'anthropomorphisme sur lequel repose notre culture. L'homme et la femme sont de moins en moins le pivot de l'intérêt social. Le narcissisme ou l'égoïsme paroxystiques de nos contemporains n'est qu'en apparente contradiction avec ce recul de l'anthropomorphisme. Quand il n'échoue pas dans la suprématie technique et la robotisation généralisée, celui-ci, vaincu, cherche des issues dans la spiritualité. La libéralisation sexuelle, le féminisme, n'auraient été que des transitions vers un spiritualisme ?

Que celui-ci tourne à l'évasion ou au refoulement conformiste ne devrait pas cacher la radicalité de la démarche. On pourrait la résumer comme une *inté-*

riorisation de la séparation qui fonde le contrat social et symbolique. Désormais, l'autre n'est pas un mal étranger à moi, bouc émissaire extérieur : autre sexe, autre classe, autre race, autre nation. *Je suis victime-et-bourreau,* même *et* autre, identique *et* étranger. Il ne me reste qu'à analyser indéfiniment la séparation fondatrice de ma propre et intenable identité.

Les religions sont prêtes à accueillir cette conscience européenne attentive au *mal intrinsèque,* qui se dégage après les acquis et les impasses idéologiques auxquels participe l'aventure féministe. Existe-t-il d'autres discours capables de la soutenir ? A côté de la psychanalyse, le rôle des expériences esthétiques devrait s'accroître non seulement pour faire contre-poids au stockage et à l'uniformité de l'information, mais pour démythifier la communauté du langage comme outil universel, totalisant, nivelant. Pour faire apparaître, avec la singularité de chacun, la multiplicité de nos identifications, la relativité de nos existences symboliques et biologiques.

Ainsi comprise, l'esthétique prend en charge la question de la morale. L'imaginaire contribue à l'esquisse d'une éthique encore invisible, tant le déferlement de l'imposture et de la haine ravage les sociétés libérées des dogmes mais aussi des lois. Contrainte et jeu, l'imaginaire laisse prévoir une éthique qui, consciente du fait que son ordre est sacrificiel, en réserve la charge pour chacun des participants. Elle les déclare coupables donc respon-sables, mais en leur donnant immédiatement la possibilité de jouissance, de productions variées, de vies faites d'épreuves et des différences. Une éthique utopique, mais en existe-t-il d'autres ?

La question de Spinoza peut être ici reprise : les femmes sont-elles sujettes à l'éthique ? Probablement pas à celle définie par la philosophie classique, par rapport à laquelle les générations féministes s'inscrivent dangereusement en porte à faux. Mais ne participent-elles pas à cet ébranlement que notre époque éprouve à divers niveaux (des guerres à la conception artificielle en passant par les drogues) et qui pose l'exigence d'une nouvelle éthique ? La réponse ne pourrait être positive qu'au prix de l'épuisement du féminisme comme *moment* de la pensée aspirant à capter une identité anthropomorphe, telle qu'elle entache la libération de notre espèce. Et que manifestent actuellement les courants « politically correct » aux États-Unis ? La conscience européenne est en avance sur ce plan. En grande partie, aussi, à cause de l'inquiétude et de la créativité de ses femmes.

Index des noms propres

A

ABRAHAM (Karl) : 289-290.
ALLILAIRE (Jean-François) : **109**.
ANDERSON (John R.) : 76.
ANDERS NYGREN : **258**.
ARENDT (Hanna) : 243.
ARISTOTE : 137.
ARIUS : 268.
ARLOW (Jacob A.) : 131-132.
AUGUSTIN (saint) : 119.

B

BALABANOFF (Angelica) : 289.
BARANTE (Prosper de) : 252.
BARNACLE (Nora) : 261, 275-276.
BEAUVOIR (Simone de) : 238.
BERNHEIM (Hippolyte) : 107.
BION : 12.
BLUMENKRANZ (B.) : **310**.
BONAPARTE (Marie) : 289.

BOSSUET (Jacques Bénigne) : 102-104.
BOYLE (Robert) : **257**.
BRACONNIER (A.) : 77.
BREUER (J.) : 107, **111**, **120**.
BRIQUET : 107.
BROWN (Raymond E.) : **191**.
BRUSSET (B.) : 77.
BRUTUS : 83.

C

CASANOVA : 203, 220.
CÉLINE (Louis-Ferdinand) : 149.
CHANTRAINE : **194**.
CHARCOT (Jean-Martin) : 107.
CHASSEGUET-SMIRGEL (Janine) : **37**.
CHÂTELET (Émilie du) : 237.
CHÉNIER (André) : 251.
CONDORCET (Antoine-Nicolas de CARITAT, marquis de) : 251.

Constant (Benjamin) : 238, 252.
Curie (Marie) : 238

D

Damourette : **137**.
Dante Alighieri : 231, 234.
Démocrite : 9, 47.
Desanti (Dominique) : **310**.
Descartes (René) : 201.
Deutsch (Félix) : 284.
Deutsch (Hélène, née Hala Rosenbach) : **18**, 279-295.
Diderot (Denis) : 20, 50, 218.
Don Juan : 214, 220.
Dostoïevski (Fiodor Mikhaïlovitch) : 221-225.
Douglas (Mary) : 174-**175**.

E

Ellman (R.) : **264**.
Enriquez (Micheline) : **322**.

F

Fédida (Pierre) : **76**, 78.
Fénelon (François de Salignac de la Mothe) : 102-104.
Ferenzci (Sandor) : 123, 290.
Flaubert (Gustave) : 275, 286, 325.
Forman (Milos) : 203.
Foucault (Michel) : 11.
Freud (Anna) : 289.
Freud (Sigmund) : 11, 13-14, 24-**25**, **33**, **40**, **45**-47, 51, 57, 60-61, 71-73, 77-78, 81-85, 88, 94, **103**, 105-106, 108, **111**, 118-120, 123, 135, 146, 152-153, **158**, **182**, 184, 187-188, 203, 224, 233, 261, 264-265, 267-268, 275, 280-281, 286, 289-290, 301, 311-312.

G

Galilée : 266-267.
Gide (André) : 286.
Gillepsie (W. H.) : 31.
Girard (René) : 319.
Glover (E.) : 31.
Goethe (Johann Wolfgang von) : 237.
Gombrowicz (Witold) : 225-226.
Green (André) : **18**, 32, **53**, 86.
Greenacre (Philippe) : 38.
Guyon (Jeanne) : 102-104, 106.

H

Hartman (H.) : **289**.
Hegel (Georg Wilhelm Friedrich) : 50, 183, 201, 323.
Heidegger (Martin) : 183.
Heimann (Paula) : 124.
Héraclite : 187.
Hertzberg (Arthur) : **310**.
Hésiode : 303.
Hochmann (Jacques) : **14-15**.
Horney (Karen) : 290.

HOUDEBINE (A.-M.) : **315**.

J

JANET (P.) : 108-109.
JEANNEROT (Marc) : **14-15**.
JEANNE D'ARC : 211.
JEAN DE LA CROIX (saint) :
104.
JOYCE (James) : 255-278, 301.
JUNG (C.G.) : 104-106, 260,
275, **301**.

K

KANT (Emmanuel) : 50.
KERNBERG (O.) : **18**.
KEY (M. R.) : **315**.
KHAN (Masud) : **24, 39**.
KLEIN (Mélanie) : **32**, 124, 238,
289-290.
KOVALEVSKAÏA (Sophie) : 238.
KRISTEVA (Julia) : **44, 55, 75-
76, 87, 102, 139-140, 154,
159-160, 177, 183, 186, 211,
258, 302-303, 310, 318**.

L

LACAN (Jacques) : **12-13**, 32-
33, 56, 124-126, 135, 146,
188, 260, 312, 322.
LAKOFF (R.) : **315**.
LAMPL-DE-GROOT (Jeanne) :
289.
LA SALE (Antoine de) : 210-
211.

LEHRS (Dr), « *L'homme aux
rats* » : 81, 85.
LÉON-DUFOUR (Xavier) : 191,
195.
LÉONARD DE VINCI : 229, 231,
233-234.
LÉVI-SRAUSS (Claude) : **328**.
LIEBERMAN (Herman) : 281,
284.
LOUGARRE-BONNIAU (Syl-
vie) : **216**.
LOUIS II (roi de Sicile) : 211.
LOUVET (Jean-Baptiste) : 219.
LUCRÈCE : 82-83.
LUXEMBOURG (Rosa) : 281,
289.

M

MACCIOCCHI (M.-A.) : **318**.
MCDOUGALL (Joyce) : 31-**32**.
MADDOX (Brenda) : **261**.
MAHLER (M.) : **32**.
MAÏAKOVSKI (Vladimir Vla-
dimirovitch) : 206.
MALLARMÉ (Stéphane) : 255,
259.
MARIE-ANTOINETTE : 245-246.
MARTY (P.) : **18**, 25.
MATTELART (Michèle) : **318**.
MOLINA (Tirso de) : 214.
MONTAIGNE (Michel Eyquem
de) : 50, 71.
MONTESQUIEU (Charles de
SECONDAT, baron de) : 239,
251.
MOZART (Wolfgang Ama-
deus) : 210.

N

NABOKOV (Vladimir Vladimirovitch) : 225.
NARBONNE : 238, 252.
NAZIANZE (Grégoire de) : **194.**
NECKER (Jacques) : 238.
NERVAL (Gérard de) : 149.
NEUSNER (Jacob) : 174.
NEYRAUT (Michel) : **41, 44.**
NIETZSCHE (Friedrich) : 299.

O

O'DONNEL : 252.

P

PANGE (François de) : 252.
PASQUETTO (Virgilio) : **195.**
PICHON : **137.**
PIGEAUD (Jackie) : 10-**11.**
PINEL (Ph.) : 11.
PLATON : 271, **302.**
PLOTIN : 50, 201, 214, 234.
PROUST (Marcel) : 51, 65, 286.
PUECH (H.-Ch.) : **304.**
PYLYSZYN (Z.) : **15.**

R

REDONDI (Pietro) : **267.**
REICH (Annie) : 123.
RESTIF DE LA BRETONNE (Nicolas RESTIF, dit) : 219, 221.
RIBBING : 252.
ROCCA (John) : 238, 252.

ROSENBACH (Wilhelm) : 281.
ROSS (Nathaniel) : **287.**
ROUSSEAU (Jean-Jacques) : 203, 216-218.
ROUSSET (Jean) : **215.**

S

SADE (marquis de) : **37.**
SALES (François de) : 104.
SALOMÉ (Lou Andreas) : 290-291.
SAND (George) : 215.
SARTRE (Jean-Paul) : 238.
SCHREBER : **272.**
SCOT (Duns) : 231.
SEGAL (Hanna) : 207-208.
SÉVIGNÉ (Mme de) : 237.
SEXTUS TARQUIN : 82.
SHAKESPEARE (William) : 83, 258, 276.
SILBERMAN (M.A.) : **124.**
SOBOUL (A.) : **310.**
SOLER (J.) : 175.
SOLLERS (Philippe) : **224, 262, 272.**
SPÉRANSKI (famille) : 81.
SPIELREIN (Sabina) : 104-106.
SPINOZA (Baruch) : 331.
SPITZ (R.) : **302.**
STAËL (M. de) : 238.
STAËL (Mme de, née Germaine NECKER) : 235-253.
STENDHAL (Henry BEYLE, dit) : 215, 219.

T

TARQUIN COLLATIN : 82.
TAUSK (Victor) : 290.
THÉRÈSE (sainte) : 104.
TRISTAN (Flora) : 309.

U

UZAN (M. de m') : **25**.

V

VILLA (F.-D.) : 78.
VOLTAIRE (François-Marie AROUET, dit) : 239, 251.

W

WEISS (Joseph) : **287**.
WIDLÖCHER (Daniel) : **76**-77.
WINNICOTT (D.W.) : 18n, 25, 31, 289, **302**.

Z

ZUESSE (E. M.) : 176.

Index établi par Marc Le Cœur

Index thématique
des principales notions

A

Abject, abjection : 116, 149, 178, 180, 183, 287.

Acte :
- acte : 13, 16, 17, 31n, 34, 35, 37, 38, 41, 51, 64, 69, 71, 77, 82, 95, 97, 127, 149, 169, 205, 212, 221, 256, 259, 271, 259, 288. *voir aussi infra :* passage à l'acte.
- acte moins : 1, 76, 77, 80, 82, 99.
- acte paradoxal : 78, 80, 99.

Acting :
- acting : 39, 43, 45, 78, 79, 119, 129.
- acting out : 124.

Adolescence, adolescent : 203-205, 207-215, 217-228, 294, 295.

affect : 27, 28n, 34, 50, 54, 56, 58, 60, 68, 69, 78, 79, 80, 82, 87, 91, 92, 96, 97, 98, 108, 110, 117, 128, 137-140, 144-149, 152-154, 156, 160, 166, 193, 197, 198, 200, 206, 265, 288, 314, 320.

agapê : 181, 257, 258, 258n, 263, 265, 266, 268, 271-273, 275, 277.

allocution : 137, 138.

ambiguïté : 186, 188, 203, 205, 211, 217, 220, 266, 269.

ambivalence, ambivalent : 149, 179, 210, 213, 217, 221, 224, 227, 275, 285.

âme : 9, 10n, 11-15, 17, 19, 20, 23, 46, 50, 51, 52, 69n, 117, 241, 242, 248, 260, 265, 270.

amour : 102n, 103, 123, 125-127, 130, 170, 181, 182, 183, 197, 198, 199, 200, 204, 206, 210, 212, 217 , 222-224, 236, 241, 244, 252, 257, 258n, 259, 261, 271, 273, 274, 282, 284, 294, 302, 324.

Anal, analité : 27, 37, 37n, 38, 41, 42, 44, 81-83, 87, 92, 96, 99, 129, 137, 142, 147, 154, 155, 178, 205.

androgynie : 275.

angoisse : 17, 29, 41, 64, 108, 110-113, 115, 117, 118, 120-122, 125, 128, 130, 135n, 146, 273, 288, 290, 291, 304, 311, 313, 324.
anima : 9.
Antropomorphe (isme) : 329, 331.
antidépresseur : 62, 166.
Anxiété : 109, 121.
apathie : 114, 126.
aporie : 116.
arbitraire : 76, 77, 184.
assimilation : 65, 158, 197, 201, 212, 257, 258, 274, 276.
assomption : 303.
asymbolie : 97.
autisme : 145, 147, 148, 152.
autre (Autre) : 10, 27, 37, 40, 45, 46, 54, 56, 60, 67, 70, 71, 76, 79, 82, 97, 114, 126, 146, 153, 154, 157, 164, 178, 179, 183, 186, 188, 195, 198-200, 204-206, 217, 257, 259, 263-265, 272, 276, 287, 292, 324, 329, 330.

B

bisexualité : 26, 39, 84, 227, 328.
blessure narcissique : 66, 182.
borderline : 16, 205, 207, 264, 287, 288.

C

ça : 12n, 103n, 253.
castration : 26, 29, 33, 42, 46, 116, 135, 136, 144, 147, 154, 155, 164, 260, 291, 311, 312, 313, 316, 320, 322.
catharsis : 175, 227, 256, 262, 276.
chora : 302.
« chose » *voir aussi* : mortifère et objet : 34, 44, 55, 57, 58, 66, 68, 97.
clivage : 27, 145, 147, 148, 203.
cogito : 144, 145, 146, 147, 149, 151, 153, 156.
cognition, cognitivisme : 14, 15, 110, 111, 118, 144, 145, 161.
collage, décollage : 34, 36, 39, 40, 41, 43-46, 69.
combinatoire perverse : 22.
« comme si » : 167, 204, 206, 282, 287, 288.
complexe :
 – d'Œdipe : 28, 41, 45, 263, 275.
 – d'Orphée : 277.
 – de castration : 135n.
composition fantasmatique opératoire : 20, 39, 40, 45.
condensation : 157, 158, 209, 258.
congruence cognitive : 108, 109, 120, 121, 125.
contre-transfert : 30, 45, 58, 60, 97, 101, 104, 106, 109, 113, 121-125, 127, 128, 132, 155, 184, 204, 266.

conversion : 111, 112, 116, 118, 120.

corps : 9-13, 16, 17, 19, 27, 37, 39, 41, 46, 47, 82, 83, 106, 110, 115, 119, 139, 147, 188, 194, 205, 212, 221, 225, 226, 257, 260, 262, 265, 266, 271, 272, 273, 275, 285, 291-293, 298, 303, 315, 325, 326.

crise : 141, 176, 179, 180, 185, 205, 265, 297, 309, 321, 326.

culpabilité : 219, 225.

D

dedans/dehors : 178, 201, 214, 276, 285, 291, 292, 295.

délire : 10, 54, 113, 189, 206, 220.

dénégation : 138, 145, 287.

déni : 25, 26, 27, 42, 54, 67, 87, 98, 135, 138, 160, 185, 203.

dénominateur symbolique : 298, 299, 301.

dépression, dépressivité : 17, 39, 55, 55n, 62, 65, 67, 68, 72, 87, 87n, 92, 94, 98, 99, 107, 116, 117, 121, 139n, 160, 160n, 161, 163, 165, 166, 167, 208, 209, 239, 289, 290, 291, 293.

désir : 12, 17, 25, 26, 33, 40, 41, 53, 59, 60, 67, 71, 85-88, 95-97, 99, 109, 111, 113, 116, 118, 119, 127, 131, 136, 147, 150, 151, 178-180, 183, 185, 186, 188, 203, 206, 210, 218, 224, 225, 246, 267, 268, 274, 279, 280, 282, 284, 287, 288, 313, 324, 325.
voir aussi infra : objet de désir.

destinataire : 56, 176, 177.

deuil : 136, 141, 235, 239, 240.

différence : 46, 96, 205, 215, 248, 305, 309, 311, 313, 314, 315, 328, 329, 331.

discours : 13, 17, 21, 22, 23, 25, 33-36, 37n, 40, 55-58, 60, 61, 63, 68-70, 73, 75, 85, 90, 92, 95, 98, 99, 106, 110, 113, 124, 139, 140, 142, 144, 145, 147, 151, 152, 153, 160, 161, 165, 178, 184, 185, 206, 207, 208, 211, 212, 220, 221, 267, 273, 277, 280, 281, 287, 295, 312, 316, 321, 325, 330.

dissociation : 75, 76, 79, 80, 91, 98.

don : 193, 195, 196, 199, 200, 241, 292.

dormition : 303.

double négation : 138.

E

écriture : 204, 208, 221, 263.

einfühlung : 264.

élaboration : 41, 52, 206, 208, 214, 228, 295.

empathie : 51, 66, 121-123, 124, 228, 235, 264.

énoncé, énonciation : 41, 57, 158, 161, 168, 176, 177.

ensembles (socio-culturels et supranationaux) : 299, 300.
éros, érotisme : 26, 39, 45, 91, 105, 147, 223, 226, 231, 252, 257, 258, 258n, 263, 271-273, 275-277.
espace : 19, 46, 123, 177, 196, 206, 207, 214, 215, 253, 259, 277, 278, 328.

F

fantasme, fantasmatique : 20, 25, 26, 29, 32n, 33-35, 37n, 39, 40-42, 41n, 44-46, 54, 64, 66, 68, 70, 78, 79, 82, 103, 107-109, 111-113, 115, 119, 120n, 121, 125, 127, 128, 131, 145, 154, 185-189, 197, 198, 205-208, 227, 233n, 269, 272, 275, 291, 293, 301, 312, 313, 321, 322n, 324, 326.
fausse personnalité : 18, 282.
faux-self : 16, 25, 26, 28n, 32, 37, 98, 167, 287, 289.
féminisme : 304, 305, 307, 308, 310, 318, 320, 322, 327, 328, 329, 330.
fétiche, fétichisme : 30, 33, 44, 68, 70, 199, 208.
fiction : 270, 272, 280.
frigidité : 109, 114, 115, 117, 289, 291, 292, 293.
frontière : 178, 179, 205, 227, 298.
frustration : 315, 321, 322, 326-327.
fusion : 88, 179, 180, 257.

G

génitalité : 42, 204.
geno-texte : 154.
gloire : 235, 236, 241, 242, 244, 246, 249, 250, 251-253.
greffe imaginaire, fantasmatique, psychique : 35, 46.

H

hallucination : 17, 54, 82, 129, 148.
histoire : 258n, 299, 300.
hystérie : 18, 101, 107, 108, 109, 113, 119, 120, 121, 123, 133, 188, 288, 301.
hystérique : 18, 60, 101, 104, 106, 107, 108, 109-114, 116-122, 125, 127, 128, 131, 132, 145, 147, 152, 158, 239, 263, 267, 288, 304, 305, 313.
voir aussi infra : psychisme hystérique, structure hystérique & sujet hystérique.

I

idéal du moi, idéalisation : 24, 25, 40n, 44, 63, 142, 143, 154, 164, 182, 183, 204, 205, 209, 241, 257, 275, 283.
identification : 32n, 66, 84, 98, 105, 110, 111, 124, 131, 132, 135, 150, 157, 158, 163, 166, 182, 197-199, 204,

212, 222, 224, 235, 256, 257-260, 262-267, 271, 272, 274, 275-277, 288, 289, 292, 307, 318, 325, 330.

identité : 16, 23, 26, 27, 28, 30, 32n, 34, 35, 42, 138, 141, 144, 175, 182, 199, 204-206, 215, 216, 219, 255, 257, 260, 272, 275-277, 299, 308, 309, 324, 328, 328n, 329.

image : 14, 15, 17, 19, 20, 35, 42, 46, 49, 50, 69, 69n, 80, 85, 101, 147, 153, 157, 158, 197, 214, 227, 231, 241, 248, 251, 255, 266, 275, 277.

imaginaire : 20, 32n, 36, 43, 46, 52, 55, 63, 101, 106, 154, 157-159, 161, 163, 167, 185, 201, 203-205, 207, 208, 212, 214, 231, 233, 255, 256, 264, 269, 276-278, 293, 303, 312, 325, 327, 330. *voir aussi infra :* père imaginaire.

imagination : 53, 159, 201, 249, 272, 284.

inceste : 175, 219, 303.

inconscient : 12, 12n, 32n, 41n, 50, 59, 61, 78, 103, 118, 121, 125, 144, 147, 167, 179, 235, 259, 267, 286, 325.

indice : 150, 154, 181, 192, 196, 198, 212.

infralangage : 160, 165.

inhibition : 20, 108, 131, 143, 144, 145, 147, 150-155, 161, 162, 285, 290.

instinct : 11n, 102.

interdit : 82, 182, 205.

intériorité : 186, 196, 201, 214, 220, 276.

interlocution : 157.

interprétation : 14, 16, 30, 31, 35, 36, 42, 44, 51, 53, 56, 58, 59, 64-67, 91, 92, 95, 107, 118, 121, 122, 129, 137, 152, 173, 174, 179, 184, 185, 193, 198, 200, 221, 227, 258, 263, 266, 279.

isolation : 68, 145.

J

Je-cogito : 145, 153, 156.

jouissance : 38, 59, 60, 43, 92, 103, 109, 115, 129, 136, 241, 260, 272, 285, 290, 292, 293, 319, 330.

jugement : 54, 102, 139, 168.

L

langage : 12, 13, 18, 20, 26, 27, 33-35, 38, 45, 46, 50, 51, 54-57, 60, 66, 67, 70, 73, 79, 80, 86, 87, 96, 97, 98, 102-104, 110, 113, 115-118, 128, 140, 144, 146, 153, 154, 156, 157, 159, 160, 163, 167, 178, 180, 206, 212, 248-250, 262, 265, 269, 274, 277, 289, 290, 293, 304, 307, 311, 313-315, 326, 327, 330.

libido : 29, 86, 95, 152, 180, 262, 273, 285, 288.

linguistique : 54-56, 58, 61, 66, 80, 105, 145, 147, 158, 159, 161, 170, 184, 205, 297, 313, 315.
locuteur : 137.
logique : 26, 41n, 60, 72, 83, 119, 177, 180, 188, 219, 253, 266, 307, 315.

M

masochisme : 284, 252, 285, 286, 290, 325.
mélancolie, mélancolique : 55, 55n, 87n, 139n, 160n, 239, 245, 247-249, 252, 290, 291, 292.
mémoire : 106, 107, 110, 112, 113, 120, 122, 128, 143, 207, 271, 279, 298, 299, 308.
mentalisation : 142, 150.
Maternité, mère, fonction maternelle : 23, 25, 26, 29, 35, 38, 40, 41, 80, 81, 84-86, 88, 93, 94-99, 105, 110, 114, 116, 131, 143, 177-180, 182, 183, 185, 186, 188, 196, 210, 218-220, 229, 231, 233, 233n, 245, 246, 256, 260, 265, 267, 268, 271, 272, 272n, 275, 283, 284, 290-293, 302, 303, 305, 306, 314, 322-324.
voir aussi : objet primaire.
métaphore : 21, 27, 83, 92, 199, 200, 226, 257, 265, 272.
métaphysique : 9, 18, 241, 302.

miroir : 44, 114, 158, 228, 234, 242, 275.
moi : 11, 12n, 29-31, 34, 39, 50, 54, 55, 71, 102, 103n, 107, 108, 139, 144, 145, 151-153, 157, 178, 179, 195-199, 204, 208, 209, 246, 257, 272, 275, 283, 288, 292, 294, 316, 324.
mort, mortifère : 55, 60, 64, 67, 68, 78, 80-82, 84, 85, 88, 97, 98, 105, 110, 113, 127, 154, 200, 292, 293.
muthos : 167.
mutisme : 19, 220.
mystère, christique : 268.

N

narcissique : 16, 19, 23, 26, 32, 34, 42, 45, 66, 71, 92, 111, 144, 178-180, 182, 204, 205, 208, 231, 264, 265, 272, 275, 276, 287, 289, 292, 317, 321, 324.
voir aussi supra : identité narcissique.
narcissisme : 18, 18n, 29, 32n, 46, 53, 53n, 63, 86n, 95, 97, 99, 182-184, 209, 241, 242, 263, 275, 276, 285, 286, 287, 290, 327, 329.
nation, nationalité, nationalisme : 297, 321, 330.
négation : 135, 136, 137, 156, 178.
neurosciences : 14n, 52, 53, 55, 66.
neutralité : 145, 155.

névrose : 18n, 45, 45n, 50, 75, 76, 282, 290.

O

objet : 14-16, 21, 24, 24n, 26, 27, 29, 30, 31, 32, 32n, 34, 37, 37n, 39, 40n, 41, 46, 54-56, 63, 66, 68, 70, 75, 76, 80, 83, 84, 86, 88-92, 95-97, 99, 113, 114, 118, 125, 126, 127, 143, 149, 166, 173, 177, 178, 180, 183, 185-187, 200, 204, 207, 212, 249, 256, 274, 284, 288, 290-292, 294, 313, 315, 325.
voir aussi : « chose ».
obsessionnalité, obsession-nel : 18, 23, 26, 28n, 60, 75-80, 85-88, 92, 93, 95-99, 145, 173, 174, 183, 186, 258, 268, 304, 306, 313.
œdipe, œdipien : 26, 28, 33, 41-43, 45, 138, 155, 158, 179, 182-184, 204, 212, 227, 263, 264, 268, 275, 277.
omnipotence : 26, 31, 70.
onirisme : 78, 80.
oral, oralité : 38, 44, 66, 81, 83, 88, 96, 98, 99, 129, 137, 154, 155, 197, 257, 258.

P

pananoïa, paranoïaque : 37n, 60, 188, 318, 320, 322.
parlêtre : 13, 136.
parole : 12, 13, 21, 23, 34, 35, 38, 44, 50, 52, 54, 55, 57, 59, 62, 65, 67-72, 75, 86, 89, 91, 94, 95, 97, 103, 109, 114, 139, 178, 181, 184, 198, 212, 228, 231, 280, 287.
parousie : 183.
passage à l'acte : 51, 70, 137, 139, 140, 142-144, 147, 148, 150, 151, 152, 206, 215, 221, 225.
passion : 50, 224, 239, 240, 241, 241n, 244, 247, 249, 252, 262, 273, 279, 281, 325.
pathologie : 248, 282, 285.
pathos : 253.
pensée : 25, 77, 78, 86, 112, 117, 137n, 140n, 180, 199, 238, 242, 248, 316, 331.
pensée magique : 76, 80, 93, 192.
perception, sensation : 148, 149, 152, 153, 162.
père, paternité : 23, 33, 38, 40, 41, 42, 60, 72, 86, 87, 92, 105, 106, 110, 111, 119, 182-184, 186-188, 192, 194-197, 199, 200, 208, 210, 221, 222, 224, 225, 269, 237, 247, 256, 258, 260, 261, 265, 266, 268-272, 272n, 274-276, 281, 283, 284, 285, 315, 322, 326.
Père Idéal : 103, 281, 295.
Père Imaginaire de la Préhis-toire : 103, 158, 182, 184, 264, 267.
performance : 50, 52, 10, 115, 117, 158, 159, 167.
permanence : 52-56, 68, 72.

personnalité : 18, 45, 261, 282, 285, 288.
personnalité « comme si » : 167, 204, 282, 287, 288.
pervers : 22, 24, 25-27, 31, 32n, 33, 35, 37n, 38-40, 41, 43, 45, 46, 69, 70, 71, 203, 204, 213, 260, 285.
perversion : 24, 27, 28n, 31, 32n, 33, 42, 45, 45n, 46, 68, 70, 72, 104, 114, 140, 204-205, 216, 218, 221, 226, 228, 255, 259, 263, 269, 285, 295.
phallus, phallique : 26, 110, 116, 117, 129, 131, 208, 233, 240, 260, 268, 292, 324.
phobie, phobique : 107, 160, 178, 206, 208.
phonation, phonème : 105, 163.
plaisir : 11n, 17, 23, 36, 45, 46, 69, 94, 209, 242, 285, 293, 295, 319.
poétique : 64.
poiesis : 58, 140.
polymorphe-polymorphisme : 37, 44, 259, 260.
polynomie : 203, 219, 220.
précondition : 159, 161, 170.
préconscient : 12n, 228.
projection : 51, 63, 209, 308.
psyché : 9, 10, 12-14, 16, 20, 45, 51, 53, 67, 117, 118, 137.
appareil-structure psychique, psychisme : 10, 12, 13, 15, 17, 19, 20, 22, 24, 25, 28n, 29, 36, 43, 46, 49-53, 56-58, 60, 61, 64, 65, 68, 71, 72, 73, 75, 79, 84, 86, 98, 104, 107, 109, 114, 116-118, 121-123, 125, 137, 141, 159, 196, 204, 206, 207, 214, 215, 220, 221, 253, 256, 257, 259, 263-267, 274, 277, 285, 290, 292, 294, 304, 312.
psychonévrose : 119n.
psychose : 23, 31, 32n, 50, 107, 117, 121, 139, 145, 184, 221, 260, 275, 302, 315, 324.
psychosomatique : 18, 21, 25n, 50, 59, 117, 136, 144, 264.
psychotrope : 111, 121, 122, 127.
pulsion : 11n, 12, 22, 24, 24n, 25, 27, 29, 31n, 32n, 33n, 35, 40, 40n, 41, 42, 44, 46, 53-55, 58, 62, 63, 67, 69, 73, 104, 105, 106, 117, 227, 265, 294.

R

réel : 32n, 70, 75, 154, 155, 203, 212, 228, 262, 264, 267, 269, 276.
refoulé, refoulement : 61, 78, 79, 204, 259, 264, 277, 288, 298.
régression : 31n, 37n, 67, 77, 78, 160.
rejet : 71, 95, 135, 136, 139, 154, 158, 224, 272, 284, 285, 306, 315, 323.
réminiscence : 111n.
Représentants :
– représentants psychiques :

27, 57-60, 63, 79, 80, 87, 97, 116, 151, 158, 162, 165, 167, 194, 265.
– représentants de pulsions : 57, 58, 65, 158, 162, 265, 266.
– représentants préverbaux : 68, 91.
– représentants verbaux : 79, 266.
Représentation :
– représentation : 12-16, 32n, 34, 37, 39, 40, 46, 53, 54, 57, 58, 60, 69, 82, 83, 88, 89, 106, 108, 117, 119, 121, 130, 147, 157-159, 182, 183, 196, 205, 209, 214, 227, 255, 257, 266, 277, 294, 299, 300, 326.
– représentation d'affect : 58, 87, 98, 159.
– représentation de chose : 34, 44, 57, 58.
– représentation de mot : 14,16, 34, 57, 58, 62, 79, 80, 98, 257, 264, 265.
– représentation pré-verbale ou transverbale : 257, 259-260.
– représentation psychique : 19, 43, 58, 60, 111, 122.
– représentation pulsion-nelle : 57, 58.

S

sacré, sacrifice, contrat sacri-ficiel-social : 11, 60, 184, 203, 215, 245, 261, 311, 314, 315, 316, 319, 320, 325, 328.
sadomasochisme : 37, 44, 68, 69, 76, 87, 127, 186, 271.
schizophrénie, que : 60, 104, 209, 287, 288.
sémantique : 175, 178, 194n.
sémiologie, sémiologique : 28, 57, 80, 88, 108, 173, 175, 191, 192, 194, 196, 197, 205.
sémiotique : 54, 79, 80, 98, 158, 161, 165, 207, 228, 260.
– Sémiotique (le) : 44n, 58, 67, 147, 159, 162, 175n, 227.
voir aussi : Symbolique (le).
sens : 12, 13, 16, 18, 52, 54, 55, 57-59, 65, 70, 136, 157, 159, 160, 161, 162, 165, 166, 170, 179, 180, 181, 183, 184, 186, 187, 192, 194, 194n, 195-200, 227, 253, 255, 256, 257, 269, 272, 277, 280, 287, 290, 311, 313, 314, 326.
sens pulsionnel : 65, 159.
sens sémiotique : 158, 165.
sensation, sensualisme : 39, 92, 111, 114, 116, 117, 146-148, 150-154, 156, 193, 194, 197, 198, 306.
sentiment : 206, 235, 244, 247, 262, 279, 284, 294.
séparation : 128, 129, 137, 144, 145, 147, 148, 153, 179, 183, 217, 272, 313, 314, 320, 322, 330.
sexe, sexisme, sexualité : 22, 24n, 31, 32, 33, 37, 39, 40,

42, 43, 46, 69, 114, 141, 144, 179, 183, 205, 206, 216-220, 227, 233, 233n, 258, 262, 264, 268, 272, 273, 277, 283, 285, 291, 292, 298, 300, 310, 311, 319, 325, 329.
voir aussi supra : différence sexuelle, fantasme sexuel, identité sexuelle, objet sexuel.
sexuel : 23, 24n, 30, 32n, 35, 36, 58, 61, 83, 92, 96, 108, 115, 120, 138, 141, 142, 144, 205, 215-217, 219, 220, 227, 258, 264, 273, 328, 329.
shiftérisations : 169.
signaux : 19, 145, 160.
signe : 13, 34, 58, 66, 76, 77, 79, 87, 98, 113, 123, 138, 152, 153, 159, 167, 191-194, 196, 198, 199, 200, 205, 207, 208, 221, 226, 228, 255, 261, 262, 265, 275, 302, 308, 313, 315, 325, 326.
signifiant, signifiance : 12, 14, 16, 44, 56-58, 61, 64, 67, 76, 77, 80, 87, 98, 153, 166, 183, 259.
voir aussi supra : déni du signifiant.
signification : 13, 34, 55, 65, 68, 70, 118, 158-162, 165, 166, 168, 195, 195n, 196, 197, 200, 278, 314.
soma, somatisation : 10, 12, 22, 26-28, 39, 43, 53, 107, 111, 147, 157, 267.
structuralisme : 173.

Structure :
– structure : 12, 27, 45, 54, 56-61, 63, 68, 70, 76, 107, 117, 122, 204, 205, 209, 212, 227, 228, 264, 285, 294, 295, 304, 305, 307, 314, 320.
– structure ouverte (adolescente ou psychique) : 204, 205, 209, 212, 227, 228, 285, 294, 295.
– structure psychique : 70, 107, 117, 204, 307.
subjectivation, subjectivité : 16, 32, 32n, 41, 61, 71, 176, 177, 179, 180, 195, 197, 198, 199, 221, 267, 301, 303, 304, 312, 327.
sublimation, sublimatoire : 22, 40n, 41, 44, 45, 51, 182, 205, 255, 262, 277, 287.
sujet : 13-16, 26, 33, 45, 46, 55-58, 61, 63, 67, 68, 70, 71, 75, 82, 83, 97, 104, 108, 110, 111, 117, 118, 123, 126, 144, 149, 153, 158, 161, 168, 170, 176-179, 182-184, 191, 194, 196-198, 201, 205, 206, 209, 214, 225, 256, 257, 264, 265, 269, 272, 276, 291, 294, 305, 309, 311, 313.
surmoi : 12n, 36, 204, 209, 214, 246, 288, 294.
symbiose : 25, 26, 39, 90, 272.
Symbolique :
– symbole : 49, 207, 208, 273, 298.
symbolisation, symbolique, symbolisme : 26, 27, 32, 41, 46, 56, 57, 63, 65,

77, 80, 82, 86, 87, 92, 104,
108-111, 115, 127, 135-
140, 147, 154-158, 161,
174, 183, 193, 196-198,
204, 208, 211, 222, 223,
264, 267, 269, 274, 285,
292-294, 295, 298, 302,
305, 307, 309, 311-313,
316, 318, 320, 322, 324,
326, 330.
voir aussi supra : castration symbolique, contrat
socio-symbolique, déno-
minateur symbolique,
identification symbolique,
ordre symbolique.
  - Symbolique (le) : 32n, 43,
    44n, 111, 112, 116, 138,
    154, 157, 159, 160-162,
    165, 168, 266, 314, 315,
    323.
    voir aussi : Sémiotique (le).
symptomatologie : 18, 19, 32,
110, 178, 207.
symptôme, symptomatolo-
gie : 12, 17-19, 27, 33n, 51,
56, 58, 59, 61, 64, 65, 67,
71, 72, 79, 80, 83, 93, 114,
119, 120, 122, 128, 142,
145, 154, 167, 186, 225,
255, 256, 259, 260, 266,
267, 277, 285, 326.
syntagme : 304.
syntaxe : 302, 313,

T

tabou : 174, 175, 176, 177.
taxinomie : 175.
Temporalité :

- temporalité, temps : 76,
  153, 154, 168, 198, 303,
  304, 306, 308.
- temporalité cyclique : 308.
- temporalité linéaire : 198,
  303, 306, 307, 308.
- temporalité monumen-
  tale : 299, 303, 304, 308.
Texte :
- texte : 185.
- texte-corps : 262.
Trans- :
- trans-européen : 306, 308.
- trans-linguistique : 56, 58,
  61.
- trans-national : 298.
- trans-verbal : 263, 264.
transcendance : 253, 319.
transcorporation : 266, 278.
transsubstantation : 14, 197,
258, 262, 266, 267, 268,
271.
transfert : 12, 13, 20, 22, 41,
43, 45, 46, 56, 58, 60, 61,
66, 67, 68, 71, 75, 81, 83,
84, 101, 118, 120, 121, 123,
125-127, 137, 143, 145, 151,
152, 184, 198, 206, 227,
256, 265, 266, 272, 276,
294, 302.
trauma, traumatisme : 18, 34,
35, 67, 75, 76, 78, 88, 92,
99, 107, 109, 111, 115, 119,
120, 138, 142, 143, 145,
147, 154, 156.

V

verbe, verbal, verbalisation :
39, 41, 52, 65, 67, 80, 88,

97, 107, 109, 155, 167, 168, 225, 237, 259, 260, 263, 264, 266, 255, 304.

voir aussi supra : représentation verbale.

Index établi par Béatrice Durupt

Table

Première partie

LA CLINIQUE

L'âme et l'image........................... 9
À quoi bon des psychanalystes en temps de
    détresse qui s'ignore ? 49
L'obsessionnel et sa mère 75
Le contre-transfert : une hystérie réveillée..... 101
La castration symbolique : une question 135
L'enfant au sens indicible 157

Deuxième partie

L'HISTOIRE

Lire la Bible................................ 173
Des signes au sujet 191
Le roman adolescent 203
La roue des sourires......................... 229
Gloire, deuil et écriture...................... 235

Joyce « the Gracehoper » ou le retour
    d'Orphée 255
Les secrets d'une analyste 279
Le temps des femmes 297

Index des noms propres 333
Index thématique des principales notions 339

Cet ouvrage a été composé par C.M.L., Montrouge
et achevé d'imprimer en décembre 1992
sur presse CAMERON,
dans les ateliers de B.C.A.
à Saint-Amand-Montrond (Cher)
pour le compte de la librairie Arthème Fayard
75, rue des Saints-Pères — 75006 Paris

35-10-8747-01
ISBN : 2-213-02961-X

Dépôt légal : janvier 1993.
N° d'Édition : 2030. — N° d'Impression : 92/713.
Imprimé en France

35-8747-4